惠泽千载 光耀后世

晋城国保丛览 泽州卷

晋城市人大常委会 晋城市文化和旅游局 编

文物出版社

图书在版编目（CIP）数据

惠泽千载　光耀后世：晋城国保丛览．泽州卷／晋城市人大常委会，晋城市文化和旅游局编．--北京：文物出版社，2025.6.--ISBN 978-7-5010-8496-8

I. K872.25

中国国家版本馆 CIP 数据核字第 2024RB8313 号

惠泽千载　光耀后世——晋城国保丛览·泽州卷

HUI ZE QIANZAI　GUANG YAO HOUSHI —— JINCHENG GUOBAO CONGLAN · ZEZHOU JUAN

编　　者：晋城市人大常委会　晋城市文化和旅游局

责任编辑：安艳娇
责任印制：张　丽
装帧设计：王　露

出版发行：文物出版社
社　　址：北京市东城区东直门内北小街 2 号楼
网　　址：http://www.wenwu.com
邮　　箱：wenwu1957@126.com
经　　销：新华书店
印　　刷：上海雅昌艺术印刷有限公司
开　　本：889mm×1194mm　1/16
印　　张：22
版　　次：2025 年 6 月第 1 版
印　　次：2025 年 6 月第 1 次印刷
书　　号：ISBN 978-7-5010-8496-8
定　　价：1600.00 元（全七册）

如果说每一处古建都是一颗星星，那么走进泽州县看古建，仿佛一下子就掉进了银河里。而这银河里最璀璨的星星，莫过于全国重点文物保护单位。

泽州县共有全国重点文物保护单位 20 处，其中青莲寺和府城玉皇庙归晋城市直辖。这些国保建筑主要沿丹河与长河分布，形成"n"形格局。丹河流域共计 12 处，由北至南依次为崇寿寺、坛岭头岱庙、北义城玉皇庙、尹西东岳庙、薛庄玉皇庙、景德寺、西顿济渎庙、府城玉皇庙、府城关帝庙、水东崔府君庙、晋城二仙庙和青莲寺。长河流域共计 8 处，由北至南依次为大阳汤帝庙、史村东岳庙、河底汤帝庙、碧落寺、川底佛堂、周村东岳庙、坪上汤帝庙和泽州岱庙。

"n"形格局的形成与泽州县地理、历史、经济等息息相关。泽州县位于太行山南麓，丹河与长河皆为沁河支流，由北向南流淌，中上游覆盖厚厚的黄土层，适宜农耕，经济富庶，人口密集，很早便形成一东一西两个区域经济带。泽州县的国保建筑也集中分布在这两个区域经济带上，是历史上经济繁荣的产物。

这些国保建筑种类齐全、艺术精美。石窟、寺观、楼阁、桥梁、戏台应有尽有；歇山式、悬山式、硬山式、卷棚式琳琅满目；彩塑、壁画、木雕、砖雕、石雕、碑刻、琉璃精美绝伦。随意走进一处，都如同走进一座小型博物馆。各个年代、各种样式的建筑交融在一起，被各种装饰艺术包裹着，令人赞叹！比如，晋城二仙庙的木质神龛，是北宋时期小木作的杰出代表，在全国范围内都属罕见。神龛由两座阙形高台建筑和一座拱形廊桥组合而成。斗拱飞檐相互勾连，廊桥若彩虹般悬挂其间，其上又悬浮着三座宫殿，将虚幻的佛国世界，用木头重现在室内，宛如苏轼笔下的"天上宫阙"。

这些国保建筑，一砖一瓦、一木一石都凝聚着历史信息，是泽州历史的见证者。比如，崇寿寺、碧落寺等始建于北朝时期，寺内保存有北朝摩崖石刻、佛造像多处，南北朝动荡历史中人们对生命朝不保夕的忧虑，似乎仍挂在菩萨瘦削的面庞上。大阳汤帝庙、河底汤帝庙、坪上汤帝庙呈"参宿三星"之势沿长河分布，是宋元时期汤帝信仰鼎盛时的产物。宋元时期面对持续不断的旱灾，上至朝廷下至乡野兴起各种各样的祈雨活动，人类面对自然灾害那种无助的挣扎，似乎仍如一缕青烟飘在庙内的香炉上。

走进泽州国保，仿佛一下子便走进了砖与瓦凝结的艺术长廊，走进了历史时空的隧道。各种精美的彩塑、壁画、木雕、石雕、碑刻，说不尽、道不完、看不够。它们是祖先留给我们的传家宝，更是泽州县最耀眼的文化名片。

编委会

二〇二五年六月

目 录

晋城市全国重点文物保护单位基本信息统计表（泽州）

编号	名称	时代	地址	国保批次	公布文号	公布时间
1	晋城二仙庙	北宋	泽州县金村镇东南村	第四批	国发〔1996〕47号	1996.11.20
2	泽州岱庙	北宋至明	泽州县南村镇冶底村	第五批	国发〔2001〕25号	2001.06.25
3	碧落寺	北朝至民国	泽州县巴公镇南连氏村	第六批	国发〔2006〕19号	2006.05.25
4	北义城玉皇庙	北宋至清	泽州县北义城镇北义城村			
5	周村东岳庙	北宋至清	泽州县周村镇周村村			
6	大阳汤帝庙	元至清	泽州县大阳镇西街村			
7	河底成汤庙	北宋至清	泽州县大东沟镇双河底村	第七批	国发〔2013〕13号	2013.03.05
8	高都景德寺	北宋至清	泽州县高都镇南街村			
9	坛岭头岱庙	金至清	泽州县北义城镇坛岭头村			
10	尹西东岳庙	金至清	泽州县北义城镇尹西村			
11	西顿济渎庙	金至清	泽州县高都镇西顿村			
12	川底佛堂	元至清	泽州县川底镇川底村			
13	史村东岳庙	元至清	泽州县下村镇史村村			
14	水东崔府君庙	元至清	泽州县金村镇水东村			
15	薛庄玉皇庙	元至清	泽州县高都镇薛庄村			
16	坪上汤帝庙	明至清	泽州县周村镇坪上村			
17	府城关帝庙	清	泽州县金村镇府城村			
18	泽州崇寿寺	北宋至清	泽州县巴公镇西郜村村	第八批	国发〔2019〕22号	2019.10.07

晋城二仙庙 / *JINCHENG ERXIAN MIAO*

一、遗产概况

始建于北宋时期的小南村二仙庙，又称晋城二仙庙，是晋东南地区二仙文化及其建筑艺术的一个典型代表。它位于晋城市东 13 公里处的金村镇东南村。

小南村二仙庙聚珍藏宝，是一座有着近千年历史的民间祭祀建筑，其宋代乐氏二仙彩塑是目前仅存的最早的宋代二仙塑像，具有极高的艺术造诣；其"天宫楼阁"式小木作神龛罕见，反映了晋东南地区宋代建筑技术的极高成就；创建年代明确的北宋正殿，为研究宋代建筑、雕塑艺术及晋东南二仙信仰提供了可贵的实物资料，具有极高的历史价值、艺术价值和科学价值。1996 年 11 月 20 日被国务院公布为第四批全国重点文物保护单位。

除小南村二仙庙外，晋城地区还有四座各具特色的二仙庙。分别是晋城最早的二仙庙——陵川府城小会岭二仙庙；存有宋金线刻画《宋金队戏图》《金人巾舞图》的高平河西镇西里门二仙庙；现存二仙传说壁画为全国孤例的陵川潞城镇南神头金代二仙庙；拥有中国古代楼阁式建筑代表作梳妆楼的陵川崇文镇西溪二仙庙。

01 二仙庙航拍（由南向北）

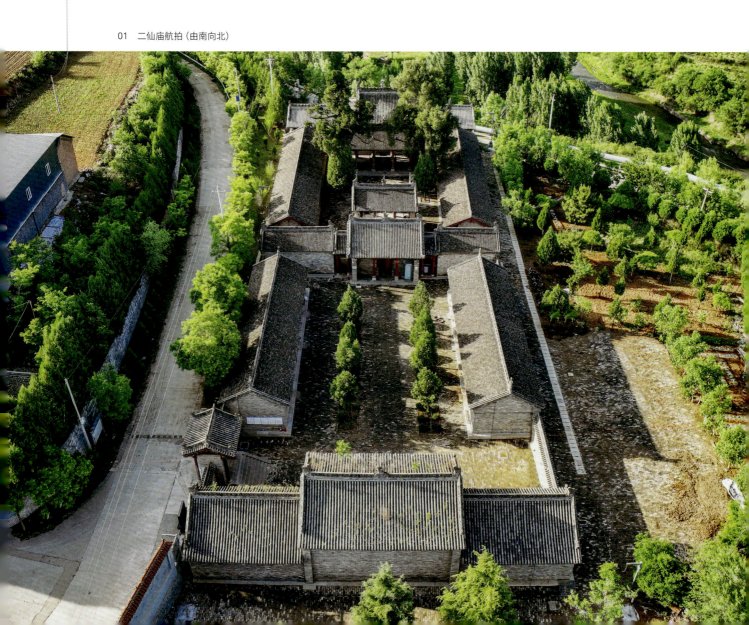

二、建筑特点

　　小南村二仙庙坐北朝南，平面呈长方形，南北总长 93.3 米，东西总宽 28.97 米，占地面积 2703 平方米。由南而北以山门为间隔，分为前后两进院落。山门两侧为东西掖门，再侧为东西耳房各三间。前院东西两侧配房、厢房为清代遗构，戏台为新中国成立后增、扩建。后院中轴线上依次为过厅、香亭、正殿。正殿即为二仙殿。正殿两侧建东西耳殿各三间，东祀龙王，西祀关帝。东西廊房各十一间。院内两株千年古柏，直插云天，景色清幽。

　　中轴线正北的二仙殿，为庙内的主要建筑。建筑面积 120.83 平方米。面阔三间，计 8.26 米；进深四椽，计 6.41 米。开间与进深之比为 1.29∶1，略呈长方形。这是一座创建年代明确，建筑结构完好的宋代建筑。据正殿西侧北宋政和七年（1117）《新修二仙庙碑记》载："庙自绍圣四年（1097）五月下手，至政和七年秋方竣工。"这一记载，清楚表明了该庙正殿修建的确切年代。正殿大木作作为中国传统建筑的灵魂结构，时代更迭的历史印记在木构架中体现得淋漓尽致，其建筑特征反映了宋代建筑的典型风格。

02　南院大门远景

03　南院舞楼正面

04　南院全景

05　南院西配房、西厢房

06　南院舞楼西耳房正面

07　山门正面

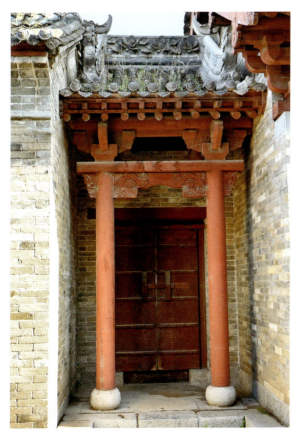

08　东掖门背面

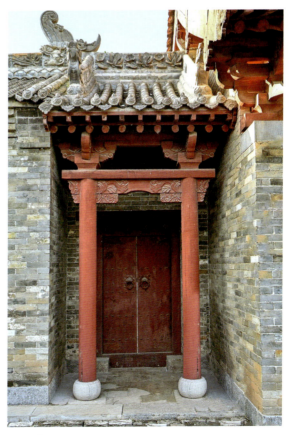

09　西掖门正面

10　过厅正面

11　香亭正面

12　香亭屋顶脊饰

13　香亭前檐木构件外侧彩绘

14 过厅檩枋外侧彩绘

15 香亭后檐东一檐柱彩绘

16 香亭后檐东二檐柱彩绘

17 香亭后檐西二檐柱彩绘

18 东耳殿

19 西耳殿

20 西廊房

21 东耳殿前檐斗栱

22 东耳殿梁架彩绘局部

泽

州

卷

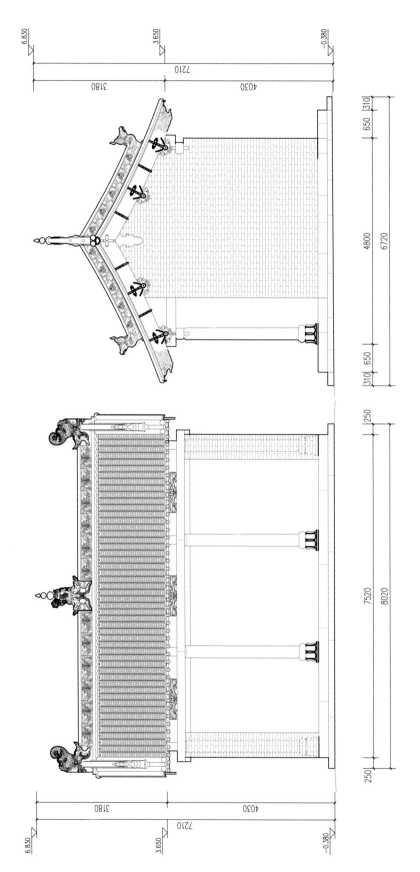

23 过厅正立面、侧立面图资料

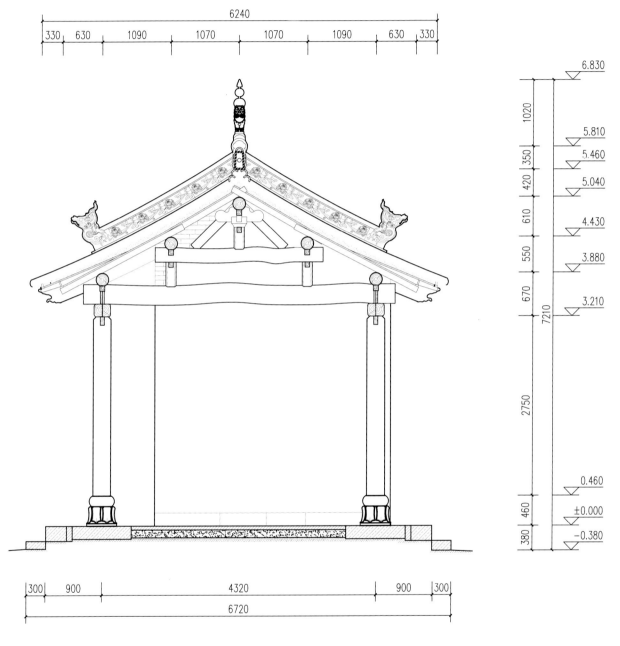

6240

330 630 1090 1070 1070 1090 630 330

6.830
1020
5.810
350
5.460
420
5.040
610
4.430
550
3.880
670
3.210
7210
2750
0.460
460 ±0.000
380 -0.380

300 900 4320 900 300
6720

24　过厅剖面图资料

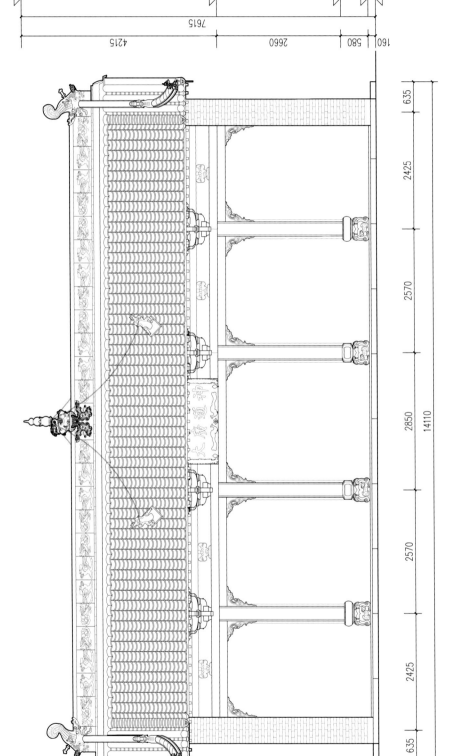

25 香亭正立面图资料

（一）正殿的建筑特点

特点之一：减柱与梭柱

正殿周檐列柱 12 根，皆为石质方形抹棱柱，柱础皆埋入地坪 22 厘米之下。柱断面为 38 厘米×31 厘米。殿内明间前槽设木质金柱两根。柱径 30 厘米，柱高 329 厘米，柱头设四铺作斗栱，分别承托三椽栿前端与劄牵后尾。主体梁架后三椽栿对前劄牵用三柱，这种减柱布列是宋《营造法式》中不对称柱网布局形式的具体体现。正殿柱身采用了梭柱做法。柱身收分约 3.2 厘米，较为明显。这种随柱身向上逐渐缩小的梭柱的做法，在宋金时期极为常见，达到了既美观又实用的效果。

特点之二：侧脚与生起

侧脚和生起是中国早期木构建筑将力学功能与建筑美学相结合的一种特殊形式，并成为早期建筑的一个显著特征。小南村二仙庙檐部平柱高 298 厘米，正面侧脚尺寸与侧面侧脚尺寸同为 8.5 厘米，侧脚与柱高比值为 0.028，远高于《营造法式》所定 0.01 的比值，石柱倾斜的角度更大。

宋《营造法式》规定："至角则随间数生起角柱。若十三间殿堂，则角柱比平柱生高一尺二寸。十一间生高一尺；九间生高八寸；七间生高六寸；五间生高四寸；三间生高两寸。"二仙庙正殿檐部平柱高 298 厘米，侧角 8.5 厘米，柱身收分 3.2 厘米，角柱高 302 厘米，实际生起 4 厘米，有明显生起。

晋城二仙庙

特点之三：阑额与普拍枋

小南村二仙庙阑额延续了唐代建筑至角柱不出头的做法。宋《营造法式》对阑额的尺度有明确规定："造阑额之制：广加材一倍，厚减广三分之一，长随间广，两头至柱心。入柱卯减厚之半。如不用补间铺作，即厚取广之半。"并将阑额尺度分为有补间铺作和无补间铺作两种情况，有补间铺作者规定用材高宽比例为 3 : 2，无补间铺作者为 2 : 1。小南村二仙庙无补间铺作，高宽比为 2.33 : 1，接近而略大于《营造法式》2 : 1 的比例。

普拍枋置于两柱之间柱头之上，紧贴阑额。两者将殿内柱子通过榫卯连接在一起，相当于现代建筑的圈梁，起到了拉结作用。在唐代、五代早期建筑中几乎没有柱头上置普拍枋者，而宋金时期普拍枋则得到普遍应用，成为建筑中不可或缺的一个构件。在阑额上置普拍枋，普拍枋断面 27 厘米×12 厘米，出头处垂直截去。

特点之四：斗栱与铺作

正殿共有斗栱 12 朵，分别为前后檐柱头铺作、转角铺作、两山柱头铺作、金柱铺作及襻间斗栱五种。无补间铺作（为隐刻斗栱）。其铺作因所处部位和作用的不同，构造亦各不相同。周檐斗栱结构简练，手法古朴，用材规整，栱瓣清晰，真昂斜挑，反映了宋代建筑的典型风格。

前后檐柱头外转铺作为五铺作重栱计心造，单杪单下昂，斗栱用材硕大，分布疏朗。正心由栌斗内出泥道栱一道，其上以散斗隔承置素枋三层。外跳华栱头刻作圭角状，托交互斗，瓜子栱与昂身十字相交，栱两端砍抹成外短里长的斜面，瓜子栱上承瓜子慢栱及罗汉枋一道。昂为琴面式真昂，昂里转后尾斜向托承于劄牵底皮。华栱上承瓜子栱为斜栱。令栱与昂形耍头相交托替木并撩檐槫。这种在华栱或昂的出跳跳头上安放与之十字相交的栱和枋的形式就是典型的"计心造"。

而里转铺作则采用"偷心造"，华栱头置散斗承华头子。华头子平置，其前端不出头，后尾作耍头。耍头与昂身后尾之空隙设三角形半驼峰塞垫。为使劄牵更趋稳固，在里转耍头上又立设小瓜柱支顶于劄牵底皮。在其跳头上没有栱和枋，是为"偷心造"。

转角铺作的正面正心形制与柱头斗栱相同，但因其处于角部，又有其特殊性。角部出角华栱、角昂及由昂。角昂与由昂后尾均斜挑于大角梁身下，正身泥道栱与华栱出头相列，瓜子栱与切几头出头相列，令栱延伸过角部作鸳鸯交手栱，托承檐槫端部。

两山柱头外转铺作为五铺作单栱偷心造，仅柱头设素枋三层，出单杪单下昂，昂形耍头，令栱托替木承撩檐槫。里转铺作亦为偷心造，形制基本同前檐柱头铺作，不同之处在于昂尾托于耍头下，斜直形耍头向内略作延伸，起到托承两山劄牵之功能。

特点之五：梁架与举折

正殿内梁架为抬梁式结构，彻上露明造，即不做天花（吊顶）直接将梁架展露出来。其三椽栿前端与前檐劄牵后尾对接于前槽金柱铺作之楂头木上。后端由柱头铺作之昂尾挑承，位于撩檐槫内侧。三椽栿断面高 37 厘米，宽 34 厘米，高宽比 1 : 0.9，接近方

27 正殿前檐柱头斗栱侧面

28 正殿斗栱（后尾）

29 正殿转角斗栱

30 正殿转角斗栱

31 正殿后檐斗栱

32 正殿柱头斗栱

33 正殿后檐柱头斗栱侧面

形，突破了《营造法式》梁栿断面 3∶2 的比值规范。

三橡栿上于金柱中线设内幽形三瓣式驼峰，高 27.5 厘米，厚 14 厘米。上置栌斗托承平梁。截面尺寸高 28 厘米，宽 18 厘米，高宽比 3∶1.94，基本符合《营造法式》的要求。平梁侧面隐刻成月梁形制。这种形制与明清建筑中的月梁有着质的区别。平梁中部设长方形合楷，立蜀柱。蜀柱之上设栌斗，承脊部襻间枋，枋上隐刻令栱，设散斗三枚，承替木负脊，蜀柱两侧设叉手，斜向辅以支撑。

举折。檐部步架 201 厘米，举高 125 厘米，檐部举高与步架比值为 0.62；脊部步架 191 厘米，举高 156 厘米，脊部比值为 0.82。总举高与前后撩檐槫的间距比为 1∶2.79，大于《营造法式》规定的 1∶4 至 1∶3 的比值范围，因此屋面曲线相对较陡峭。平槫折数为总举高的 5.4%，小于《营造法式》规定。

特点之六：屋面形制

正殿屋顶为单檐九脊歇山顶，四坡屋顶结构纵架所施丁栿为斜直式，属于宋制。上覆灰色筒板瓦，翼角生起 53 厘米，斜冲出 32 厘米。前檐口设绿色琉璃瓦剪边，施立面为近三角状的琉璃滴水，勾滴立面均饰坐（行）龙各一条。两山为布瓦勾滴，重唇滴水，前后坡屋面当心饰黄色琉璃筒瓦十一垄，组成"枋心"图案。屋面脊饰除角梁端头的套兽为琉璃制品外，其余均为灰陶质地。正脊筒高 65.5 厘米，宽 20 厘米，脊刹居中，两侧各饰两条行龙腾身曲行于花卉中，头部回首面向刹下龙形吞口。正脊两端置大吻各一，脊刹由下部相背设置的吞口与中央荷花组成底座，上置三重檐仿木构楼阁。戗、垂脊系手工捏花脊块组拼，两侧饰以牡丹、莲花、翠鸟等。戗兽之前用条砖三层拼成束腰式岔脊，上设扣脊瓦，至端部饰僬伽四角各一尊。正脊两侧的鸱吻身上各有剑一把，取避邪之意。戗、垂兽采用奔马、跑狮，昂首、翘尾，四足翻飞作奔腾状，形制逼真。角部置僬伽，着铠甲，怒目下视，叉手倚立，宛如凌空守护之神。脊部行龙，四爪腾空，身体扭曲于花卉中，龙鳞清晰，回首呼应，别具异趣。充分体现了晋东南地区所固有的地方风格。该殿前檐两翼角所遗琉璃套兽，体形硕大，闭口怒目，端部上翘，琉璃质地细腻，与其他脊饰相较，造型古朴，应为明代遗物。

总体来说，正殿整个建筑构架规整简洁，是一个做工上乘、保存较为完好的宋代建筑。

（二）小木作帐龛的建筑特点

正殿内的小木作帐龛，不拘泥于《营造法式》的规定要求，根据实际情况进行了大胆的改革和调整。制作者利用神坛所具有的凹形特点，把规定置于佛道帐顶上的天宫楼阁向前、向外拓展，用一个临空飞架的拱形廊桥，把一组建筑托举在空中，真正制造了天宫楼阁、琼楼玉宇的效果，为宋代楼阁式小木作帐龛的杰出范例。对于宋金时期山西地方的小木作设计与建造技术而言具有典型的代表性、高度的独特性与珍贵性。

这座体形庞大的神龛，充满正殿之内的有效空间。平面分布总体上呈"凹"字形，

34　正殿屋顶

35　正殿角神

36　正殿套兽正面

37　正殿套兽侧面

38　正殿局部梁架

39　正殿梁架

空间排布由后排并列的两座主龛与前排左右对称的附龛及连接两附龛的跨空虹桥等五部分构成。虹桥架空在楼阁之间，亭阁从桥面凸起，两侧游廊与附龛平座勾栏相连。主要龛室之间各有联系，将整座帐龛组织成为一个有机的整体。平面总宽 5.56 米，总深 3.83 米，总高 4.68 米，投影面积 21.3 平方米，占到正殿使用面积的一半。

并列的两个主龛坐落于砖雕长方形束腰神台上。主龛立面形如六柱五开间三楼牌坊式，两明楼为单檐歇山顶，之间的夹楼为悬山顶。附龛位于主龛前方，由两侧对称的二层单开间楼阁与楼阁间跨空弧形廊桥三位一体组成。附龛楼阁平面四柱见方，开间 0.96 米。二层楼阁，腰缠平座，歇山顶，总高 4.53 米。两附龛之间，作弧形跨空桥相连，桥面两端与两龛之平座勾栏相交。桥上两端设游廊，中央凸起建歇山顶殿宇一座。主龛与附龛及附龛后壁两山的柱间空隙，均置壁板封闭，使其在平面上连成一体。帐龛基本形制皆出于对真实木构建筑外观的模仿，立面上具备显著的水平分层。最上部由歇山屋面覆盖，屋檐下设置斗槽板，板上附着有装饰性的斗栱，再下层则为杆框构成的龛室空间。而相比于其他龛室，两

40　正殿内神龛全景

座配楼则更为复杂，包含两重檐口、三重斗栱、两重帐身空间以及最下层的木质须弥座。

　　整座神龛造型别致，空间分布主次分明，排列有序，繁而不乱，建筑结构紧凑，工艺手法及细部特征代表了泽州地区宋代建筑的共性。为研究宋代建筑中斗栱形制，出檐及平座、勾栏等构造风格特点提供了较完善的实物依据。

　　帐龛的基座、帐身、斗栱、虹桥、屋盖各部分均有其特点，尤其是斗栱与虹桥。

　　斗栱在二仙庙小木作神龛中起着重要的装饰兼结构功能，形制别致，构造奇巧，为其设计特色的重要体现。斗栱在立面设计当中占据了很大比重，在所有的檐口与平座下面均使用了斗栱。神龛檐下由于斗栱的密排而显得格外富丽，创造了中国古建筑中使用斗栱最多的孤例。同时它又是宋代建筑斗栱

41　正殿内西侧附龛全景

42　正殿内东侧附龛全景

43　正殿室内神台

的微缩。按构造种类分正出、45 度斜出、平面"米"字形三种形式，按位置分柱头铺作、转角铺作、补间铺作三类。斗栱各部件规格、比例、份值及工艺手法为仿真作品，巧妙地再现了当地宋代的木作技术。同时，也是形成帐龛整体美观效果的重要因素。

斗栱在水平方向上呈极有规律的均匀分布，而在垂直方向上呈带状分布，使得整体排布井然有序。在统一有序的前提下，又有多样变化。在各组成部分当中，尤以斗栱的形制变化最为丰富。斗栱的铺作数以及昂和栱的配置皆依所处位置的不同而存在微小差异。比如，平座斗栱，无论是配楼平座，还是虹桥平座，均采用卷头造斗栱；在檐口以下，则交替使用下昂造斗栱与卷头造斗栱。其中，各柱头位置均统一采用下昂造，而补间位置的安排则有随机之变化，呈现出富有韵律和节奏的排布。此外，斜栱的加入也是增加变化与装饰性的一个方面，从而产生更加丰富的视觉效果。

位于帐龛不同部位的铺作，其构造的复杂程度亦不相同。其中以两座正龛的斗栱构成最为复杂，其柱头采用八铺作双杪三下昂斗栱，为《营造法式》制度当

44 正殿内神龛"单拱廊桥"

中提及的最高形制等级；附龛上檐与下檐，则依次递减为七铺作双杪双昂和六铺作双杪单昂；平座斗栱则相对简单，为五铺作卷头造。

虹桥与天宫楼阁是整个小木作帐龛的点睛之笔，在现今已知的小木作实例当中亦属孤例。虹桥以两条飞架的曲梁作为支撑，曲梁弯曲弧度较大，有明显的弧度线条，造型十分优美。而每根曲梁并非整根的木料，而是采用两段木料拼接而成。这种拼梁做法，体现了匠人相当的胆识和高超的技艺。

虹桥之上建有游廊，游廊中间建一座单檐九脊顶殿宇，该殿宇位置最高，规格也最高，采用双杪三下昂的八铺作斗栱，同时还使用了45度斜栱，更加突显其华丽与尊严，再现了苏轼笔下的"天上宫阙"。

总之，小南村二仙庙小木作神龛犹如一座巨大的建筑模型，上面构筑的斗栱柱枋、瓦脊吻兽，应有尽有，且雕刻细腻、刀法纯熟，榫卯结实，体现了古代工匠卓越的艺术才干，具有极高的观赏价值和文物价值，是研究我国古代建筑艺术的稀世珍品。

三、价值特色

　　小南村二仙庙正殿建筑与殿内"天宫楼阁"式小木作神龛，均反映了晋东南地区宋代建筑技术的极高成就。正殿内所塑"二仙"及胁侍、女官塑像共16尊，堪称宋代泥塑之佳作。尤其是仙台上所塑二仙像，是晋东南地区最早出现的宋代彩塑，也是整个山西地区乃至全国唯一的一处宋塑乐氏二仙神像，弥足珍贵，具有极高的研究价值。

　　二仙主像高240厘米，宽78厘米，明显较其他塑像高大。二仙均为坐姿，头戴凤冠，身着霞帔，下着长裙，足穿云头靴，长袖及地，袖手端坐于几上，庄严中带着慈和。二仙塑像的颜色比其他塑像更加深沉，仅在头部有些许蓝色点缀，整体以铜色、金色为主，将二仙与其他塑像区别开来，充分体现出二仙的神圣与庄重。

　　主像两侧分立掌文印、奉饮食、侍梳妆的侍女6尊。像高1.6米左右，服饰为宋代常见的绣罗裙、半臂、背子等，颈部系领巾、披画帛，头饰朝天髻、包髻等。颜色搭配协调舒适，发型发饰、服饰造型各异。侍女像造型有的年轻活泼，充满动感；有的成熟稳重，目带慈爱。其手势、动作互不相同。与二仙塑像相比，侍女塑像更加生活化、更具世俗性，栩栩如生，十分传神。

　　前侧东西附龛内手握笏板恭侍站立的女官，在造型和神态上与侍女像又不同。女官长相清秀，身材修长，头戴官帽，衣着官袍，衣纹顺畅。其服色一为绿底红饰红里，一为红底绿饰绿里。衣袖明显比侍女服要宽大许多。胸腹部均绣有凶猛的兽头。女官神态自若，落落大方，表现出优雅的气质。

　　神龛之外，左右两侧各有一名男性侍从塑像，站立位置对称。身着袍服，头戴幞头。一人着方领红色袍服，两手自然放于身前；一人着灰色圆领袍服，双手于胸前作作揖状。年轻自信，神态安详。

　　这16座塑像共同组成了正殿经典的宋塑群像。

46　正殿内塑像全景

47 正殿内两侧附龛内侍女塑像（东）　　　　48 正殿内两侧附龛内侍女塑像（西）

49 正殿内两侧侍女塑像（西）　　　　50 正殿内两侧侍女塑像（东）

51　正殿室内塑像

52　正殿室内塑像

53　正殿室内塑像

54　正殿室内塑像

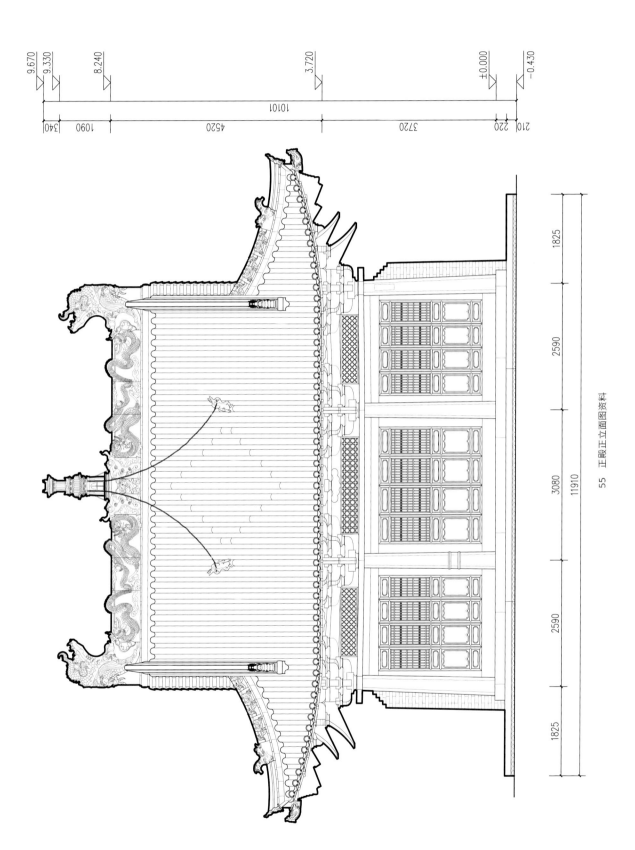

55　正殿正立面图资料

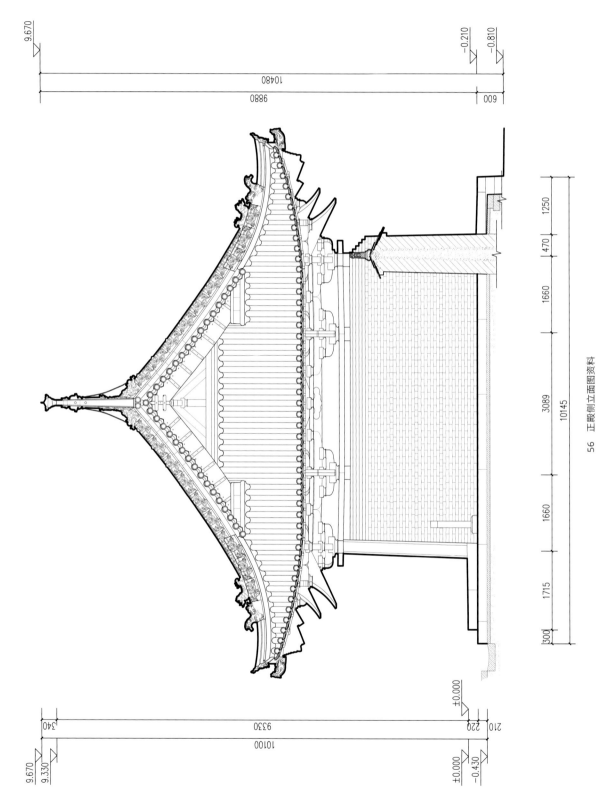

56 正殿侧立面图资料

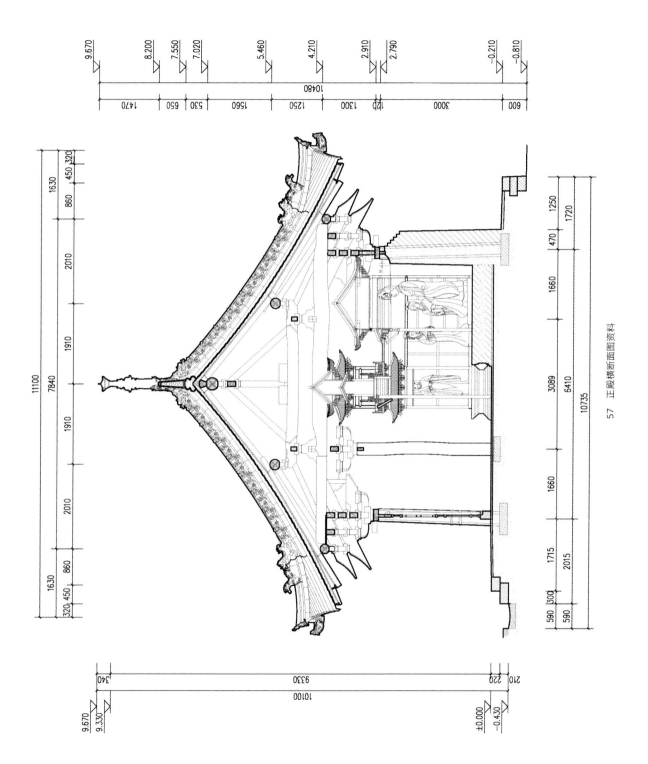

57 正殿横断面图资料

四、文献撷英

庙内共存有北宋至民国时期历代碑碣 10 通。记录了二仙庙历代修建及维修情况。其中宋代碑碣 3 通。有勒石于北宋大观元年（1107）的《二仙庙记》，记村民创建二仙庙并金妆圣像经过。有勒石于北宋政和七年（1117）的《新修二仙庙记》，记有："庙自绍圣四年五月下手，至政和七年秋方竣工。"这一记载，表明了该庙创建时间为公元 1097 年至 1117 年。有勒石于北宋崇宁五年（1106）的《二仙铭记》。此外，还有勒石于清嘉庆十三年（1808）的《重修二仙观高禖祠三曹殿西陵祠五道殿碑记》，表明相关建筑的宗教属性。

二仙庙内石柱有题记和对联若干。正殿东檐石柱题记："建中靖国元年（1101）十月廿九日孔亭社税户王安、妻侯氏同施石柱一条，永为供养。长男夷留，仪孙解愁。"

东侧廊房十一根檐柱均有刻文，最北侧檐柱题写重修时间："大清康熙岁次丙寅（1686）季夏乙未丁口重修东殿十楹，新换石柱十一根。北村社重施石。"右上款"修理之后永为记耳"。左下款"鲁村镇任养翠书"。另题有村名、姓名。其余十根檐柱，共刻对联五副。从南向北依次为：五道殿联："善有报恶有报终须有报；现也应速也应必竟莫应。"西陵祠联："神功赐福成绫罗调国家之元气；呈德降祥织锦缎济商贾而亨通。"老君殿联："青山绿水天地间一轴大画；金乌玉兔乾坤内两颗明珠。"三曹殿联："权操幽府保一方丰疆茂土；理管善恶佑四境物阜安康。"高禖殿联："掌握高禖抱来天之麒麟子；职司人海送与世间积善家。"对联的内容充分反映出所祀神祇的身份特征。

西耳殿前檐明间石柱雕对联一副："义结桃园合众同为真骨肉；忠扶汉室尊正贱伯抗孙曹。"表明该殿所祀为关公。

此外，正殿神龛明间共悬牌匾 4 块："时靡有争""弸我采薪""布昭圣德""酬恩泽"。为清道光、同治和民国年间本村和周边信士所敬。

晋城国保丛览
JINCHENG GUOBAO CONGLAN

泽州岱庙 / ZEZHOU DAI MIAO

一、遗产概况

　　又名冶底岱庙、东岳庙、天齐庙、西大庙，位于山西省泽州县南村镇冶底村西，主要供奉东岳大帝。岱庙依山就势修筑，气势非凡，整体建筑坐北朝南，现存上下两进院落，是一座集南方园林和北方寺庙特征为一体的园林式古建筑群。

　　泽州岱庙，创建于北宋元丰三年（1080）之前，保存至今已有940余年历史。正殿天齐殿，初名五岳殿，是岱庙中现存最早的建筑。殿前檐四根石柱上保存有四条宋代修建题记，落款时间均为"元丰三年二月初三日"，为探究泽州岱庙创建年代提供了文字依据。除石柱外，天齐殿尚存初建时的台基、大殿檻墙、木构梁架、覆莲柱础、青石角兽残件等宋代遗迹，与题记可相互印证。

　　在晋城市73处古建类国保单位中，供奉东岳大帝的东岳庙或岱庙共计7处。这些建筑创建年代相

01　泽州岱庙航拍

差不大，都集中在宋金时期，与当时炽热的东岳信仰息息相关。北宋大中祥符元年（1008）十一月，宋真宗封禅泰山。大中祥符三年（1010），宋真宗下诏鼓励天下修建东岳庙行宫，"越以东岳地遥，晋人然备蒸尝，难以躬祈介福。今敕下从民所欲，任建祠祀"，于是"天下之大，一郡一邑，莫不卜地建立"，山西各地兴建东岳庙达到一个小高潮，泽州岱庙便是在这种历史背景下创建的。

北宋宣和二年（1120）十一月，完颜宗翰率军占领泽州，战乱导致泽州岱庙损毁，政局稳定后，于金大定二十七年（1187）进行了一次修缮。天齐殿石门框上留存有两条当时的修建题记"时大定岁次丁未乙巳月癸未日，本州石匠司贵同弟窦小二""阳城县石源社郭润门工施钱二十贯"。但从现存建筑特征来看，此次大修主要集中于岱庙上院天齐殿等处。现在，天齐殿基本保存着金代重修后的模样，尤其是青石门框、砖雕神台等更是不可多得的金代艺术珍品。

天兴二年（1233）金朝灭亡，岱庙在战乱中再次受损。元至元十一年（1274）《重修岱岳庙记》记载："社西有祠曰岳庙，已积年矣。偶尔兵厄之发，伤哉梁栋之倾，缺瓦毁垣，外榛内棘，须风雨剥丹青之像。"于是，由"本社乡老董仔"等13人组织捐募，对岱庙进行了大修。工期半年，除修缮大殿、重妆神像、彩绘殿宇外，还在原有基础上对岱庙进行了扩建，增建了山门、舞楼、汉寿亭侯祠、两庑，开挖了水沼，疏浚了龙泉，"方之旧宇三倍峥嵘，尤增壮丽"，规模达到了原先的3倍。元至元十一年（1274）重修与扩建，基本奠定了今日岱庙的规模和气象。

明朝时期，泽州岱庙有记录的修缮共4次，即永乐二年（1404）、正德七年（1512）、万历二十六年（1598）和万历四十三年（1615）。永乐二年《创建东岳速报司神祠记》记录了当时泽州太守张汝霖捐俸金创建速报司神祠的经过。正德七年《重修东岳庙碑》，记载了重修天齐殿的经过，"自元丰年间更修，又至正德改元之岁，不知几百年而矣。其庙圣境者，龙泉水满，竹木森然，殿宇廊庑，次第行列，诚无浪说也"，明代中期的泽州岱庙已经形成现在的北方园林风格。万历二十六年《重修东岳庙神祠记》叙述重修东岳天齐庙神祠的经过。这次修缮是明代规模最大的一次，修缮范围涉及阎王殿、速报祠、龙王牛王祠、高禖祠、五瘟祠、三仙殿等殿宇。修缮过后，"欂栌侏儒，山节藻棁，舞楼则峻极冲霄，三门则飞翠远邃，其于装严古像、创塑新神，金碧掩映，朱紫腾光，天花旋绕，锦彩扬辉"。万历四十三年《重修东岳天齐庙舞楼三门记》叙述重修舞楼三门的经过。因为"舞楼倾颓，三门破坏"，由董正谊等人对舞楼和三门进行了重点修缮，并且"新添孙真人、卫真人、马明王神祠"。

泽州岱庙历经金、元、明三代增建、修缮，规模已经非常宏大，保存状态也非常好。进入清代以后，岱庙规制整体变动不大，主要是做一些小的添补、改修和维护。庙中现存清代碑记11方，对这一时期的修缮情况记载非常详细。

民国时期，内忧外患，战乱频繁，泽州岱庙日渐残破。新中国成立后，岱庙被学校占用，除天齐殿、舞楼未动外，其余角殿、配殿、廊房、山门等均改为教室使用。改革开放后，岱庙的文物价值逐渐被更多人熟知，得到罗哲文等专家的高度认可。1986年，冶底岱庙被公布为山西省第二批文物保护单位。20世纪90年代，冶底中学从庙中搬出，岱庙逐渐恢复原先的面貌。2001年6月25日被国务院公布为第五批全国重点文物保护单位，至此重获新生。

泽

州

卷

二、建筑特点

泽州岱庙依山就势修筑，高低错落，气势非凡。整体建筑坐北朝南，前后共两进院，庙内有殿宇21座，总建筑面积1685平方米，占地面积3720平方米。沿中轴线从南往北依次为山门、鱼沼、竹圃、舞楼、天齐殿。东西两侧分布有碧霞元君殿、土地殿、五谷神殿、虫王殿、牛王殿、龙王殿、速报司神祠、关圣殿等。

岱庙山门前是一个东西狭长的小广场，矗立有两尊巨大的石狮子，据山门内碑刻《石狮子记》记载，其建于清乾隆二十一年（1756）。石狮子立于须弥座上，整体高度2.3米，由砂石雕刻而成，神态毕现，威风凛凛。石狮前腿断裂后，原本蹲伏的姿势竟化作凌空飞跃之态，平添几分灵动仙气。

岱庙山门建在1.5米高的须弥座台基上，由正门和东西披门组成。须弥座台基的石刻非常精美。束腰岩板上遍布龙、凤、牡丹等线刻，岩板之间使用石柱加固，柱面施以蛟龙、瑞兔等高浮雕，台基东西角上另有两块高浮雕角兽，具有早期特征，古意盎然。正门面阔三间，进深六椽，硬山顶，六椽栿通檐立三柱，两根中柱之间安装板门。两侧披门为悬山式，只有一个开间，墙中设门。岱庙山门始建于元代，兼存元、明、清三代风格。正门前后檐风格差异较大，前檐具有元明特征，后檐为清代维修后产物。

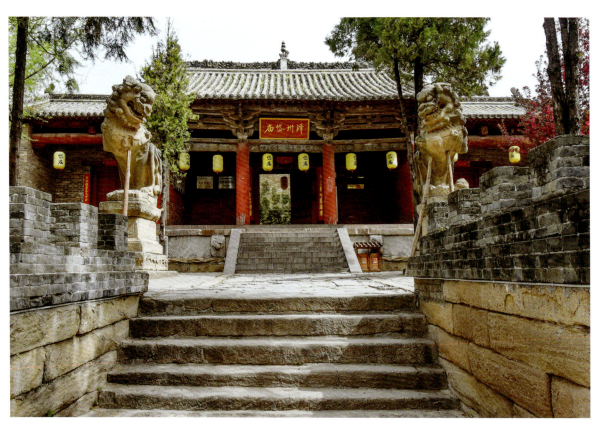

02 山门

03　山门垂脊

04　山门石狮子

05　山门石狮子

06 山门木结构局部

07 山门墀头

08 山门梁架

09 山门石柱浮雕

10 山门石柱浮雕

11 山门石柱浮雕

岱庙前院景色宜人，鱼沼、竹圃、人字柏、龙泉井蔚然成趣，云水楼和东西两庑上下相映，古色古香。主要建筑为东西两庑和云水楼。

东西两庑位于前院两侧。东庑坐东朝西，共六间，北三间是奶奶殿，南三间为靖王殿。奶奶殿，又名碧霞元君殿，供奉碧霞元君。靖王殿祭祀的是唐朝开国功臣李靖。相传，李靖曾在晋普山驻兵，取龙宫之水解救泽州旱灾，因此附近村落普遍信奉李靖。西庑坐西朝东，共五间，为五瘟祠，祭祀五瘟神。殿内一排木质神龛，分为五个独立单元，五位瘟神各居一龛。五瘟祠南侧紧邻后土祠，坐北朝南，共三开间，供奉后土娘娘、痘疹娘娘和催生娘娘。

12　前院鱼沼、五瘟祠

13　虫王殿

14　后土祠

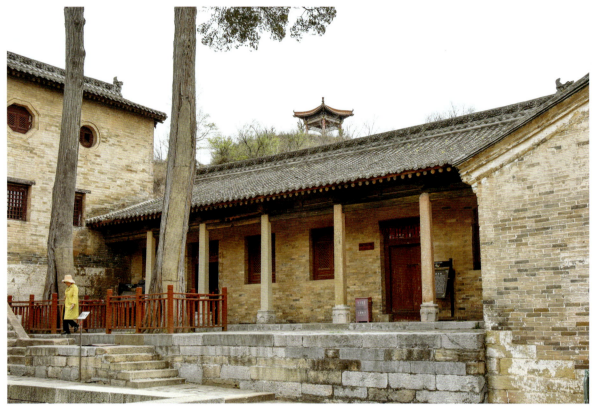

15　高禖祠

16　五瘟祠木结构

19　五瘟祠柱础

17　五瘟祠木结构

18　五瘟祠木结构

20　五瘟祠柱础

前院正北为舞楼，舞楼东西两侧为云水楼，一起分隔上下院。云水楼建于 2 米多的砂石高台上，东西对称，皆为三开间、悬山顶，靠近舞楼的一间开有门洞，用来沟通上下两院。东楼门下匾额书"鱼吞清月"，西楼书"柏映寒潭"，词义幽美空灵，写尽前院景色之妙。舞楼飞檐高翘，云水楼渊渟岳峙，三座楼并排一线，屋顶线条起伏跌宕，动中有静，静中有动，气势非凡。

21 舞楼

22 舞楼垂脊脊饰

23　舞台脊饰

24　舞台斗栱

25　舞台藻井

26　西水云楼

27　东水云楼

后院庄严肃穆，是泽州岱庙最重要的祭祀区。正北为正殿天齐殿，东西两侧分布有关帝殿、阎王殿、龙王殿、牛王殿、东西两庑，院南面正中是舞楼。

天齐殿是一座宋金时期的古建筑，其主体构架为北宋元丰三年（1080）修筑，局部木构件及装修为金大定二十七年（1187）重修，弥足珍贵。大殿坐落在1.64米高的砖砌台基上，坐北朝南，面阔三间，进深六椽，前檐两椽出廊。周檐立柱12根，前檐当心间金柱2根，共用柱14根，石柱粗壮挺拔。屋顶为单檐歇山顶，屋檐处举折平缓，出檐深远，檐下共有斗栱二十六朵，气势非凡。当心间施板门，使用一副精美的青石门框，次间施破直棂窗，廊两侧塑哼哈二将。

天齐殿有"三绝"最为人称道。其建筑主体构架，古朴大气，为一绝；石门框雕刻于金朝大定年间，线刻雕工精美，为二绝；木雕神龛建造于明代，规模宏大，雕刻繁复，为三绝。除此之外，天齐殿还纳壁画、彩绘、琉璃吻兽、石碑等艺术珍品于一堂，蔚为壮观。如屋脊两侧的琉璃鸱吻，总高2.5米，宽1.6米，厚32厘米，由下向上分作四层，共计六拼组成，体形硕大，形制古朴，气韵不凡。又如其栱眼壁画，表现"渔樵耕读"四个主题，画中人物或持竿垂钓，或担柴步行，或执鞭赶牛，或倚锄观书，宁静幽远、恬淡安然。

泽

州

卷

29　天齐殿木雕神像

30　天齐殿木雕神像

31　天齐殿台基石雕

32　天齐殿台基石雕

33　天齐殿梁架彩绘

34　天齐殿琉璃鸱吻

35　天齐殿琉璃鸱吻

36′天齐殿琉璃鸱吻

37　天齐殿琉璃鸱吻

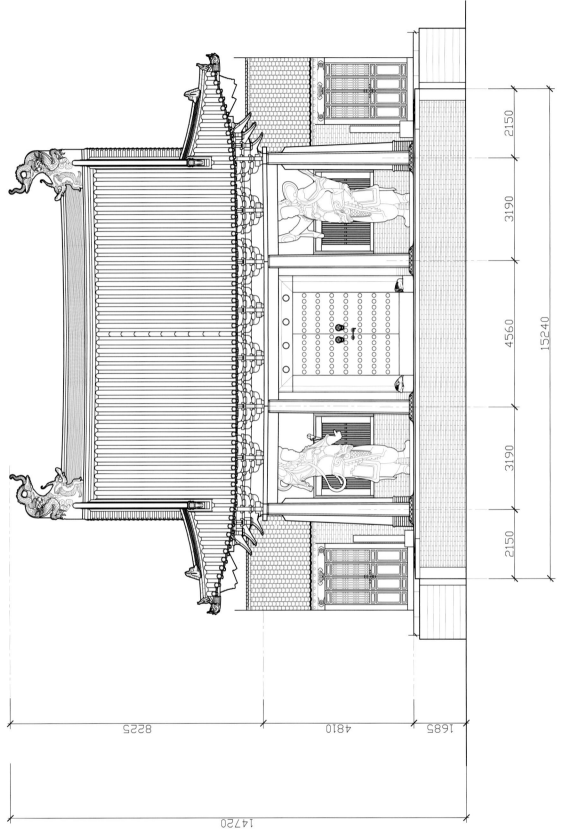

38 天齐殿正立面图资料

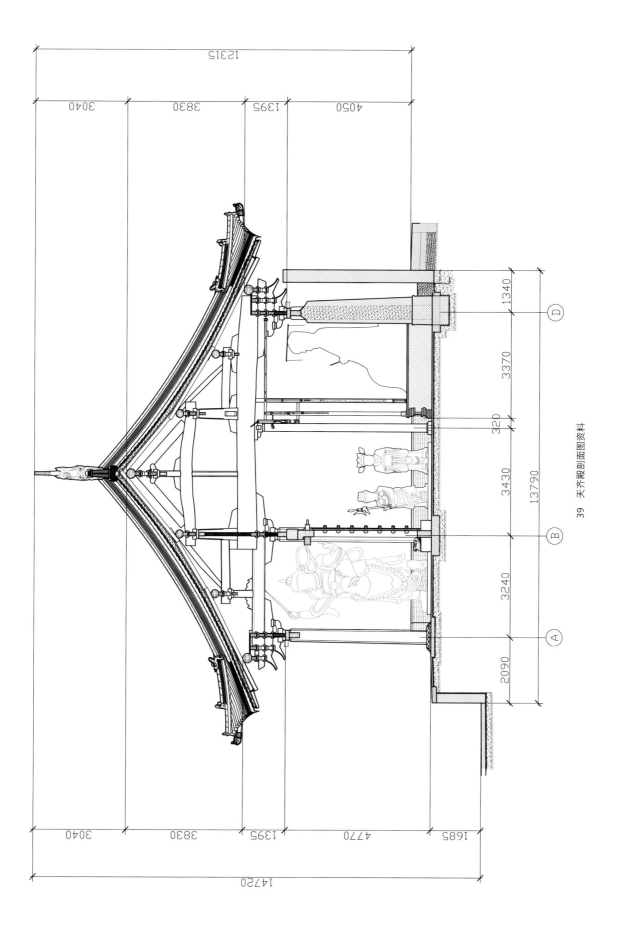

39 天齐殿剖面图资料

　　天齐殿台基向东西两侧延伸，与两庑山墙相交，形成两个独立的小院，东西对称，共建有六座配殿。东北小院为关帝殿、龙王殿、二仙殿。西北小院有阎王殿、牛王殿和速报司神祠。其中，关帝殿始建年代较早，明永乐二年（1404）《创建东岳速报司神祠记》记载"由东庑而北，有汉寿亭侯祠，南面神像俨然"。速报司神祠则是东岳大帝属下专掌善恶因果报应的机构，供奉的是包拯，由明永乐年间泽州知府张汝霖捐俸修建。

　　舞楼是泽州岱庙中仅次于正殿的重要建筑，建于约1米高的台基上，为演戏愉神之所。整体为亭式造型，采用十字歇山式屋顶，四翼如飞。四周砂岩护栏，栏板间立有石灰岩望柱。台基内立四根方形抹棱砂岩柱，柱头额枋、斗栱层层叠压。内部藻井木结构由方井、八角井、圆井三重井架构成，结构精巧。岱庙舞楼始创年代非常早，现存建筑有金代遗存、金建元修、元建明修等多种说法，是研究戏曲史的重要资料。2009年8月，上海昆剧团与晋城市上党梆子剧团曾在此举行访祭古戏台活动。

　　后院东西两侧为东西两庑，又名东西厦棚、东西庭，是祭祀时接待宾客的地方。主体建筑修建于明代，清乾隆时曾重新装修隔扇门。

40　牛王殿

41　西道舍

42　速报司神祠

43　西廊庑

三、价值特色

泽州岱庙是一座集南方园林和北方寺庙特征为一体的园林式古建筑群。其园林式特点形成很早，远在明朝永乐之前便初步成型，时任泽州知州张汝霖赞其为"泉源澄澈，水甘以清，涓涓森然，鸟栖而鸣，鱼以时泳，荷以夏荣，以俯以仰，信可快意于神明"。古人通过银杏树、桧柏、鱼沼、竹圃、木瓜海棠等，为泽州岱庙营造出了清幽雅静的氛围，深受游客喜爱。

山门西侧生长有一株粗大的银杏树，有"银杏王"美称。这株银杏树高25.4米，树围10.21米，盘根14.6米，树冠191.26平方米，是山西省现存银杏树中最大的一棵。"银杏王"枝叶繁茂、郁郁葱葱，遒劲的树干拔地而起，犹如一条粗大的苍龙，彰显着蓬勃的生命力。深秋时节，满树金黄，树叶飞舞，犹如一只只金色的蝴蝶从树干上腾飞而起，煞是美丽。这株银杏树还有一个神奇之处，就是能够单株结果。《本草纲目》对此解释为"（银杏）须雌雄同种，其树相望，乃结实。或雌树临水亦可。或凿一孔，纳雄木一块，泥之，亦结"，植物专家则认为这是一种少见的"返祖"现象。远古时期银杏树曾是单株结果，后经杂交异株授粉的植株比较强壮，因此单株逐渐被淘汰。岱庙的"银杏王"在生长过程中，把原始的单株授粉的基因传承表现了出来，属于特例。

岱庙前院的园林风光最有特色，其景观古人概括为"鱼吞清月，柏映寒潭"。灏气清英的鱼沼、苍翠绰约的竹圃、枝繁叶茂的人字柏，还有清冽的龙泉井水、亭亭耸立的云水楼，无不令人赏心悦目。

鱼沼，又名寒潭，长10.5米，宽10米，占地105平方米。池内北壁有一龙头石雕，南壁有一虎头石雕，龙头居上，虎头居下，龙虎相对，蔚然成趣。池中之水来源于山泉，一股从潭底暗暗涌出，另一股自石雕龙嘴里铮铮淙淙倾泻，两股泉水汇入寒潭，绵绵不绝。明永乐二年（1404）碑刻中对其景观已有记述："池方丈余，深如其方数，缭砌以石，既方且平；泉源澄澈，水甘以清；松柏森森，鸟栖而鸣；鱼以时泳、荷以夏荣。"每逢月夜，苍翠的柏树倒映在寒潭中，团团融融，仿若人间洞天，令人渺渺然物我两忘。

鱼沼北岸为竹圃，占地40余平方米。竹圃内种植实心竹，这种竹子竹壁厚实，中空细小，《竹谱》称其"文采斑驳，可为器用"。岱庙竹圃早在明代已有种植，明清碑刻中曾多次称赞"竹木森然""绿竹依依，翠松森森""桧竹林森列，金鲤跃渊""竹桧参天，鲸鲤扬波"。

鱼沼东侧有两株人字柏和一口龙泉井。人字柏因树干初露地面时为两棵，长至1米多高时合二为一，呈"人"字形而得名。岱庙的人字柏，又名夫妻柏。南面一株粗大健壮，高23.7米，周粗2.7米，为雄树；北面一株纤细婀娜，高23.5米，周粗2.4米，为雌树。两柏一高一低、一粗一细，雌树的树冠依偎于雄树树冠上，令人称奇。人字柏位于奶奶殿前，故相传为女娲造人时的遗物。《凤台县志·山川》记载"岱岳庙南……有柏根泉，孤柏下岐，形如人字，山泉出焉……汇为方池，大亩许"，认为人字柏下有一眼泉水，正是鱼沼泉水之源。更神奇的是，人字柏旁便是龙泉井，井中也是泉水，却与鱼沼水位、水质并不相同。龙泉井内壁为瓮形，深约3米，井水清澈见底，便是大旱也不干涸。据《创建东岳速报司神祠记》记载，明永乐二年泽州"蝗旱之余，饿殍相望"，但是冶底乡民却"独有生意"，正是仰赖于这两眼泉水。

与前院相比，岱庙后院的气氛较为肃穆，古人便在天齐殿砖垛台基下，东西两侧各栽种一丛木瓜海棠调节气氛。木瓜海棠又名木桃、毛叶木瓜，每年 3—5 月开花，9—10 月结果。春季时，淡红色的花朵争相绽放，繁花似锦，称为"春日海棠"。秋季时，卵形的木瓜果实挂满枝头，硕果累累，谓之"秋日木瓜"。两丛木瓜海棠春可赏花，秋可赏果，备受游人喜爱。

四、文献撷英

泽州岱庙现存宋代题记 4 条、金代题记 2 条，元明清碑刻共 14 通，是研究岱庙与冶底古村历史风俗的珍贵资料。

天齐殿石柱宋代题记：

五岳殿王琮施石柱一条，元丰三年二月初三日记。

五岳殿石匠段高施石柱一条，元丰三年二月初三日记。

五岳殿王清施石柱一条，元丰三年二月三日记。

五岳殿丘吉施石柱一条，元丰三年二月三日记。

天齐殿石门框金代题记：

时大定岁次丁未乙巳月癸未日，本州石匠司贵同弟寔小二。

阳城县石源社郭润门工施钱二十贯。

重修岱岳庙记

本州钟显男天成撰

切闻道虽天出，盖人力所能。弘福必自为，惟神宇而可建。矧岳者，群山之长，百灵之宗，协和四时，陶钧万物。修"五玉"吉凶之礼，用"三帛"生死之资，古帝王所以燔柴祭告也，信有之。

其冶底者，乃此乡之名地也。山秀而高，水清而潴，形势遮阻，实多胜概。社西有祠曰岳庙，已积年矣。偶尔兵厄之发，伤哉梁栋之倾，缺瓦毁垣，外榛内棘，须风雨剥丹青之像，奈春秋失香火之仪，瞻之者无不悼哉。此本社乡老董仔暨社长闫聚，与德年丘坚同老人闫广共启虔意，各分一隅，愿心协力相助者一十三人。定立分数，出纳己财，营求瓦木等。率诸匠伦，鸠僝其功，半载乃毕。方之旧宇三倍峥嵘，尤增壮丽，复妆其像，又从而藻饰之。岂独为一境之光，固可彰百世之誉。呜呼，勤亦至矣！既落其成，乡人数辈求纪于大成。仆虽不才，而美其德，安可泯没欤？直书本末，以记岁月。

时大元国至元甲戌十月十五日立石。

创建东岳速报司神祠记。

泽州儒学训导尼养生撰。

本乡田舍生王俊书丹。

东岳有神，通天下之民祀之。南衡、西华、中嵩、北恒，岿然为一方之镇，何独重于此哉？盖天地以生物为心，而五行分佐其事。东岳则主乎春，而以事兹生物者也，然神之所以神者，不出乎福善祸淫、利人泽物而已，莫非神也。而生物之功，东岳实司之。天之高也，日月五星各躔其次；地之厚也，五岳四渎各侍□□。江淮河济异源而同归于海，五岳列峙而莫尊于岱。盖春为四时之首，而元为众善之长也。此东岳行祠所以在在有之。

泽州西南约一舍余地所，所谓冶底里，昔有庙在焉。依形胜，奠基址，前有东西通道。自道而北，升阶数尺入外门。门内而池，池方丈余。深如其方之数。缭砌以石，既方且平，泉源澄澈，水甘以清，涓涓森然，鸟栖而鸣，鱼以时泳，荷以夏荣，以俯以仰，信可快意于神明。东西有厢各二。池之北，左右阶而升高丈余，入左右二小门。二小门之间有楼焉。南则俯□于池，悚然而觉其楼之高也；北则仰瞻于祠，恍然而悟其楼之卑也。东西庑各五楹，依地势而渐隆其基焉。栋宇深以严，邃以敞。由东殿而北，有汉寿亭侯祠，南面神像俨然，起人敬仰。又从而西上数级阶，乃东岳行祠之殿也。陛级肩齐，廉隅整饬，神像巍巍，是敬是式。门楣础柱，莫非石也，上有元丰大定重建等字焉。群山拱揖，峰峦秀颖，信乎形胜而为神所游栖之地也。

永乐元年，郡太守张奉直以民事至其里，宿祠下。时蝗旱之余，饿殍相望，此乡之民，独有生意。因询父老以兴建之由，及利泽于人物者。或曰，庙之始建，无从稽考，维神之利泽于此土也厚，故民之奉祀也虔。旱而乞之雨则雨，蝗而乞之除则除，岁常丰熟，民无夭札疠疫之苦。神之惠泽于吾民者多矣。殿之西未有所祠者，因问父老所欲奉祀者，为建置焉。众咸曰："速报司素欲像而祀之，力未暇及。"奉直公曰："包孝肃公正直人也，生能正君以泽民，殁必能佐神以利物矣，是宜祀之。于是捐俸金，聚材鸠工，以集事焉。因民心所顺而利导之，故不待招呼诱，骈然而至。不日而成，轮奂以新，丹膛辉煌。

是年也，岁事有成，民用和洽，于是知奉直公利民爱物之意厚。故奉神之意诚以虔。始也，一乡之人，事神唯谨，故神之惠及于一乡；今也，奉直公事神唯谨，则神之惠及于一郡矣。其徼福于神者，莫非为民也，已何与焉。神之福佑于民也无穷，则奉直公之惠利于人者亦且无穷矣。福善祸淫之机，神岂昧乎哉？

时永乐岁次甲申月旬吉日记。

奉直大夫泽州知州张汝霖。

奉训大夫泽州知州范得通。

重修东岳庙碑

松岩野叟亮月庵撰文

州掾董子畴书丹

盖闻造化权舆之首，天道未分，二仪开判之初，人文始著。虽万八千岁，同临有截之区；七十四司，讵识无边之义。繇是人迷四忍，轮回于六趣之中；家缠五盖，升降于三界之内。及夫忉利天主超八维而高视四府，该罗越圣凡而司案，敕分五岳，掌督冥阳，察人间之善恶，定群生之果报，且夫五岳四渎者，泰山乃为元首，灵祠享祭于各衢，圣明显哲当处。

今冶底者去泽州三十里许，□平阳、汾陕、沁水、阳城，客旅之店也。其地形胜，东望晋普高峰，西连王城远阪，面临佛头山，背靠土地岭，层峰迭嶂，远峙四围，杂卉繁花，春秋烂熳，青龙蟠于左，白虎踞于右，水秀山明，地灵人杰，村栖于此，曰冶底。山之乾位有古迹神祠，乃东岳泰山仁圣帝灵庙，不知何代之创建也。自元丰年间更修，又至正德改元之岁，不知几百年而矣。其庙圣境者，龙泉水满，竹木森然，殿宇廊庑，次第行列，诚无浪说也。

今有本镇董文怀，见斯正殿毁，故风雨倾颓，圣像霖漓，实为难忍。先克己资，后会本社捧白银百两，采木求材，重为更建，持祈一方人物平康，风雨顺时，五谷丰登，捍灾祛祸，是为心愿矣。自正德辛未年兴工，至壬申岁将毕，殿宇彩饰，焕然一新。众皆议曰：可以勒石为记，感发今之后之兴修重建之功，将来古迹圣祠永不磨灭者也。因兹谒予以为叙之云。予惟上圣坐镇斯方，万福之幸，无非大善，岂小补哉。姑述以为记。

大明正德七年岁在壬申季秋重阳菊节吉日。

重修东岳庙神祠记

泽西南三十里许有镇曰冶底，群山叠绕，泉水环流，东临晋普，南接佛头，北连皇王，西达横岭，虽云蕞尔乡镇，由太行而上，西抵河东，实为陕右通衢。镇西北有庙，乃东岳天齐行宫，建自大宋元丰三年二月初三日，迨大元暨我明朝间，尝重修。庙宇巍峨，台池耸浚，绿竹依依，翠松森森，池中金鲤万计，四方游客咸聚而观之。英灵炫赫，祈祷响应，居民每岁春恪致虔，敬修礼节乐，以祈顺成；秋谷阜登，刑牲结彩，又以报之，所谓春祈秋报之意也。

庙建岁久，左右塑列诸神祠，瓦木崩摧，神像腐暗，台榭凋残。乡耆董仲继、董仲芳、董朝班、赵孟宾、任大颜、董大凰慨然发愤，乃为纲维。一日会诸社首而告曰："古人立庙所以重稼穑之本，防□殄之兴。将以庇民于熙皞，储祉于丰岁也，未有不敬神灵之祀、修建神灵之宇而能获福者。"佥曰："胜事作兴，必赖长者，予将附之，各殚心协力经营。"遂相率捐资，伐材运石，董各匠役，群而工焉。若阎王殿、若速报祠、若龙王牛王祠、若高禖祠、若五瘟祠、若三仙殿。并其镇东佛堂、河南观音佛堂，悉加修葺。欂栌株儒，山节藻棁，舞楼则峻极冲霄，三门则飞翚远邃，其于装严古像、创塑新神，金碧掩映，朱紫腾光，天花旋绕，锦彩扬辉，制作之盛实一代之丽观也。鸠僝之间，焕然维新如此，是以远近往来者，莫不仰而观之，俯而拜之，乃曰："灵宫峻宇，非复人间景象。"伏愿皇风清穆，嘉禾兆登，家有弦歌之声，人知礼乐之教，鸟兽咸若，瘟疫不作，锡百福于有永，保万民于无疆者也。

维时，济济之众鼓舞欢忻，索予文状之。予幼从先叔同妹丈董君正□读书此地，夙知俗美人和，即五尺童子有向善心，矧耆德长者，顾肯置善事而不为之焉？此众谋之所以佥协，宜足以而安神之所栖，而诸公鸠僝之功，真可以遗之后世也。后之继事者能以仲继、仲芳、董龙等纲维之心□，心俾善类，各协乃力，则基业永隆，而庙貌巍巍矣。敢僭书之，敬勒坚珉，用垂永久云。

大明万历戊戌春三月望日。

晋武进士郡人杨淳撰并书。

碧落寺 / BILUO SI

一、遗产概况

碧落寺位于晋城市泽州县巴公镇南连氏村东，距离市区约 8 公里，是古泽州境内创建时间最早、规模最大、声望最显赫的寺院之一。它位列泽州四大古寺之首，泽州古八景之一"碧落卧云"就在这里。寺院背靠碧落山，面对万松岭，坐北朝南，依山而筑。寺周群峰环抱，怪石参差，花木丛生，环境优美。过去这里溪水清冽，长虹卧波，松柏苍翠，山环水绕，殿宇高耸，俨然为一处幽雅静谧的世外桃源。

碧落寺初创于北朝时期，早期称"圣佛院"，初建时规模很小，仅"佛殿两座，殿各五间"。经过多次鼎新扩建，至唐代已颇具规模，并开始走向全盛阶段。盛唐时期，碧落寺雄踞太行，香客云集，佛事活动繁多，钟磬悠悠，木鱼声声，香烟缭绕，盛况空前。达官显贵、文人墨客接踵而来，祈福、赋诗，他们以不同形式表达自己的景仰、膜拜之情。唐朝末年，长年战乱，加之武宗灭佛，碧落寺也结束了百年辉煌，走向了衰落。

01　碧落寺航拍全景（由南向北）

五代十国，王朝更迭变换，战乱频仍。后周广顺年间，五台山高僧普龙至此，整葺殿阁，重建寺院，广纳徒众，让碧落寺重获生机。但仅过三年，周世宗兴起灭佛运动，碧落寺也未能幸免。普龙率众门徒虔诚奉佛，惨淡经营，直到北宋建立。

北宋时期，因为帝王多信佛，各地修寺造佛活动不断，碧落寺得到了恢复。宋英宗治平年间，碧落寺敕以"治平"院号。并开始在南山创建五间连楼及殿宇壮丽的观音阁。

金代时创建了溪堂、山堂。元至元五年（1339）再次大规模重建，并更额"碧落"；明代嘉靖年间创建东阁、西阁；清康熙四十四年（1705）重建大佛殿。民国时期，号称"文物大盗"的孙殿英部驻扎晋城，对碧落寺进行了大肆洗劫。

新中国成立后，寺院先后被马厂、牛奶厂占用，建筑被拆，又经"文革"的破坏，只留下荒凉凄惨面貌。1997 年至 1999 年 4 月，民间善男信女经多方筹资，依五佛殿旧基重新修建了毗卢殿，内奉金妆木雕佛像五尊。2006 年 5 月 25 日被国务院公布为第五批全国重点文物保护单位。

碧落寺

　　碧落寺的建筑布局非常独特。分西、中、东三院，整体呈长方形，东西长 200 余米，南北则不逾百米。西院为生活接待区，香积厨、斋堂、客堂、僧舍、库房等均在此院。如今修复北房 8 间，西楼和南楼 10 间，作为居士的生活用房。

　　西阁正当山门，巍峨耸立，为入寺之首观，西阁高有数丈，其旧为十王殿，明朝时重建之为阁，后来被毁。20 世纪 90 年代完成重修，阁上塑毗卢佛，下供地藏王。阁下存有明嘉靖十二年 (1533)《西阁记》石碑一通，记述着碧落寺的格局和西阁的历史。院正中增修碧落碑亭一座，新立了重刻的碧落碑。

　　中院依就地势，原有五佛殿、七星洞、护法楼。90 年代后期，碧落寺重建了毗卢殿、七星洞等建筑。

　　寺之东院，因北面巨大的连山石而开凿洞窟 3 个，小龛 64 个，大小雕像共 102 尊，主要是佛、菩萨、弟子，还有武士、供养人等，有坐有立，形态各异。雕工洗练，隽秀精美。南侧原为禅房，现在筑围墙，镶嵌着几十座碑，内容为现代人书写的前人诗词。

　　南面山麓现在也重修了观音院。两院中间河谷中存有两座明代石桥，连接南北两院。

03　观音庙近景

04　遗存柱础

05　遗存柱础

06　遗存柱础

07　遗存柱础

08　遗存柱础

09　遗存石柱

10　遗存石柱

11　遗存石柱

二、建筑特点

碧落寺现存的土木建筑，全部为新建的钢筋水泥结构，为非文物建筑。故在此不作过多的介绍。本节主要介绍文物价值较高的石窟和石桥。碧落寺现存文物有北齐石窟 1 座、唐代石窟 2 座、唐代小石龛 10 余处、明代古桥 2 座。

（一）碧落寺石窟

东院石窟是碧落寺中最具价值的遗迹。西窟平面呈长方形，进深 1.8 米，宽 1.48 米，高 2.04 米，为三窟中开凿年代最早的一窟，就其风格特色及窟门外"大齐武平七年"题记，可推其当属北齐遗物。门两侧各立一力士，力士已残。门下原有狮子两尊，现仅存一身。该石窟外壁石阶旁有题记："时太和六年（482）造至唐大和六年（832）三百五十年僧道弘修此寺故刊口正白君亮。"西窟门楣上有北宋崇宁五年（1106）题刻《重建治平院记》，乃沙门永庆所刊。虽然残损严重，但也记载了珍贵的历史信息。记述了从韩王诸子造像，到后周广顺年间五台山普龙僧到来，重兴寺院以及北宋的多次维修，治平年间的赐号"治平院"的前因后果。

12　石窟侧景（由西向东）

西窟内部攒尖顶，隐约可见莲花藻井残迹，周设坛基，北面为一佛二弟子二菩萨，主尊高 0.98 米，螺形矮髻，双耳下垂，面相方圆。内着僧祇支，外披双领下垂式袈裟。双手作禅定印。结跏趺坐，身后有舟形背光。座高 0.36 米。中间有小力士双手托举莲形宝珠，两侧各雕一小狮。佛像身躯浑圆，衣纹简洁。主佛两侧各立一弟子一菩萨，左侧弟子头已残，有圆形背光，着双领下垂式袈裟，左手微举于胸前，右手笼于袖中，跣足立于坛基上。右侧弟子神情恭谨，双手笼于衣袖之中，佛两侧的菩萨紧挨着两弟子，均有桃形背光，着双领下垂式袈裟。

13　西窟远景（由南向北）

14　西窟"寺本是大和六年造"题记

15　西窟窟门东侧石狮（由南向北）

东壁坛上为一佛二菩萨,主尊高 0.82 米,面相丰满,内着僧祇支,外披双领下垂式袈裟,结跏趺坐于方形束腰须弥座上,左手握拳于腹部,右手置于膝上,后有舟形背光。佛两侧菩萨均戴冠,颈佩戴圆形项圈,上身披帔帛,下着长裙,跣足立于圆座上。左侧菩萨头手皆残,可见左手上举,右手持净瓶下垂。右侧菩萨面容端庄,右手上举,左肘弯屈手持锁状物下垂。

西侧为一佛二菩萨,主尊高 0.85 米,头光、服饰、坐姿与北壁、东壁造像大致相同,双手结禅定印。两侧菩萨皆损,跣足立于坛基上,着双领下垂式袈裟,左侧菩萨双手笼于胸前,右侧菩萨双手捧物于胸前。

窟内北、东、西三壁上造像均为高浮雕,窟内中上部残存有大量的供养人线刻画和题记。窟壁中上部佛头光处整齐地排列着一排或两排小龛,每排 8 个或 10 个,龛内均为一小佛。北面东侧小龛下方,另有二小龛,其中一龛内雕一坐佛四胁侍,另一龛内为一立佛。龛下有"陕州富平县比丘崇简唐文明元年"造像题记。

16　西窟洞内佛像（全景）

17　西窟洞内佛像（西面）

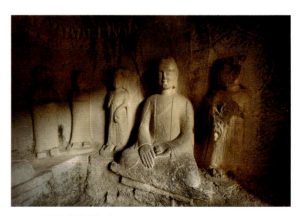

18　西窟洞内佛像（东面）

造像佛及其弟子、菩萨的面部表情与衣饰均由简洁明快的线条勾勒而成，不经意间尽显其文雅、和善、亲切的神情。圆形头光及舟形背光全部素面，莲座简化成圆形小蒲团状。在西窟的内壁上，窟内的佛、菩萨、弟子间布满了供养人线刻画像及题名，其中供养人题名84处，线刻供养人百余位。略计有像主21人、大都邑主6人、邑主1人、教化主2人、都维那5人、维那4人、邑子44人，另外尚有比丘、比丘尼等多人。画中人物大都头梳高髻，腰系羊肠纹裙，袒胸露臂，或赤足，或高靴，显露出一种庄重秀丽、温柔典雅的神情，衣褶纹饰随肢体而起伏聚散，流畅如铁线描，既显现出丝质服装的柔软特性，又透露出人肌体之美。作者巧妙运用阴阳结合的线刻技法，使得线条柔和流畅、疏密有致、刚柔相济，颇具神韵。

19　西窟洞内佛龛局部

20　西窟洞内佛龛局部

21　西窟洞内佛龛局部

22　西窟洞内佛龛局部

　　中窟是碧落寺石窟中最大的一窟，为唐代遗物。洞门上方有"怀隐洞"三个大字，已漫漶不清。洞深 1.86 米，宽 2.68 米。窟门宽 2.28 米，呈拱状。窟门外东西两侧存有唐高宗、武周时期的小龛，保存有多处题记，如西侧有"大周万岁通天贰年""咸通十年""大周万岁登封元年"，以及唐代皇甫曙题诗；东侧有宋代题记两处及泽州刘羲叟的题字。窟券拱门上方留存几个篆字，疑为当初的碧落摩崖碑残迹。

　　窟为平缓的攒尖顶，整窟于北、东、西壁坛基上雕造像一铺，为一佛二弟子二菩萨二天王组合，高浮雕。北壁雕一佛二弟子，主尊佛高 2.3 米，结跏趺坐，头和手皆毁，左手似结施与愿印，右手施无畏印。头后镌刻浅浮雕火焰纹尖拱头光，内着僧祇支，腰束带，外着袈裟，左侧袈裟敷搭于右腰侧，坐在八角束腰莲花座上，衣裳叠于座前，座下沿饰覆莲。佛身圆润，体态丰腴。衣饰华丽，线条流畅。衣裙由座上下垂形成落裙。头部虽已残损，但通体仍尽显雍容典雅，加上美观大方的火焰纹背光，更烘托出大佛的崇高与神圣。

23　中窟全景

24　中窟洞窟外西侧佛龛

25　中窟洞窟外佛龛

26　中窟洞内西面

佛左侧弟子跣足立于束腰莲座上，面部已毁坏，后有双重圆形头光，高 1.6 米，双手合于胸前，外披双领下垂式袈裟。佛右侧弟子头身皆遭损坏。左侧有"宋宣和四年"题记一款。

　　东壁坛基上由北至南立着一菩萨一天王。菩萨头身俱毁坏，跣足立于束腰莲座上，残高 1.75 米，上有圆形火焰纹头光。天王面部已毁，残高 1.65 米。左手下垂，右臂持剑于胸前上举，身着盔甲，脚踏两小鬼。

　　西壁坛基上与东壁相呼应，亦立一菩萨一天王，菩萨头已毁，残高 1.78 米。上身袒露，左手绕帔帛上举于胸前，右手握帔帛自然下垂。颈配圆形项圈，璎珞在腹前连璧下垂至腿间。下着长裙，跣足立于莲座上，菩萨体态丰润，身姿优雅。南侧天王面部已毁，残高 1.6 米，左手上举于胸前，脚踏一小鬼。

　　唐代是我国封建社会的鼎盛时期，也是我国历史上文化艺术最繁荣的时代。这一鼎盛与繁荣在佛教领域则突出表现在造像艺术上，当时的造像大多神态自如、肌肤丰润、比例适度、装饰华美，充分体现了人体的健康和美丽。可以说在唐代，佛像艺术真正走向了成熟。中窟乃盛唐之物，可惜石窟造像损坏程度非常严重，中、东二窟唐代造像共 14 尊，头部均缺失，肢体残损也较严重。

27　中窟洞内正面　　　　　　　　　　　　　　28　中窟洞内东面

东窟位于中窟左上方约 4 米处。平面呈不规则梯形，进深 1.54 米，宽 1.8—1.9 米，高 2.3 米。窟门呈拱状，宽 1.48 米。窟内西壁有一题记"常山李弘太和七年记"。外壁东侧有明代"弘治甲子仲冬五日"刘某郎等人游记一则。

窟内造像和中窟相同而略小，较之也更加细腻，于北、东、西壁坛基上造一佛二弟子二菩萨二天王像。北壁坛基上造一佛二弟子像，头部均毁。主尊残高 0.57 米，头光内侧可见七瓣莲花，外侧饰火焰纹。佛像内着僧祇支，腰束带，外着双领下垂式袈裟，左手抚膝，右手上举，已残，结跏趺坐于束腰莲座上，裙裾垂于座前。佛像身躯圆润饱满，座高 0.52 米，下沿饰覆莲。左侧弟子残高 0.92 米，双手合于胸前。内着僧祇支，外披双领下垂式袈裟，跣足立于莲座上，头上隐约可见圆形头光。右侧弟子残高 0.9 米，双手持物于胸前，跣足立于莲座之上，亦着双领袈裟，袈裟自然下垂，衣纹厚重。

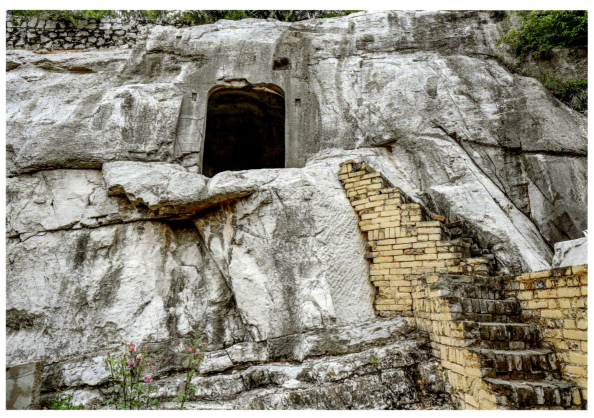

29　东窟远景

东壁坛基上由北向南立一菩萨一天王，菩萨头部已毁，残高 0.96 米，体态丰腴，跣足立于莲座上，后有火焰纹头光。上身袒露，帔帛自颈后绕于胸前，左手持莲花上举于胸前，右手自然下垂握左侧帔帛，颈佩戴项圈，饰璎珞，下穿长裙。天王像已毁，残高 1.42 米，左手叉腰，右手持剑，脚下踏一小鬼，小鬼双目圆睁，表情夸张。

　　西壁坛基与东壁相呼应，亦立一菩萨一天王，菩萨头部及右半身部分损坏，残高 1.16 米，身披帔帛，饰璎珞，跣足立于莲座上，天王像损毁严重，残高 1.35 米，脚下踏一小鬼。

30　东窟洞内塑像（正面）

31　东窟西面

32　东窟洞内塑像（东侧）

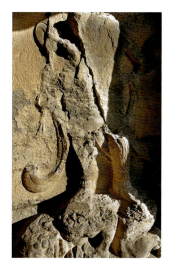

33　东窟洞内塑像（东侧）

（二）碧落双桥

在碧落寺南北两院之间的河上横跨着两座石桥，被人称作碧落双桥。东桥修建于明天顺五年（1461）三月，是一座两孔半圆形拱桥。此桥在桥洞券上有一处明代题记，叙述了明宣德年间由寺僧兴建一座木桥，后来重建石桥。桥长 18 米，宽 4.8 米，高 5.2 米，主拱跨径 6 米。主跨券由 15 道纵肋组成。拱厚 0.36 米，桥台高 1.7 米，侧孔跨径 2 米，由 13 道纵肋并列砌筑而成。桥面上修廊房数楹，两侧临河处留有窗户，可避风雨，也可停留房内观看河上的风景。炎热的夏季可在廊内休息，极为凉爽。这样的风雨桥，在北方极为少见。

西桥也是一座石桥，为单孔半圆形拱桥，桥券由 17 道纵肋组成，跨径 6.5 米，全长 14.5 米。桥西侧券上有题记，叙述明隆庆五年（1571）二仙里南连氏申茂一家捐施银子十五两。两座石桥都是明代所建，东桥比西桥早 110 年，两座古桥拱券侧面均有线刻花卉图案，有较高的文物价值。

34　东桥（由东向西）

35　西桥全景

三、价值特色

碧落寺三座石窟中的造像以及两座明代石桥皆具有较高的文物价值。此外，碧落碑的书法艺术价值、寺院的旅游价值有待进一步挖掘研究。

碧落篆书在书法界独成一体，地位较高。现在增修的碑亭和碧落碑应加大宣传力度，供更多的书法家来此学习临摹，打造特殊的书法临摹研学课，充分发挥碧落碑的艺术价值。

碧落寺自古就有"碧落卧云"的美景，号称古泽州八景之第一景。随着寺院周围自然生态环境的恢复，"碧落卧云"奇观有希望重现，到那时碧落寺声名远播，四方游客汇聚于此，赏美景、游古寺，盛景不日可待。

碧落篆碑的四个传奇故事也可作为旅游资源开发，增加碧落寺的神秘色彩。一是仙人作篆。据载，李撰当年为母祈福造像，同时还刻有摩崖碑记其事于屋宇佛龛之上。《洛中纪异》云："李撰为母房太妃追荐造像，碑记其事，文成而未刻，忽二道士来请刻。曰：'君刻石须篆字乎？我二人天下之能篆者。'李异之，任所为，闭户三日，不闻人声，怪而破户，有二白鹤飞去，而篆刻宛然。"二是阳冰槌碑。相传唐代著名书法家，以小篆见长的李阳冰，自谓其篆乃李斯之后第一人。乾元间李阳冰曾任高平令，来赏此碑，览之七日而不忍去，习之十二年不成其妙。更有甚者说，李阳冰自恨不如，以槌击之，碑之破损即由阳冰始。当然这是传说而已。三是義叟识文。北宋泽州籍著名学者刘義叟有名当世，"爱重其碑，恨未通识，会欧阳公奏为编修唐书官，乃携楮本之局因景文宋公京，始能尽通"。该摩崖碑于金元时遭火毁，现存几个残字，漂亮隽秀，卓尔不凡。四是古碑重立。1999年秋，在晋城市古文化研究中心裴池善的协调下，碧落寺众居士从新绛龙兴寺将绛州碧落碑拓回，有识之士鼎力相助，于碧落寺重刊一方；新建碑亭一座，重刊碧落碑由柏扶疏书额，碑记由裴池善撰文，段生龙书丹，李万军镌刻。碧落碑亭匾额两块，其一由中国著名书画家，原中央工艺美院院长张仃篆书书写；其二由中国著名文物古建专家罗哲文楷书书写。对联两副，均由刘伯伦、裴池善撰联，分别由山西省书协副主席田树苌、赵承楷书写。联曰："一代丰碑由泽而绛终归泽，千秋妙篆惊天泣神又见天。""训诂谇谌四枝同脉献心碧落，慈悲惠愍万念皆空触目青莲。"

四、文献撷英

碧落寺的文献遗存数量较多，主要分为题刻和碑文。

题刻方面，较为完整的有14条，最早的是北魏孝昌二年（526）题记，记载了山僧造像祈福之事。随后有西窟外的北齐武平七年（576）的造像题记，目前官方认为这是西窟的雕凿时间。中窟门口石壁上存有唐代题记三条，有两条内容为弟子造像祈福题记，一条为残缺的游览留题。宋金时期的题记，都是官员到此游览留下的。金代的题记为泽州刺史杨庭秀的游题，非常珍贵。明代的两条题记为两座石桥的建造者留下的，内容为石桥的建造时间和建造者信息，为我们留下了珍贵的资料。东窟内有两条题记，一为唐代人的游览留题，为判断石窟雕凿时代提供了依据。另一题款时间不详。

碧落寺的碑文遗存较多，但文字残缺严重。较为完整的关于寺院沿革的碑，共7块。最早的为《碧落碑》，此碑早已毁，现存为2000年民间居士在绛州的拓印版。碑文为李撰书写，内容为追思母亲的美德、表达对母亲的哀思。原碑存于绛州龙兴寺。宋代的《记税碑》是现存最早的有关税收的碑刻，雕刻于北宋开宝八年(975)，碑文内容为僧人感丰施舍土地的面积四至和纳税情况。《碧落寺摩崖碑》勒石于金明昌五年(1194)，由金代泽州刺史许安仁撰文，内容叙述了碧落寺的沿革，金代的规模、景色，泽州碧落碑的情况，碑现已不存，但文存于县志，对研究碧落寺有着重要的价值。《碧落寺西阁记》勒石于明嘉靖十二年(1533)，由举人张宗明撰文。碑文记述摩崖碑被毁，张家还存拓本。龛左右石壁存有篆隶行草碑十数种。此外，还记载了西阁修成的盛况。清康熙四十七年(1708)的《碧落寺重修大殿东西角殿石堤碑记》，记载的是清代初期碧落寺两次遭遇水灾后，佛弟子和众耆老善士，捐金修复五佛殿、角殿以及石堤的经过，由卫皇图撰文。康熙五十三年(1714)，碧落寺僧人福才集资和堆金会出资，又创修护法神阁，由卫企武撰文。《补修碧落寺碑记》记载了嘉庆四年(1799)僧人洪愉力行募化，与连氏村善士一起补修了碧落寺。

另外，在中窟门口西侧石壁上留存有两首唐代皇甫署的诗《石佛谷》，诗词描绘了唐代碧落寺的盛况及寺内外的奇特景象。这两首诗不仅是优秀的文学作品，还是极为珍贵的研究史料，对研究碧落寺及周边环境的变化，具有重要价值。

北义城玉皇庙 / *BEI YICHENG YUHUANG MIAO*

一、遗产概况

北义城玉皇庙位于晋城市泽州县北义城镇区北侧的土岭上，西临 208 省道，东面紧靠北义城中学。庙宇创建年代不详，根据大殿的石柱题记，可推断大殿重修于北宋大观四年（1110），至今已有 900 多年历史。专家依据题记内容和殿宇建筑风格，综合断定玉皇庙正殿为宋代建筑遗构。

有关庙宇创修的文字资料，除正殿檐柱上的宋代"大观四年"题记之外，庙内曾发现过一块"明正德年间"的残碑，正殿东侧檐柱石柱之上存有一处"清雍正六年"的题记。因此可粗略地捋出玉皇庙的修缮线索，即宋大观四年重修，金元两朝修缮情况不明，明正德年间有一次重修，清雍正六年（1728）再次修缮。根据舞楼花梁上"清道光八年（1828）创修题记"，判定舞楼及东西耳房的创修时间为清道光八年。在近千年的时间里，北义城玉皇庙屡圮屡建，不一而足。

新中国成立以来，玉皇庙长期被学校占用，直至 20 世纪 90 年代，庙内殿宇仍然是学校后勤用房。2005 年，北义城玉皇庙的价值被发现，2006 年 5 月 25 日被国务院公布为第六批全国重点文物保护单位。2013 年开始修缮工作，2015 年大修全部完成。2019 年民间人士出资，在玉皇殿、牛王殿、高禖殿内增设塑像，古朴的庙宇焕发新的容颜。

经过修缮的北义城玉皇庙，整体坐北朝南，因为增修了东跨院，现在有三个院落。庙宇总占地面积约 3500 平方米。新修的山门坐落在庙宇的东南角，面阔三间，进深四椽，与舞楼一排。从东跨院再

01　北义城玉皇庙航拍

穿过一小门，进入庙院。中轴线上从南至北依次为舞楼、献殿、玉皇殿。第一进院最南为三间舞楼，舞楼上层是娱神演戏之所，下层三间为库房。两侧为东西妆楼，各三间，是演戏时演员化妆、住宿之地。东西看楼现已不存，新修东西平房各三间，为文管员办公使用。一进院正北面是献殿，面阔三间，进深四椽，东西两侧各有配楼三间二层。第二进院，正北为玉皇殿，面阔三间，歇山顶殿宇。正殿两侧为东西耳殿，各三间。正殿前方的东西两厢，分别是五间出廊式厢房。庙宇整体布局严整，高低错落有致。

02　北义城玉皇庙大门山墙与垂脊

03　北义城玉皇庙大门正立面

04　北义城玉皇庙大门墀头

二、建筑特点

北义城玉皇庙内现存有单体建筑 7 座，分别是玉皇殿、牛王殿、蚕神殿、献殿、舞台、厢房（2 座）。建筑跨越时间较长，从建筑时代上大体分为宋代 1 座，明清建筑 6 座。这些建筑风格明显，蕴含着各个历史年代的建筑文化和民俗内涵，布局严谨合理。

（一）正殿

玉皇庙最有价值的建筑是玉皇殿。它建筑在一个边长 10.4 米、高 1.2 米的正方形砖砌台基之上。边角施用大块砂石条砌成。台基前两个台角上原存有石雕角兽，现在只存一尊。石兽连着石底座，底座为正方形，边长约 40 厘米。上面雕有一尊早期卧兽，角兽为圆雕，头部虽略有残缺，但威风凛凛，气

05　北义城玉皇庙正殿正立面

06　北义城玉皇庙正殿屋脊

势不减。踏垛七级，疑为后期增设。

　　正殿平面为正方形，面阔三间，进深四椽，前一间为廊，梁架为三椽栿压前劄牵檐用三柱，单檐歇山顶。屋顶举折平缓，灰筒瓦覆顶，琉璃剪边，前檐使用特色的化生童子灰瓦当。角柱高 3.6 米，平柱高 3.4 米，侧角生起明显，外观庄重稳健。出檐深远，如雄鹰展翅。前檐柱四根，青石质石柱，为抹角八棱，柱下不施柱础，施方形顶柱石。顶柱石边长 64 厘米，与地面平。中间两柱前面镌刻宋代题记各一，楷书，字迹清晰，大如拳。一曰"泽州晋城县菖山乡义城村重修玉皇殿，时大观四年（1110）岁次庚寅二月十五日甲申，纠首维那李善等"；一曰"都维那李善、男植，同修维那李道、李衡、李应、李定、李宁、焦千、张成、李翌、李敏。木匠郭彦，吕确书，段皇刊"。题记说明此殿为宋代重修，距今 900多年，至于创建年代，则无法确定。

07　北义城玉皇庙正殿东侧立面

08　北义城玉皇庙正殿前檐明间东侧檐柱题记

09　北义城玉皇庙正殿前檐明间西侧檐柱题记

10　北义城玉皇庙正殿后檐金柱柱础

　　再看檐下，也符合宋代建筑的特征。檐柱间施阑额，阑额之上施普拍枋，普拍枋两侧出头，十字搭交。柱头斗栱为单杪四铺作计心造，令栱抹斜。劄牵前端出头为华栱，上施耍头为蚂蚱头。后檐两山铺作外出抄一跳，里跳承栿出楷头。转角铺作正侧身同柱头，角线位用华头子，上出一昂，别施由昂。扶壁栱为单栱、单素枋形制。

　　殿内梁架彻上露明造，所有梁架、斗栱结构毕露、条理分明。梁架为三椽栿压前劄牵，通檐用三柱。内柱为圆形木质柱，柱头有卷刹。三椽栿压于劄牵后尾上，梁栿截面为长方形，两侧有行龙彩绘，上施方形蜀柱两根，蜀柱头设大斗上承平梁，平梁上设叉手、侏儒柱，柱脚施合楷，柱头置栌斗。斗内为丁华抹颏栱。丁华抹颏栱、叉手共承脊槫。山面丁栿前平后斜，栿背上施合楷蜀柱，承系头栿，承托山面屋顶。对比大殿内外，外部庄重、齐整、大气，而内部的用材，则有直有弯，有方有圆，后期更换构件痕迹明显。

　　正殿的明间辟门，次间开窗，门窗皆施用六抹隔扇门窗，为后期更换。除门窗外，玉皇殿完好地保存了宋代木构建筑风格，与檐柱上大观四年题记相互佐证，成为研究宋代晚期木构建筑的重要实例。

11　北义城玉皇庙正殿前檐阑额、普拍枋

12　北义城玉皇庙正殿前檐平柱柱头铺作

13　北义城玉皇庙正殿前檐转角铺作

14　北义城玉皇庙正殿东次间廊部梁架

15　北义城玉皇庙正殿当心间梁架

16　北义城玉皇庙正殿廊部梁架

17　北义城玉皇庙正殿角梁

18　北义城玉皇庙正殿三椽栿彩绘

19　北义城玉皇庙正殿栱眼壁画

泽

州

卷

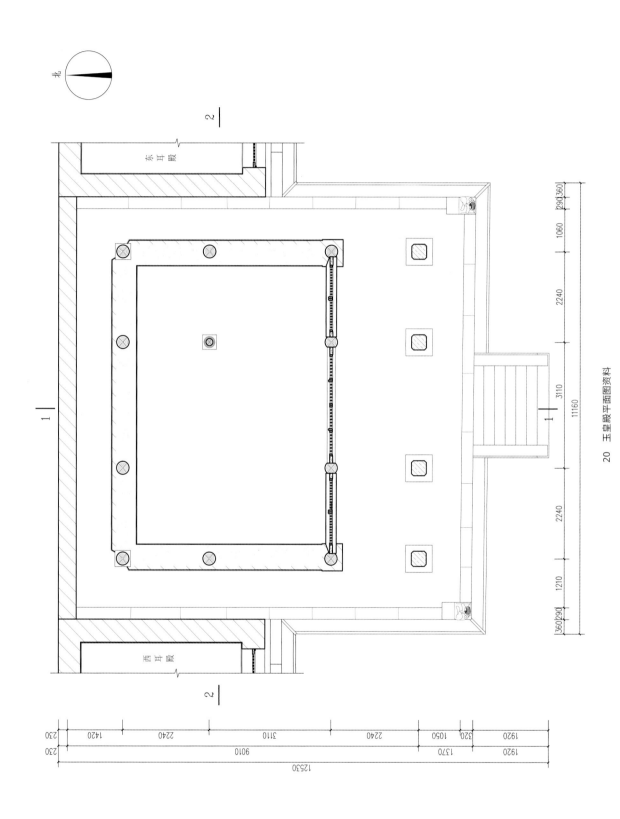

北

东耳殿

西耳殿

20 玉皇殿平面图资料

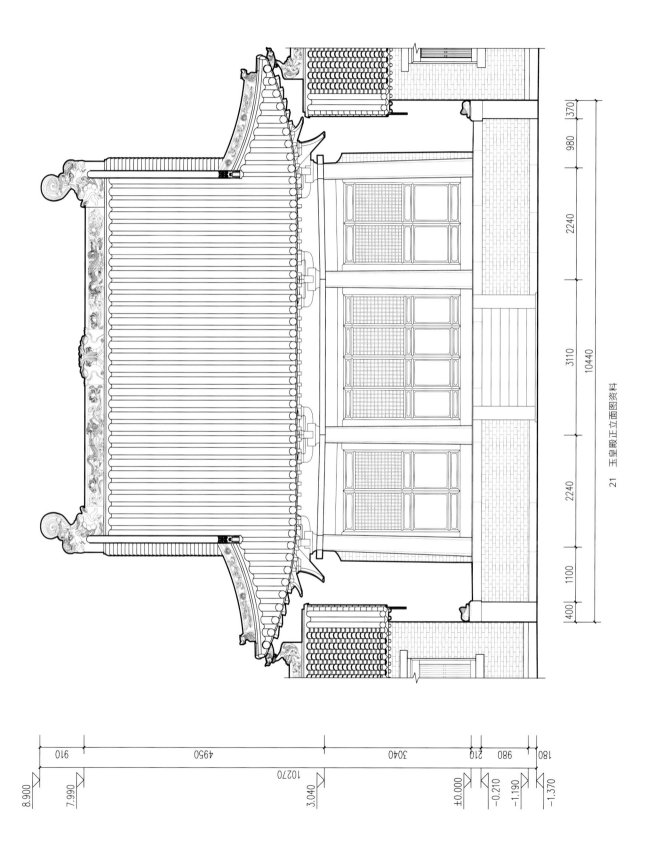

21 玉皇殿正立面图资料

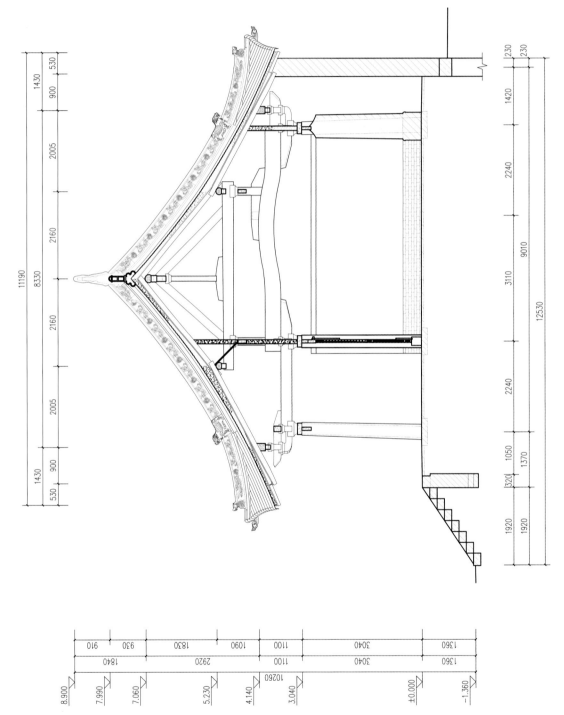

22 玉皇殿剖面图资料

（二）献殿

玉皇庙的献殿位于前后院的连接处，是一座面阔三间、进深四椽的通廊，形制比较特别。第一，所处位置特别，和其他庙宇的献厅比较，距离正殿距离较远。第二，形制特别。献厅不是独立架构，两侧山面各连着三间配楼。前后各用两根高大的石柱。前檐使用的是八棱抹角石柱，收分明显，和正殿石柱形制一致。柱头是花牙子雀替，刻花额枋、平板枋，不施斗栱，梁伸出柱头，推测应该是早期石柱的利用。柱下施青石几凳形柱础，后檐使用的是两根圆柱形砂石柱，下施两层柱础，明显有后期垫高的做法。可见四根石柱皆为前期遗留的建筑构件的再利用。献厅正前方设有踏垛一组六级。

（三）耳殿及厢房

正殿东西各有耳殿一座，面阔三间，进深四椽，硬山顶，灰板瓦覆顶。明间施板门，次间施直棂窗。推测为明代建筑。西耳殿祭祀高禖奶奶，东耳殿祭祀马王爷，祭祀的皆为农耕时代的民间俗神。

东西厢房面阔各五间（五檩），前出廊，布瓦悬山顶。檐下使用六根较细的砂石柱。两门三窗，门施板门，窗为直棂窗。两厢房祭祀神灵不明，根据形制特征判断其应属明代遗构。

23　献殿正立面

24　北义城玉皇庙东耳殿正立面

25　二进院东廊房正立面

26　一进院东厢房正立面

（四）舞楼

舞楼位于庙宇最南侧，坐南朝北，面阔三间，进深四椽，布瓦悬山顶。舞台间架较大，台面显得宏阔。舞楼脊槫下有花梁一条，内容记载了舞楼的创修时间。前檐用四根方形砂石柱，柱间施额枋平板枋，枋上托两根五架梁。柱头两侧用花牙子雀替，额枋侧面刻出月梁的形状，梁边刻花草。柱头斗栱不出跳，泥道栱雕花。正脊两端有鸱吻，中间还保留明代琉璃脊，颜色鲜艳，饰双龙戏珠、凤凰、荷花、牡丹等纹样。四条垂脊为灰脊，脊头为狮兽，威风凛凛。后檐檐下装饰有两件砖雕墀头，雕刻精美。舞台东侧有砖修楼梯，供人上下舞台。两侧的妆楼各三间，开间较小，门窗也较小，是演员居住的地方。

27　北义城玉皇庙舞楼、妆楼正立面

28　北义城玉皇庙舞楼屋顶琉璃脊

29　北义城玉皇庙舞楼梁架彩绘

三、价值特色

玉皇庙的价值特色体现在建筑和民俗两个方面。建筑方面，正殿的宋代建筑特色、正殿前檐使用的特色瓦当和部分壁画值得深入研究。民俗方面，正殿和两垛殿祭祀的神灵皆为早期祭祀的民间俗神。

玉皇庙正殿斗栱和梁架结构表现出的主要特征，正是此庙宇的主要文物价值所在。以下四条是建筑专家贺大龙在《晋东南早期古建筑专题研究》中谈到的玉皇庙正殿的主要特征：(1)玉皇殿四铺作出单杪，是宋代以来采用四铺作制度的首例；单栱、单枋扶壁栱做法也是孤例。(2)玉皇殿劄牵是由华栱里转延长制成，置于内柱大斗内，再延长出楂头承于三椽栿下的做法，都与之前几例的结构方式一脉相承。(3)玉皇殿后槽柱下合楂向内延伸，搭扣在丁栿上，一材连身二用，功效合一，又是一则合楂巧用的实例。(4)玉皇殿平梁于前槽伸出蜀柱缝外承平槫，使槫与山柱、内柱不对位，后槽蜀柱移至山柱缝外承槫，梁头不出跳，槫仍与蜀柱对缝。

玉皇殿华栱是由劄牵伸出制成，这是唐代梁栿与铺作组合型结构方式的残迹，而将劄牵后身延长过内柱出楂头承于三椽栿下，又是宋代晚期底栿"劄牵式"结构的典型特征。同样，平梁在前槽伸出，槽缝外承挑下平槫，而后槽将蜀柱后移，使前后平槫都与蜀柱不对位，是一种罕见的特殊结构方式。对研究宋晚期建筑有着极为重要的价值。

玉皇庙除了梁架结构有特点之外，还留存有化生童子瓦当和栱眼壁画等重要文物。化生童子瓦当是北义城玉皇庙一个亮点，庙中前檐的灰筒瓦瓦当有一部分是童子图案。据考证为宋代创修之瓦当，十分珍贵。化生，为佛教用语，在大乘佛教轮回常道有"四生十类""六道四生"等说法，所谓四生为"卵生、胎生、湿生、化生"，意思是六道一切有情众生有四种诞生方式。由卵壳出生者，即称卵生，如鸟、龟、蚁等；由母胎出生者，即胎生，例如哺乳类动物众生等；由润湿腐败环境所诞生者，即称湿生，如飞蛾、蚊蚰等；无所托而忽有，则称为化生，如诸天、地狱中的众生。四生中以化生数量为最多。在六道中，地狱道和天道为化生，人道、饿鬼道、畜生道、阿修罗道中也有部分为化生。化生为新生命忽然而生，除了大菩萨化生呈现庄严菩萨貌外，多数化生皆以童子貌的形象展现。而多数化生童子需要通过某种媒介载体来呈现。佛经中多数化生以童子貌呈现，且透过莲花的载体诞生，而莲花化生众生，是不经父精母血的爱染所著，乃清净的象征。

玉皇殿的内墙栱眼处留存有部分古壁画，壁画为水墨画，根据壁画风格，推断创作于明代以前。画的内容有行龙、松树、人物等。

四、文献撷英

北义城玉皇庙的传世文献资料较少，只有三处题记和一方残碑。正殿中间两根檐柱上的题记记载了北宋大观四年（1110）在都维那李善、维那李道、李横等积极参与下，义城社重修了玉皇殿。《泽州北义城社重修庙记》勒石于明代正统九年（1444）四月，记载了大社维首李思颜见庙宇倾塌，竭尽家财，带头捐资，在他的带领下，众善士开始积极捐款，同心协力一起修缮。目前此碑遗失不存。东侧檐柱上存有一款题记，内容只有短短 6 字，记载了在清雍正六年（1728），村人对玉皇殿进行了又一次重修。

周村东岳庙 / ZHOUCUN DONGYUE MIAO

一、遗产概况

周村东岳庙位于泽州县周村镇北部制高点，始建年代不详，北宋元丰五年（1082）重修。整体建筑坐北朝南，一进两院，占地面积约5280余平方米，建筑面积1000余平方米。主体建筑包括正殿、东西耳殿、东西垛殿、西配殿、钟鼓楼、山门等，雄伟壮观，气势非凡。现存正殿、东垛殿等为宋代遗构，非常宝贵。

庙内现存历代碑刻20余通，较为详细地记述了周村东岳庙的历史沿革。东岳庙自创建伊始，维修从未间断，从北宋至清末仅现存古代碑刻中就有16次维修记录。

经过近千年不断维修扩建，至民国时期周村东岳庙成为一处规模宏大的古建筑群。除现存建筑外，还包括文庙、武庙、高台寺、迎祥观、马王庙、四奶奶庙等殿宇，石桥、鱼池等附属建筑，以及不计其数的泥塑和壁画。1938年日军入侵泽州后，曾对周村实行轰炸，东岳庙幸免于难。其后，日军在周村建立据点，将东岳庙用作侵华日军指挥部，并拆毁部分建筑修建炮楼等军事设施。周村东岳庙遭到严重破坏。

新中国成立初期，周村东岳庙曾用作人民政府办公地，之后又被泽州县粮食局周村粮站占用，庙中所有殿宇廊柱间填实砌墙，扩大殿内空间用作粮仓。庙宇在使用中得到了一定的保护。2006年5月25日被国务院公布为第六批全国重点文物保护单位。2012年年底粮站搬出，同年9月开工维修，2014年5月完工，东岳庙经过修缮，重新焕发出光彩。

01　周村东岳庙航拍（由南向北）

二、建筑特点

周村东岳庙坐北朝南，一进两院，平面呈"丁"字形，规模宏大，气势非凡。前院有山门、钟鼓楼等建筑，后院北部有正殿、东西耳殿、东西垛殿共五座殿宇一字排开，殿宇之间以大型廊庑连接，气势恢宏。院内东西两侧原有两座配殿，现仅存西配殿。东岳庙院内南侧原有三座戏楼，与正殿、东西垛殿南北相对，现存中、西两座。

据记载，清代时周村东岳庙气势更加恢宏。东岳庙毗邻周村古城北城门，与古城墙紧紧相依。庙东有文庙一座，庙西有武庙一座，北部建有高台寺，东北部建有迎祥观，财神殿东边是马王庙，关帝殿西边是四奶奶庙。庙内原有石桥、鱼池等建筑，恢宏壮观。抗日战争时期，日军在北城门投掷炸弹，北城门及附近建筑被炸毁。东岳庙历经磨难，附属建筑渐遭毁坏。

02　建筑南面全景（由南向北）

03　正殿一排远景（由东向西）

北

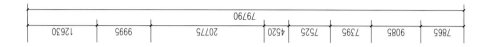

79790

12630	9995	20775	7525	7395	9085	7865

4520

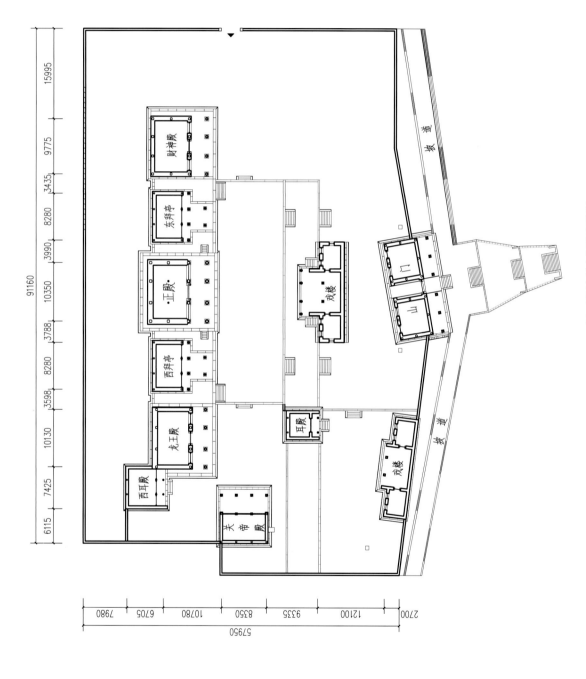

91160

15995 9775 3435 8280 3990 10350 3788 8280 3598 10130 7425 6115

财神殿　东拜亭　正殿　西拜亭　龙王殿　西耳殿

天帝殿

耳殿

戏楼

戏楼

门　门

坡道

坡道

57950

7980	6705	10780	8350	9335	12100	2700

04　周村东岳庙总平面图资料

（一）正殿

正殿又名东岳殿，为宋代遗构。建在1.8米高的砖石台基之上，面阔三间，进深六椽，平面呈方形。构架形式为对四椽栿压前乳栿通檐用四柱，柱头四铺作出琴面真昂，昂嘴三角形，栌斗粗大，拱面抹斜。转角铺作亦四铺作真昂，用鸳鸯交首拱。补间铺作一朵，形制与柱头铺作一致。耍头蚂蚱头，上置齐心斗。令拱上用替木承檐槫，替木不通长。

屋顶为单檐歇山顶，举折平缓，出檐深远。屋顶覆盖琉璃瓦，有三彩琉璃剪边，前坡屋面饰绿琉璃枋心。屋脊为清代维修时更换，黄绿琉璃制品。正脊两端鸱吻对峙，尾部翘起，形制较小，中央脊刹损毁，仅存基部螭形吞口。正脊脊筒装饰有游龙、牡丹图案。垂脊、戗脊均为模印花卉脊块组拼，垂兽、戗兽非常威武。

正殿前檐出廊，廊上立有四根青石抹角石柱，柱下施石雕覆莲柱础。中间两廊柱上刻有一副对联："浩浩两仪之秀，万年中土镇封疆；巍巍四岳之宗，三代东巡秩祭望。"无落款。一廊柱内侧刻有"赐进士第关中纯菴张偕群弟子……游此偶书""隆庆六年壬申闰二月吉旦北京部……"等题字。

正殿明间施板门，使用精美的青石质门框，表面线雕荷花、牡丹、化生童子等纹饰，图案精细，刀法洗练。门额处设有四枚门簪，门簪间有"大元国岁次戊寅本镇众社人等置立斯门，至元十五年（1278）孟秋皇日立"题记。门枕石为方形，圆雕雌雄卧狮各一只，造型生动活泼，肢体舒展。东侧门墩存"金皇统三年（1143）"题记。板门表面横十竖七共镶嵌有七十颗泡钉。门两侧次间施破子棂窗，窗下内外墙壁内均嵌有石碑。

05　正殿正面

06　正殿斗栱

07　正殿室内梁架

08　正殿前檐廊部梁架

09　正殿前檐柱头斗栱

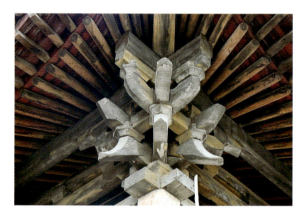

10　正殿转角斗栱

11　正殿明间门枕石上石雕（左）

12　正殿明间门枕石上石雕（右）

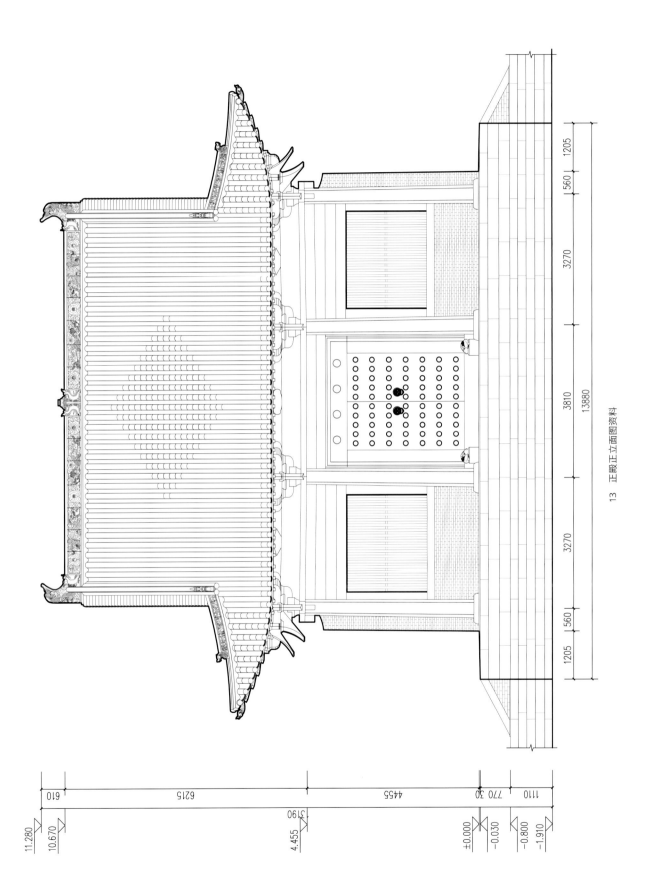

13　正殿正立面图资料

1205　560　3270　3810　13880　3270　560　1205

610　6215　4455　770　30　1110

11.280　10.670　3190　4.455　±0.000　-0.030　-0.800　-1.910

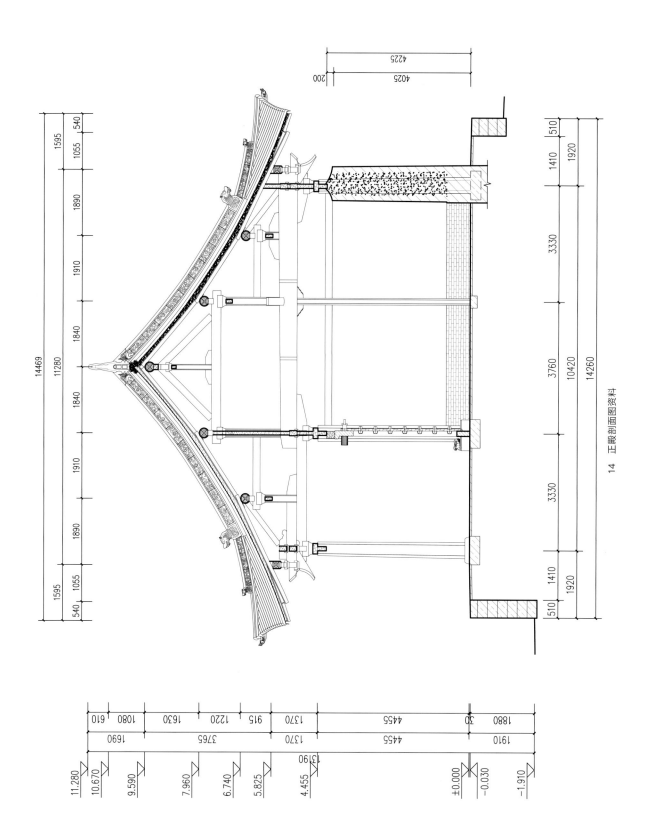

14 正殿剖面图资料

（二）东西耳殿

正殿东西两侧各有一座耳殿，形制相同，为明代建筑。耳殿台基比正殿略低，高 1.3 米，以示等级区分。耳殿面阔三间，进深四椽，悬山顶，灰筒瓦布顶，前檐插廊。廊柱为方形抹角砂石柱，檐下无斗栱。殿前设门亭一间，歇山顶，山花向前，前檐出跳，后檐与耳殿紧紧相连。

15　西拜殿正面

16　东拜殿（拜亭）侧面

17　东拜殿斗栱

18　东拜殿（拜亭）屋顶脊饰

19　西拜殿（拜亭）屋顶脊饰

20　西拜殿（拜亭）梁架

21　西拜殿（拜亭）转角斗栱

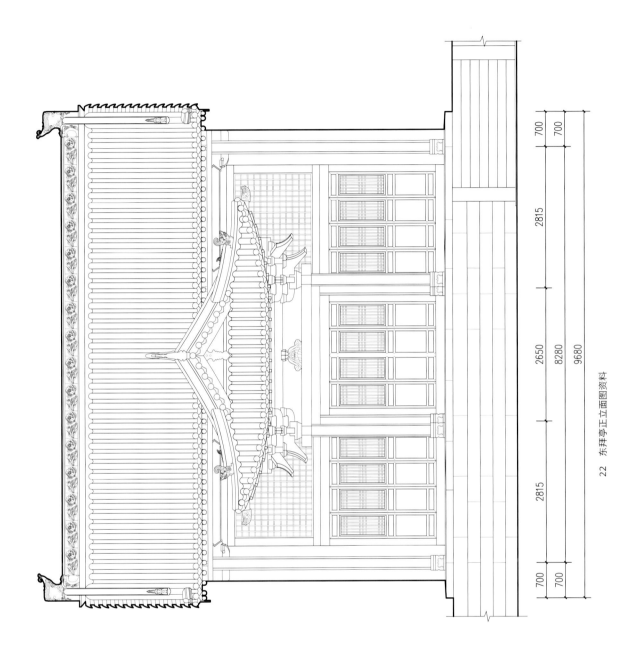

22 东拜亭正立面图资料

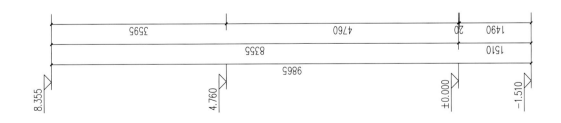

泽

州

卷

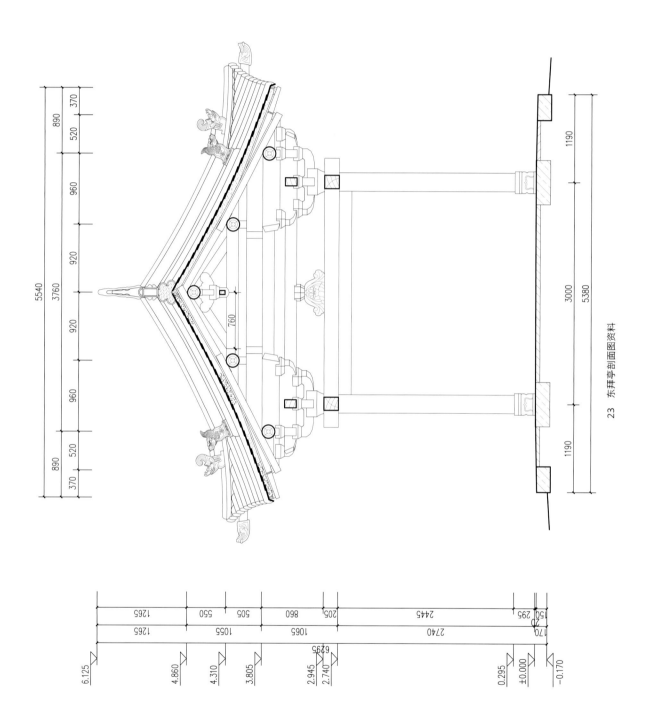

23 东拜亭剖面图资料

（三）东西垛殿

耳殿左右两侧为东西垛殿，分别为财神殿、龙王殿。台基与耳殿齐平。建筑形制大体相似，面阔三间，进深六椽，单檐悬山顶，前檐连接歇山式抱厦，举折平缓，出檐深远。廊柱四根，为方形抹角砂石柱，柱脚施素面平础。明间施板门，梢间置直棂窗。

24 东垛殿（财神殿）正面

25 东垛殿（财神殿）侧面

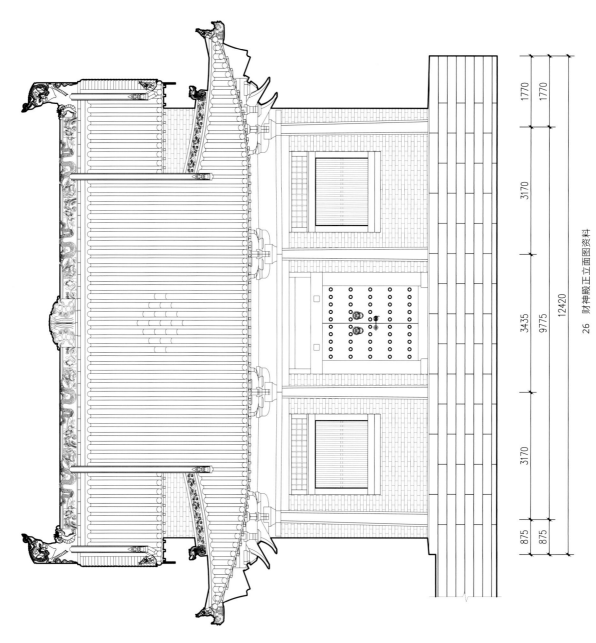

26 财神殿正面图立面图资料

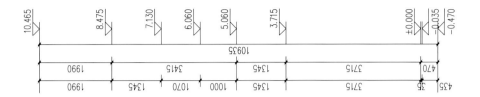

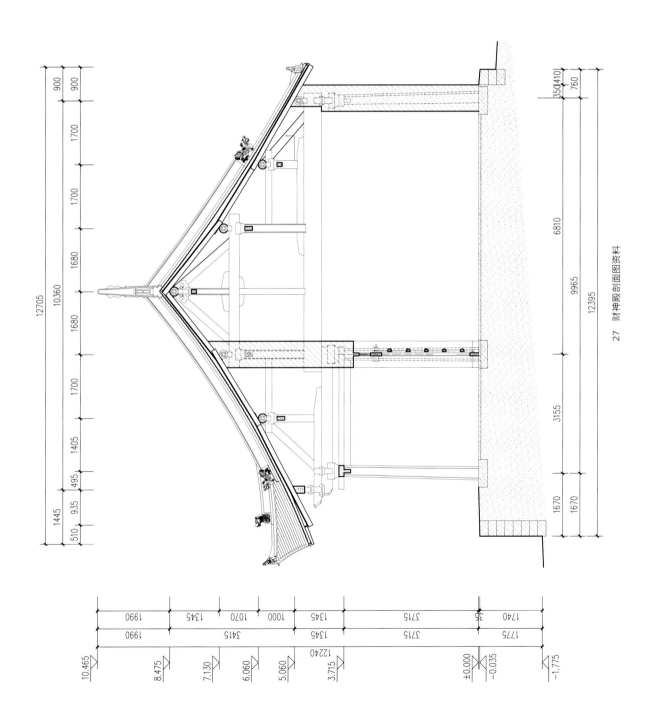

27 财神殿剖面图图资料

（四）西配殿

西配殿位于西垛殿地基下西侧，为清代建筑。西配殿坐西朝东，面阔三间，进深六椽，前檐插廊，悬山顶。当心间、梢间施隔扇门。

28　西配殿（关帝庙）正立面

29　西耳殿正立面

（五）钟鼓楼

山门内侧正对钟鼓楼。钟鼓楼坐南朝北，与正殿相对，立面整体呈"凹"字形，中间为舞楼，两侧是钟楼和鼓楼，皆为清代建筑。舞楼上下共两层，面阔三间，进深三间。屋顶为悬山顶，布灰筒瓦，琉璃脊，正中立有宝珠脊刹。上层为戏台，面阔7.3米，进深7.25米。下层为过路台形制，前檐立有四根石柱，柱础为双层鼓磴式。

两侧钟楼和鼓楼通高三层，形制相同，东西对称。下面两层为砖砌房屋，山墙、南立面和舞楼浑然一体，内侧开门与舞楼相连通，演戏时可充作戏房。顶层为亭阁式建筑，平面为正方形，四柱三间，四面开敞，施额枋、平板枋，柱头斗栱三踩单昂，转角斗栱亦三踩，并用鸳鸯交首栱，由栱作龙头，口含珠。屋顶为单檐歇山顶，覆盖琉璃瓦，火珠、龙吻、垂兽、戗兽、仙人一应俱全。

东岳庙钟鼓楼建筑宏伟、气势磅礴，为周村镇标志性建筑。

30　钟鼓楼侧面

31 钟鼓楼正立面（戏楼）

32 钟楼顶层柱枋构造

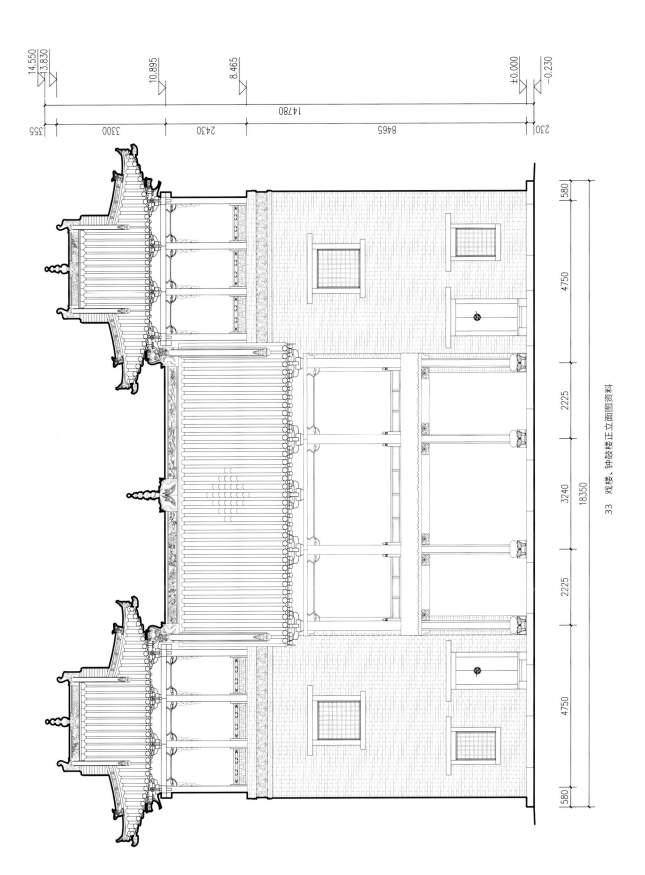

33 戏楼、钟鼓楼正立面图资料

周村东岳庙

（六）西院戏楼

戏楼位于前院西侧，地坪比前院略低，坐北朝南，共两层，中间三间为戏台，两侧为戏楼。

（七）山门

东岳庙山门坐北朝南，建造在衙道巷尽头高台上。山门前出陡峭台阶三层，共七十二级，高约 7.8 米。古时，台阶两侧曾种有八棵柏树，立有六只石狮，因而被村人称为"八柏六石狮"。山门为清代建筑，面阔五间，进深六椽，单檐悬山顶。屋顶布灰筒瓦，黄绿琉璃脊饰，正脊两端大吻对峙，中央设脊刹。前檐插廊，用方形抹角石柱，柱下为双层鼓磴柱础，上为鼓形，下为几腿形。柱头承额枋、平板枋、雀替、斗栱三踩。柱头斗栱出假昂一跳、明间补间斗栱一朵，出斜栱，耍头刻作龙头。

山门后檐及左右山面砌墙，明间辟门，两侧梢间为屋。大门为板门，门楣上有门簪四枚。走马板上楷书"天尺五"三字，典出宋方勺《泊宅编》"谁云天尺五，亲见玉皇来"，意为离天很近，极言其高。门两侧各有一只石狮，雄狮脚踩绣球，雌狮身下伏卧幼狮，造型惟妙惟肖。门枕石内侧有两处题记，东边门枕石刻"大清康熙四年仲冬吉旦创造"，西边门枕有工匠题名。山门后檐下砌石匾一方，草书"见离"二字，龙飞凤舞，无落款。"见离"语出《周易集解》："四之初，以离日见天，坎月见地，悬象著明，万物见离，故天地万物之情可见也。"若依八卦方位解释，则指东岳庙坐北朝南。

34　西舞台

35　山门背立面

36　山门前檐廊部梁架

37　山门屋顶脊饰

38　山门背面门头匾额

39　山门两侧石狮

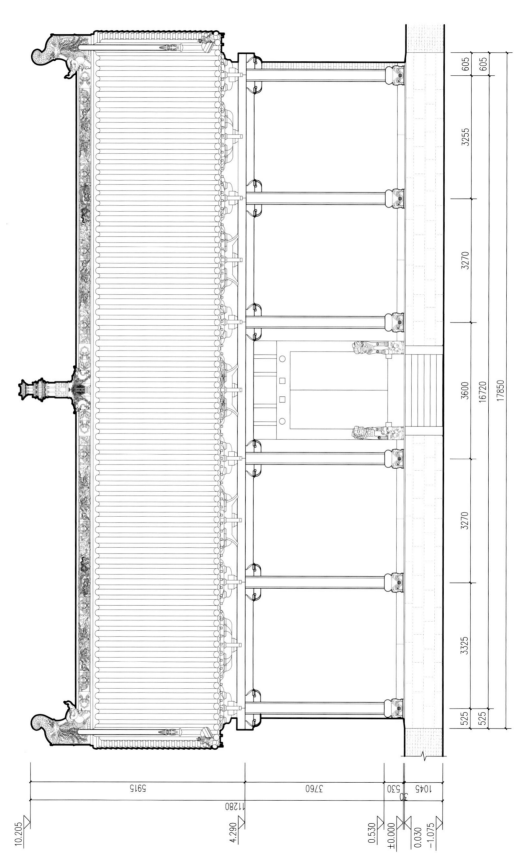

40　山门正立面图资料

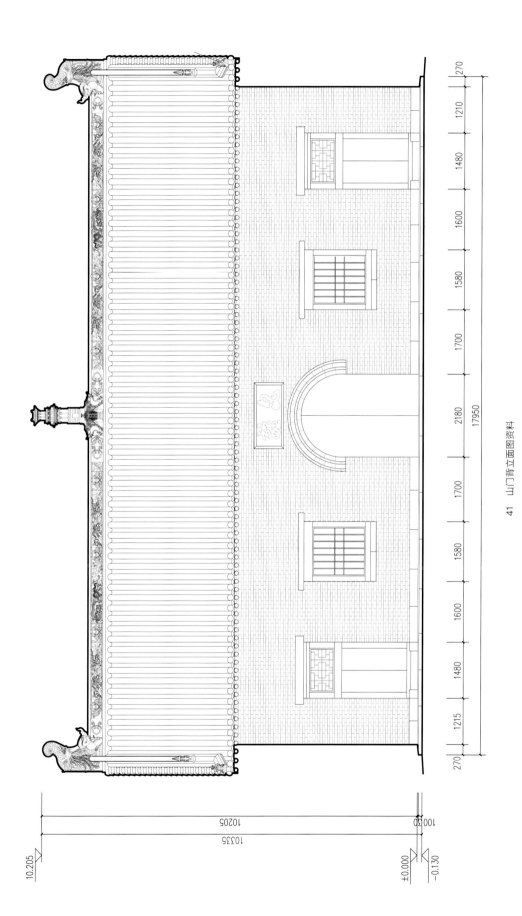

41 山门背立面图资料

周村东岳庙

三、价值特色

周村东岳庙的价值与特色主要体现在五个方面：宋代遗构，弥足珍贵；横向布局，气势恢宏；琉璃等装饰，十分精美；供奉神祇丰富，具有一定的民俗价值；曾充作侵华日军指挥部，保存有日军侵华的罪证，是一处抗战纪念基地。

（一）宋代遗构

周村东岳庙创建年代不详，明代碑刻《泽州周村镇重修庙祀记》记载："创始无考，重修于宋元丰五年（1082）。"现存建筑中，正殿与东垛殿为宋代遗构，具有明确的宋代特征。在建筑时代特征基础上结合史料推断，周村东岳庙可能创建于宋真宗年间。

北宋之前，地方州县没有大规模建造东岳行宫的历史，朝拜东岳大帝必须去往泰山。大中祥符元年（1008），宋真宗封禅泰山之后，下诏天下广建"东岳行祠"。《山右石刻丛编》记载，宋真宗于大中祥符三年曾下诏："越以东岳地遥，晋人然备蒸尝，难得躬祈介福，今敕下从民所欲，任建祠祀。"至此，东岳庙广布天下，"天下之大，一郡一邑，莫不卜地建立"。在现今文物、文献资料中，找不到早于此时各地建东岳庙的记载，而宋真宗之后则"东岳之庙遍寰宇矣"。晋东南地区这一时期建造的东岳庙就有六座。因此综合推断周村东岳庙很可能创建于宋真宗时期。

（二）横向布局

周村东岳庙整体布局与众不同，采用的是比较少见的横向布局形式，通过建筑单体独特的布局组合，营造出浑然大气的风格。寺庙建筑多采用中轴线对称的格局，严谨方正，建筑平面呈长方形，沿中轴线布置献殿、前殿、后殿等建筑。周村东岳庙因为地形限制，打破了这种常规，将纵向布局改为横向布局，后院北部正殿、东西耳殿、东西垛殿五座殿宇一字排开，殿宇之间以大型廊庑连接，气势非凡。

纵向布局的庙宇纵深大，殿宇之间互相有所遮掩，显得幽深隧长。周村东岳庙五座殿宇一字排开，虽然很有气势，却过于外露，不够含蓄，容易审美疲劳。因此，古人在山门内侧庭院正中营造了钟鼓楼，钟鼓楼作用似屏风，将大殿遮掩起来，一下子有了"曲径通幽"之妙。

五座殿宇一字排开，如果殿宇大小、样式一致，还是会显得过于机械、单调。为了打破这种单调，五座殿宇在保持对称的基础上，采用了不同的构造方式。东西耳殿殿前设歇山顶门亭，山花向前，东西垛殿前檐设歇山式抱厦。五座殿宇高低起伏，屋檐样式各异，飞檐斗栱，钩心斗角，非常耐看。

（三）装饰精美

周村东岳庙精美的装饰主要体现在琉璃、石雕等处。

东岳庙屋顶大多通体覆盖琉璃构件，屋脊、吻兽、瓦当、滴水等拥有丰富多彩的艺术造型。比如东岳庙正殿正脊两端的鸱吻，足有半人高，使用数块琉璃花砖拼合，气势恢宏。造型为鱼龙吻脊，龙嘴大张咬住屋脊，鱼尾向上高高翘起，非常华丽，与垂兽、戗兽、套兽、仙人等琉璃装饰相互辉映，凸显出正殿至高无上的地位。又如山门正脊的琉璃以游龙为主要造型，周围环绕祥云，龙的形态各异，有的张牙舞爪，有的回首探看，各具特色，栩栩如生。东岳庙的琉璃颜色以绿色为主，使用黄色、白色点缀。使用绿琉璃，可能与五行有关。五行学说认为东方属木，色尚青，而泰山位居东方，于五行为木，东岳庙使用绿琉璃与此相应。

周村东岳庙现存石雕主要包括柱础、门枕石、石门框等，装饰上也非常讲究。正殿石门框建造于元至元十五年（1278），线刻精美。石门框包括门额、立颊、抱框、门砧石，全部用青石构筑，表面满布线刻，以牡丹等缠枝花卉纹为地，中间穿行有龙狮瑞兽，花卉灿烂，枝叶舒展，动物生动活泼，体现出匠人高超的雕刻技艺。正殿门枕石采用典型的金元时期造型，石狮整体呈趴伏状，体形呈弧形弯曲，头部伸向前方，尖嘴、长鬣，前爪抓在边沿上，呼之欲出。山门处门枕石雕刻于清康熙四年（1665），造型与正殿迥然不同，体现出明显的时代特征。石狮为站立造型，身材高大，后肢蹲伏，前肢直立，仰首对视。雄狮脚踩绣球，雌狮身下伏卧幼狮，表情生动可爱，惟妙惟肖。两处石狮子一凶猛一可爱，对比强烈，体现了元代、清代迥然不同的欣赏趣味。

（四）神祇供奉

东岳庙是周村人进行春祈秋报等宗教活动最重要的场所，历史上神祇供奉非常丰富。关于各殿神祇供奉情况，现流传有两种说法，反映出明代至民国时期东岳庙宗教信仰的变化，具有一定的民俗价值。

明隆庆四年（1570）《泽州周村镇重修庙祀记》记载："镇故有庙，正殿祀东岳神……殿之左翼祀增福，右翼祀吴王，各三楹。东序祀二郎，西序祀关王。中为礼拜殿，南为乐舞亭。又南为庙门，楹数咸如正殿。"由此可见，明代时东岳庙至少供奉有五位神灵。正殿祭祀东岳神，东垛殿（即"殿之左翼"）祭祀增福，西垛殿（即"右翼"）祭祀吴王，东配殿（即"东序"）祭祀二郎，西配殿（即"西序"）祭祀关王。

东岳神，即东岳大帝、泰山神，是民间信仰中重要的大神。古人认为泰山为天地的中心，东岳大帝是上天与人间沟通的使者，主管世间一切生物的生死大权。增福，又名增福相公、文财神，历史原型为魏孝文帝时山东淄川人李诡祖。李诡祖任曲梁（今河北曲周）县令时清廉爱民，去世后立祠祭祀，后演变为民间信仰中"九路财神"之一。吴王，即吴太伯，周朝时吴国的第一代君主，有让位的美德，由此受到历代推崇、供奉。二郎，即二郎神，通常指杨戬，晋城民间广泛流传有杨戬担山的传说。关王，即关羽。宋徽宗时封为武安王，俗称"关王"；清顺治皇帝晋封"忠义神武关圣大帝"，始称"关帝"。

关于各神殿供奉的神灵，周村镇中另有一套说法。村中老人回忆说，正殿供奉东岳大帝，东垛殿供奉龙王，西垛殿供奉瘟神，东配殿供奉财神，西配殿供奉关帝。除正殿与西配殿外，其他说法与明代碑刻记载颇有不同。老人认为，东岳大帝保佑国泰民安。龙王掌管人间降雨，风调雨顺即是"国泰"；瘟神主管各种疫病，百姓长命安居即是"民安"。此种说法反映的应该是清代至民国时东岳庙祭祀神灵的情况。明朝至民国历时 400 多年，周村东岳庙供奉的神祇情况可能发生过很大的变化。

四、文献撷英

周村东岳庙是周村镇现存最重要的建筑，其宋代遗构雄伟壮观，气势非凡。庙中现存历代碑刻 20 余通，是研究东岳庙以及周村历史变迁、民俗风情、经济状况的珍贵资料。

中殿门楣题记

时大元国岁次戊寅本镇众社人等置立斯门。应者如响，以纪其时，敬刻于石。为首维那，具陈如后：乡老张兴、范宝、□宣、张口、范口、杜彦、梁进、萧世英、萧世雄。施铸金火匠李荣、赐紫复元大师樊志真记、范实锦画。

至元十五年孟秋望日立，陈惠书丹。

石柱题记

赐进士第关中纯庵张偕群弟字梁案、梁仲秋、范轵、郭都、萧嘉元、郭孟学、范玑、范铣、梁一桂、郭尚纯、郭才高游此偶书。隆庆六年壬申闰二月吉旦。北京部吏司佃施金一两。社首司蛟石工王国友刻。

天启五年乙丑三月吉旦。父司佃、男司名教、司名德重金。

大清康熙四年仲冬吉旦创造，石工永城里李友山、李会旺，上町里张旺全镌。

重修岳庙之记

本庙建立之所长桥镇，今周村是也。东连濩泽，西接阳陵。正居中阜，自古而建。

立岱岳神祠于此，镇御方隅，夫神者，东岳仁圣帝也。所乃中界五岳之尊。自前代之祭也，系人间雪之主掌，生死之深定，吉凶之乖，察详善恶注判兴襄，人民感赖于圣思。乡闾均沾于仁佑，祈晴祷雨必沐昭彰，请福攘灾随承降。鉴此神之赫灵也。庙迄今年深，风飘雨洒廊庑坍塌，殿宇颓摧。行者难以仰瞻，居者何能焚祝。自兵燹以来是庙虽存圮坏者甚矣。不修则可惜前功，修者，可也。盖里老幼皆悦之，众秉诚心共谋修造，备瓦木之资，咸市里农民之助。远求哲匠，于洪武丁卯，自春而至秋，谨修是庙，坍者正缺者成坏者完，事就功全成，新饰旧殿之上下，焕然一新。盼惠瞻恩享千秋丰稔之康，立万世不远之石，故刻斯铭，永为远记。

众社老人议定，今后小儿不得上庙拆毁坛场损坏庙宇。牛羊头匹不许入山门庙院撒放，如放者，□老人巡捉拿住，其人罚布五匹，与修庙使用。又委□迎祥馆道士殷思德守庙看视，如有殷思德不行用心纵放毁坏，亦罚布五匹修庙使用，众社议定的不虚示。

都维那头李瑞初、张大亨、郭宗福、道士殷思德。

本镇李文质书，洮壁里李均玉镌。

大明国洪武二十年岁次丁卯孟夏上旬吉日。

泽州周村镇重修庙祀记

泽据太行之险，扼燕云俯瞰中原。镇居郡西，黄沙崒崿、太行、王屋、析城诸山献嶂列屏，乃巨镇也。《金史》曰：晋城有周村镇。以《镇表》识，泽雄三晋，而镇实一郡冠。隋以前泽治端氏、治濩泽、治高平，贞观以后治晋城，徙治不恒，镇属晋城如故。然当秦、晋、魏之交，东逾桃固，西陟东乌，南越天井，止于斯，往来于斯，亘古今之达道也。维昔唐、虞化洽、涵濡实深；暨石勒、慕容永僭据，金粘没喝位闰于宋。岳武穆义旗北指，镇之梁兴筑寨响应，人心敢于叛金者，乃不忍变于夷也。崔伯易《撼山赋》谓："重沦奸侈之化、孤守而莫变；由渗唐虞之泽，弥久而未坠。"可以识当时之人心风俗矣。明兴，元平章贺宗哲弃城遁走，冯胜平定安辑，改忠昌军，仍泽州，晋城并入，镇属于泽。

以天下势观之：山右为燕京右臂，教化首善之地也，人文熙洽、科第相望，语泽士之杰且多者，以镇为最焉。故居官以清操自砥，若卫吏部；抚民以宽和见惮，若阜城伯；政洽两邑，若李神木；爱遗两郡，若范耀（涿）州；家食以文章气节砺，若王成考。此皆才华表表风猷茂著者也。他若张从事两兄弟之庐墓忆亲亲，梁贞女之死一从夫，野老、巾帼天经地懿之教，轻尘弱草之不惜者如也。其一乡之中，重礼义，尚廉节，相交相助相亲睦者可觇也。《说文》曰："忠信为周。"镇以周名，志俗厚也。区区于隐之迁善改过，为镇之光，直余绪尔。

镇故有庙，正殿祀东岳神，按《公羊传》曰："触石而出，肤寸而合，不崇朝而雨下者，泰山之云也。"兴云致雨，生育万物，仁庇斯民，祀之正者也。庙制弘敞，殿之左翼祀增福，右翼祀吴王，各三楹，东序祀二郎，西序祀关王，中为礼拜殿，南为乐舞亭，又南为庙门，楹数咸如正殿。经始莫考，重修于宋元丰五年。靖康丙午，地陷于金。贞祐金亡，庙经兵燹。迨元大德、至正间再修。我朝洪武、宣德、正德初增修。历五十余年，镇人张仲让、司蛟等倡众以新。工始于嘉靖丁未夏六月，落成于壬子秋九月。庙貌尊严金碧掩映，肃如翼如。春秋为祈报之所，亦厚之道也。

予镇人，凤满辱俗，因庙之成附记之。若夫以敬自持，重所生之理，毋徒祀东岳以求生；以善自勉，衍所积之庆，匪直祀增福以谄福。法吴伯仲之让，效杨公之忠，秉云长之节，匹休前修。民和而神降之祥，穰穰丰年，永永无穷，是在我镇人之共勖尔。《书》曰："黍稷非馨，明德惟馨。"《诗》曰："昭事上帝，聿求多福。"此之谓也。其施舍之士，有功于庙，于法宜记者，则载在碑阴云。

隆庆四年岁在庚午秋九月之吉。

泽学生晋严梁案顿首沐撰，学生三峰梁仲秋篆。

庠生春野范铣书。

重新东岳庙碑记

余尝读晋岩先生所撰本庙碑记，有云庙之正殿祀东岳。按《公羊传》曰：触石而起，肤寸而合，不崇朝而雨天下者，泰山之云也兴雨致雨，仁覆苍生，此祀之正者也。乃知先民祀神必轨于正，弗陷于淫。先正作记，必辨其祀之，出于正而后立言，垂训至不苟也。我观东岳庙正殿，厥土燥刚，厥位面阳，其为像坐立，凡一十有四尊甚森肃也，然以碑记计之，自隆庆四年更新以迄于今始，九十有余年矣，故其间梓材丹获而色画工绘绚之形俱已暗淡无光，叔氏司升司瑗与其亲族等起而重新之，金妆十有四像，虑为尘埃点污，作木格加篝以仰承之其他墙宇牖户几筵悉取而黝垩丹漆之，庙貌焕然，瞻有起敬，约略所费而不减百金，询其所出，则曰，先是升兄方元与升会集司瑗、司柱础、司尚、司云斋、司养恒、范贵玉等，立一油蜡会，每值元旦宵预古油蜡作烛数百枝以供本庙及寺观各祠堂之用，其有余钱则积之。以为是役费不足，则升等自蠲所有，以继之，又不足，则请于镇之士，若民无不各捐所有以继之，佥曰：此祀之正者也，或者疑之，以为古制。天子东巡则祭泰山，鲁君祭封内山川则祭泰山。季氏旅之有讥，而镇人作庙崇祀礼，与余曰是非可以一律绳也，季氏毕陈方物，拟王侯之祭礼，以祭泰山，故孔子讥之。若夫齐民操斗酒豚蹄而祝苍穹无不可。人何疑于祷祀泰山之为僭也？况我镇人之于泰山也，作庙翼翼，享祀必诚以报，其兴云致雨之功，则虽林放问礼本之意不是过焉矣。余谓先民祀神必轨于正而弗陷于淫，于此再见之矣，岂曰祀东岳以求生□於晋严先生之碑训□欤，事正而不录，为善者怠。功成而彰嗣起者阻。故为叙，其积钱肇工之由，与其蠲私竣役之事，以昭扬休嫩。以永垂于后世云。

时顺治十七年庚子冬十月丁亥之穀旦。

大阳汤帝庙 / DAYANG TANGDI MIAO

一、遗产概况

大阳汤帝庙位于距晋城市区西北 23 公里的泽州县大阳镇西大阳。大阳历史悠久，汉代即在此设阳阿侯国，十六国南北朝时期曾设阳阿县，是中国古城镇的活化石。金代泽州状元李俊民有诗《大阳与诸友话旧》："寻芳来入杏花村，见客人人有典型。不用看碑问前事，坐间一话即图经。"对大阳人文之盛给予极高的评价。明代以降，大阳手工制针业兴起，成为全国制针业的中心，有"九州针都"之美誉。冶炼和制针等工商业的兴盛，让大阳和周边百姓富裕了起来，造就了"三斗三升芝麻官"。

大阳汤帝庙坐北朝南，二进院落，南北总长 64.95 米，东西总宽 46.75 米，占地面积 3036.41 平方米。建筑物以南北向呈轴线对称，中轴线上从南向北依次分布着戏楼、山门、中门、成汤殿。东侧从南往北依次为东耳楼、东耳房、东掖门、东廊房、三峻殿，西侧从南往北依次为西耳楼、西耳房、西掖门、西廊房、虫王殿，共计 14 座单体建筑。

现存建筑集元、明、清三代于一体。其成汤殿始创于宋乾德年间。据宋代刘泳撰《重修汤王殿宇记》"大阳成汤殿自乾德五年我祖刘公之所建也，寥寥数百载，风雨浸坏……遂命工匠重加修崇……时宣和元年岁次己亥九月十一日，彭城刘泳记"，可知成汤殿始创于北宋乾德五年（967），并在宣和元年（1119）重修。金初被毁。现存成汤殿为元代遗构，是元代建筑移柱造和减柱造的典型实例。2006 年 5 月 25 日被国务院公布为第六批全国重点文物保护单位。

01　大阳汤帝庙航拍（由南向北）

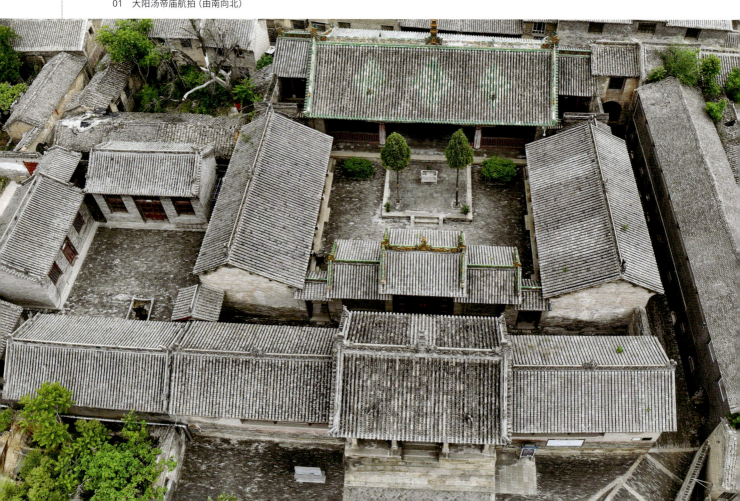

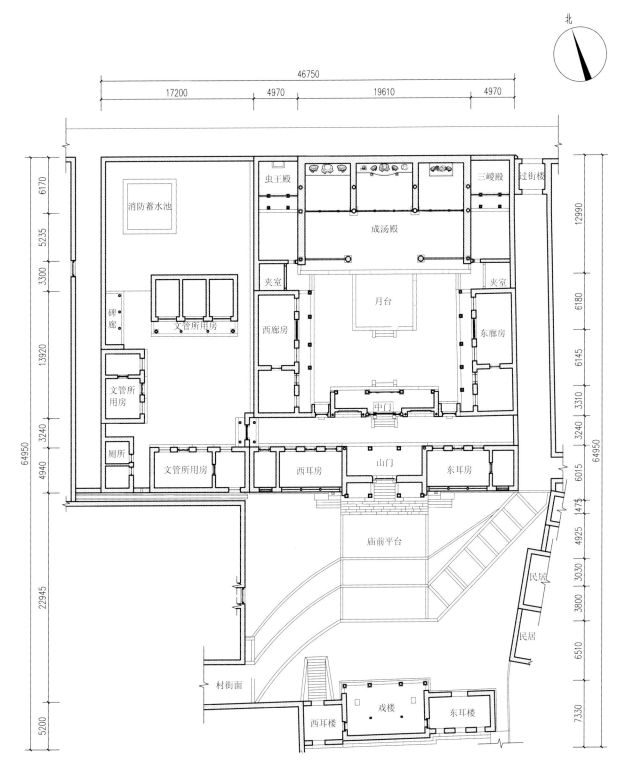

北

46750
17200　4970　19610　4970

6170
5235
3300
13920
3240
4940
22945
5200
64950

消防蓄水池

文管所用房

碑廊

文管所用房

厕所

文管所用房

虫王殿

成汤殿

夹室

西廊房

中门

西耳房

山门

庙前平台

村街面

西耳楼

戏楼

三峻殿　过街楼

夹室

东廊房

月台

东耳房

东耳楼

民居

民居

12990
6180
6145
3310
3240
6015
1475
4925
3030
3800
6510
7330
64950

02　大阳汤帝庙总平面图资料

二、建筑特点

成汤殿即正殿，位于庙内中轴线北端，坐北面南，为元代建筑，庙内建造年代最早、价值最高的建筑，是汤帝庙的精华所在。面阔三间，进深八椽，单檐悬山顶。总进深 12.99 米，总宽 19.61 米，建筑面积 254.73 平方米，在晋东南地区元代单体建筑中属于体量较大的。

正殿殿宇柱网在平面上由前而后共四排，后檐以墙代柱，总计用柱 12 根（山柱砌于墙内）。从外观看，正殿前檐 4 根柱，面阔三间，但殿内梁架却为八缝梁架分隔为七间屋，就是人们所说的"明三暗七"。正常情况下，八缝梁对应的每一个梁头下有一根柱子，正殿前檐应有 8 根柱，但实际上却仅用 4 根，减少了 4 根。在技术上使用巨大的檐额承托梁头，以减少柱子的使用。不仅如此，内槽也用大内额来减少柱子，同样只用 4 根内柱，把减柱的效应发挥到最大。前檐和内槽总共减少 12 根柱子，减少柱子的使用，不但没有影响结构的稳定性，还使内部空间得到了扩展，这种结构体系充分体现了元代建筑"减柱造"的建筑特点，也体现了古代工匠的智慧。

正殿檐柱当心间宽 8.21 米，两内柱当心间宽 7.18 米，内柱平均内移 0.515 米，即殿内当心间前槽开间较前檐当心间内收 1.31 米，梁架并不居内柱正上方，是元代建筑"移柱造"的典型实例。

03　大阳汤帝庙成汤殿正面

减柱移柱的做法开始于辽宋，盛行于金元，是中国古代建筑的独有艺术风格，属于打破常规之举。五台山佛光寺金代文殊殿和崇福寺金代弥陀殿都采用了减柱移柱法。这种建筑方法在明清时期官式建筑中基本不再使用。

　　前檐当心间平柱为木质圆形，柱身略有收分，柱头没有卷刹。柱头向当心间侧角1.5厘米，向后檐方向侧角3.5厘米。明间檐柱高度偏低，其上檐额硕大，人站在额下仿佛伸手可触，但由于檐额中段向上凸起，形成了一种类似"拱券门洞"的视觉效果，一定程度上缓解了空间感观上的压抑。正殿柱头总计使用檐额、内额九根，纵向跨置于三排柱头之间，八缝梁架横置额上，其中前檐檐额与梁栿间以斗栱过渡。除前檐两次间檐额用材较为规整外，其余枋额全部为自然弯材略加砍锛直接使用，是元代粗放不羁使用原木做梁的建筑风格。

　　后檐内柱内额下施以隔扇装修，将殿内空间界分为前后两个部分，前部较宽敞作为祭祀场地，后部略狭窄用以供奉神像。明次间于内额之下各间立柱两根，金柱两侧施抱框各一根，共置六抹头隔扇门28扇，上槛与内额间施横楣板封护。内额之上、各梁缝间隙置木质"井"字形的迎风板。殿内贴后檐墙内壁筑有神台并塑像。

正殿斗栱形制共分三类。

柱头铺作共计 8 朵。五铺作，双昂计心造，蚂蚱形耍头，重栱计心造。泥道栱上以散斗隔承素枋三层。里转出双杪，令栱上承罗汉枋一道，耍头里转制成楷头，通过里转二跳华栱上的散斗隔承，托于四椽栿底皮。

补间铺作共计 7 朵。第二跳改假昂为真昂，其后尾制成挑斡，尾部通过垫墩、大斗、替木等扶承于各间下平槫中段。上下昂身之间的这些构件设置，加大了起着杠杆功能的真昂下的支点长度与力度，结构趋于严谨。补间斗栱明间与东西两梢间在正出昂身的两侧又加施了斜栱、斜耍头。

襻间铺作共计 12 朵。其中前檐下平槫结点铺作 6 朵，前槽内额上襻间铺作 6 朵。前檐下平槫结点斗栱，四椽栿背上立瓜柱，瓜柱柱头置栌斗，斗内实拍栱与劄牵梁相交承短替托平槫。前槽内额上襻间斗栱，四铺作，出单栱。栌斗内捧节令栱与乳栿梁相交，梁身向前檐伸出制成楷头叠压于四椽栿底皮。令栱两端置散斗承襻间枋一道，四椽栿后尾垂直去截，叠压在乳栿梁上。

斗栱总高 1.14 米，檐柱的高度为 2.88 米，二者之比约合 40∶100，与早期建筑的比例关系相近。昂嘴形式，既非批竹式，也非昂嘴平圆的琴面式，已向着明代的形制过渡。

05　成汤殿前檐斗栱（全景）

06　成汤殿前檐斗栱局部

07　成汤殿前檐补间斗栱侧面

再说梁架。正殿进深八椽，由脊部分开，计前坡三椽，后坡五椽，后坡长于前坡。前檐檐柱与前槽金柱间设四椽栿，后槽乳栿对上下呈阶梯状分布的劄牵梁两道，通檐用四柱（后檐以墙代柱）。四椽栿前端置于前檐斗栱耍头上，后尾与后槽上层乳栿梁相接，呈上下叠压式结构于内额上襻间斗栱内；后槽内额（第三排）上立瓜柱承上层劄牵梁后尾，下层劄牵梁前端呈爬梁式置于内额上，后尾构于后檐墙内。这种后坡长于前坡的屋架，属于因地制宜的一种特殊做法，在《营造法式》上未见载，与同地域同期同类建筑相较也不多见，而明清建筑前出廊层架多为前坡长于后坡。将殿内空间分为前后两个部分，在保证供神的后部使用空间的前提下，尽可能扩展前部祭拜空间，以满足在殿内举行较为隆重祭祀活动的需要。一切有关祭祀的活动，包括音乐、舞蹈及其他形式的表演，都可以在这里举行。这种前面较为宽敞的祭祀场所和后面殿内相对封闭的神居之所，见证了晋东南地区历史上祭祀场所从殿内向殿外的演变历程。

08　成汤殿前槽梁架

09　成汤殿前槽梁架

10　成汤殿西次间后槽梁架局部

　　正殿屋面筒板布瓦，绿琉璃勾滴剪边，前坡屋面绿琉璃枋心三个。正、垂脊除大吻、吞口为孔雀蓝琉璃质地外，其余全部为绿琉璃制品。正脊脊筒上图案以脊刹区分，两侧各饰游龙四条行于牡丹花中。正脊两端大吻对峙。正脊中央设脊刹，刹座由相背设置的吞口与其间牌额组成，牌上残迹依稀可辨"至正"字样；吞口上原设有仿木琉璃楼阁，在底层"楼"身翼角共拉设铁质风绳四条，风绳下端与前后瓦面上专设的望砖系接，用以稳固刹楼。四条垂脊均为手工捏荷花脊块组拼，垂脊与大吻相交处施挂尖吞口，垂兽为张口单爪龙形。所有脊饰和吻兽均为手工制作琉璃件，工艺精湛，图案优美。

　　正殿屋顶还采用了生起做法。屋檐总宽度近 21 米，明间梁架至角部梁架渐次生起，总计 21 厘米（约合宋尺 6.56 寸），生起值略大于《营造法式》规定的"七间生高六寸"之制。各缝槫枋、屋面、屋脊随梁架而渐次生起，形成一条两端微翘的弧线，在立面上展示出一种平缓舒扩的风格。

11　成汤殿脊刹

12　成汤殿脊饰

13　成汤殿前槽内额、迎风板彩画局部

14　成汤殿前槽内额彩画

15　成汤殿前槽内额彩画

16　成汤殿前槽内额彩画

17　成汤殿前槽内额彩画

18　成汤殿前槽内额彩画

19　成汤殿前槽内额彩画

20　成汤殿前槽内额彩画

21　成汤殿前槽内额彩画

22　成汤殿前槽内额彩画

23　成汤殿前槽内额彩画

24　成汤殿前槽内额彩画

25　成汤殿前槽内额彩画

26 前檐栱眼壁画

27 前檐栱眼壁画

28 前檐栱眼壁画

29 前檐栱眼壁画

30 前檐栱眼壁画

31 前檐栱眼壁画

32 前檐栱眼壁画

33 前檐栱眼壁画

34 前檐栱眼壁画

35 前檐栱眼壁画

36 前檐栱眼壁画

37 前檐栱眼壁画

38 前檐栱眼壁画

39 檩条外侧彩绘

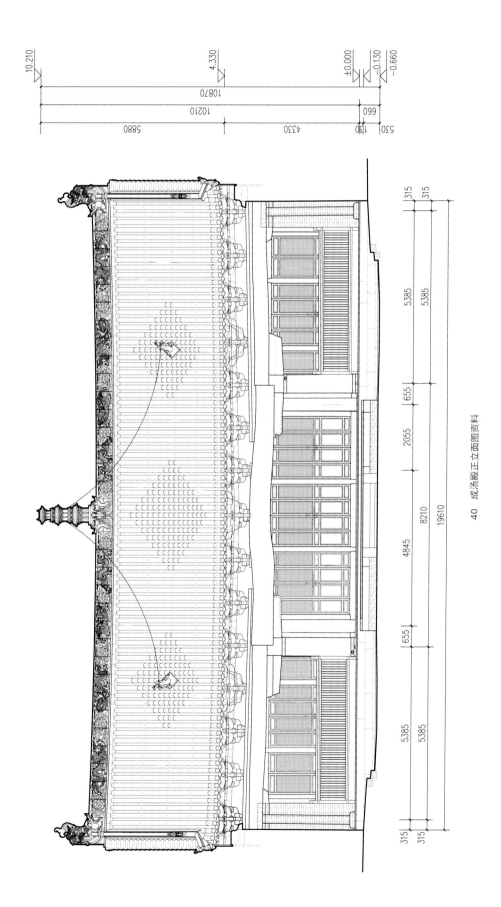

40 成汤殿正立面图图资料

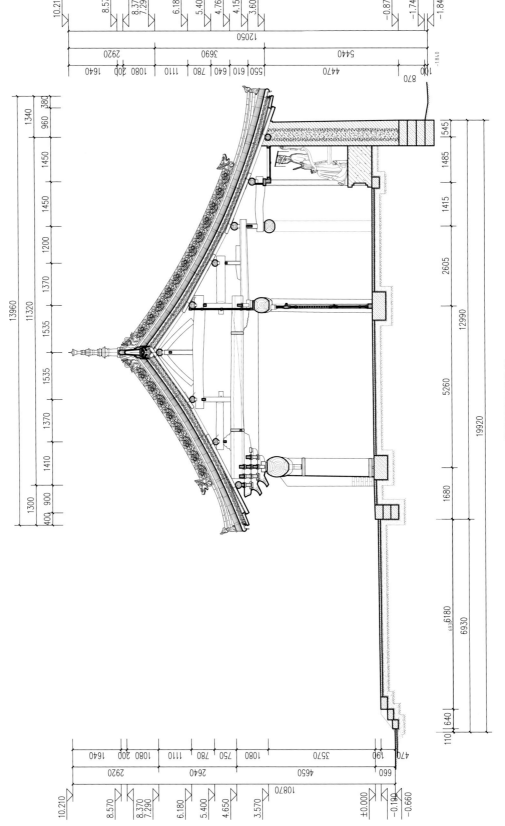

41 成汤殿横断面图资料

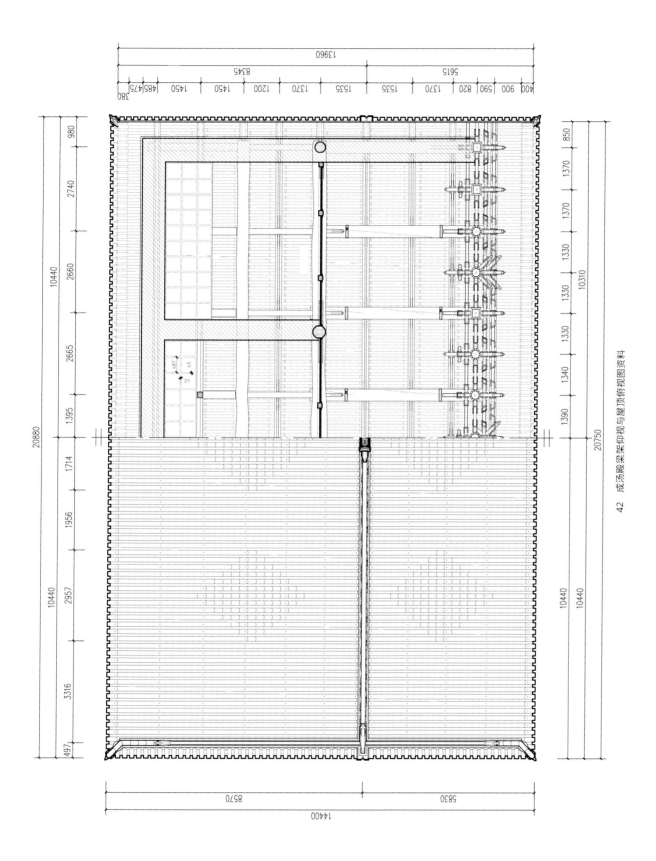

42 成汤殿梁架仰视与屋顶俯视图资料

　　正殿前砌有长方形月台。晋城市古建专家张广善认为，这或许是一个历史的遗存，诞生于先前的某一个时代。宋代刘泳《重修汤王殿宇记》关于成汤殿创自宋乾德五年的记述，可以作为其佐证。

　　虫王殿、三峻殿，分别位于正殿两侧，创建年代不详，现存为清代建筑。两殿虽然体量较小，但其屋顶瓦件的形制、质地等较为古朴，体现出早期瓦件的特点：檐口为绳纹重唇滴水；正脊琉璃脊筒质地细腻，造型比例适中；大吻下为龙头吞口，上部身内饰盘龙一条，造型生动，釉面均匀光洁。

43　虫王殿正面

44　三峻殿正面

45　虫王殿脊饰

46　三峻殿檐部额枋外侧彩绘

中门位于正殿南向与山门之间的中轴线上，创建年代不详，现存为明代建筑。面阔三间，进深一间，悬山顶结构，前后用双排柱额，明间较两次间凸起 1.35 米，屋顶主次分明，造型别致，形成了类似四柱三楼的牌楼的立面造型。中门的设置可以看作是儒教礼法观念在建筑布局上的实物体现，只有在重大祭典或上层人士来访时才会开启。中门两侧各建掖门一道，日常行人均由两掖门出入，掖门与东西廊房南山墙砌为一体，将汤帝庙分为前后两进院落。

东西廊房创建年代不详，现存均为清代建筑。

47　中门正面

48　中门脊饰

49　中门补间斗栱正面

50　中门后檐檐柱柱础

51　西廊房正立面

52　东廊房脊饰

53　东掖门屋顶

54　东夹室屋顶

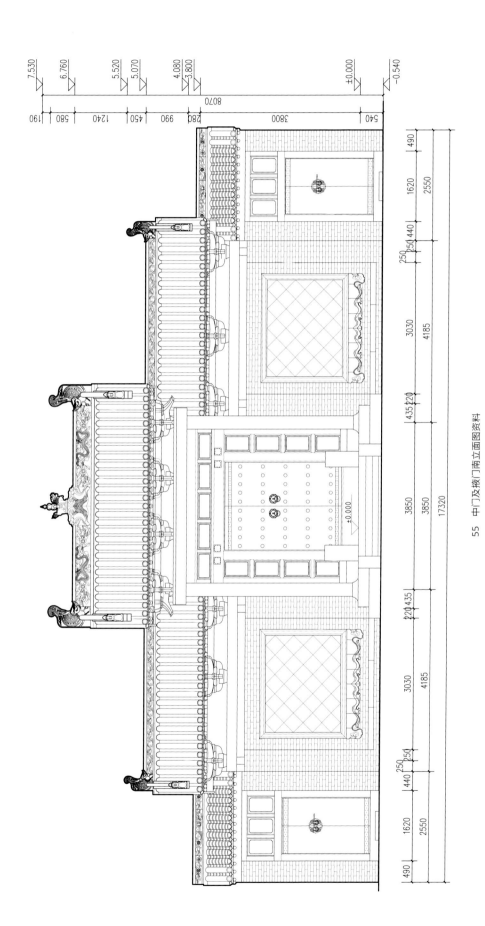

55　中门及掖门南立面图资料

大阳汤帝庙

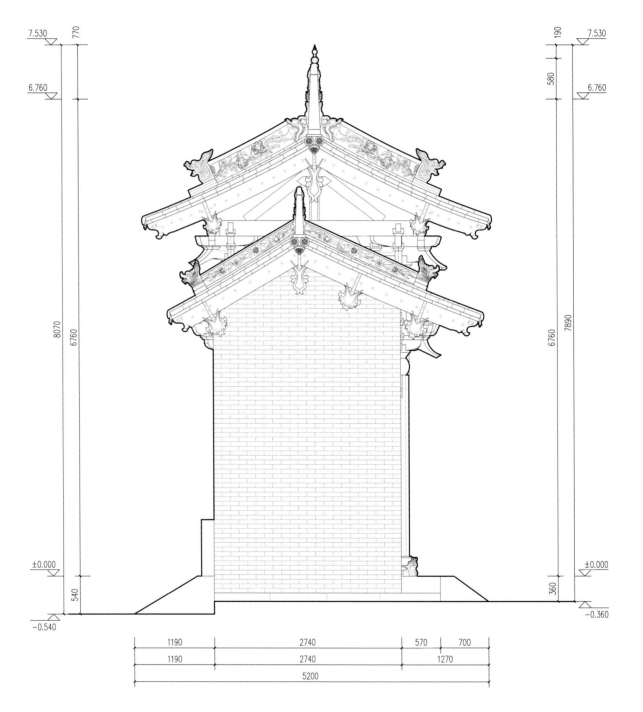

7.530
770
6.760
8070
6760
±0.000
540
-0.540

190
7.530
580
6.760
6760
7890
±0.000
360
-0.360

1190 2740 570 700
1190 2740 1270
5200

56　中门侧立面图资料

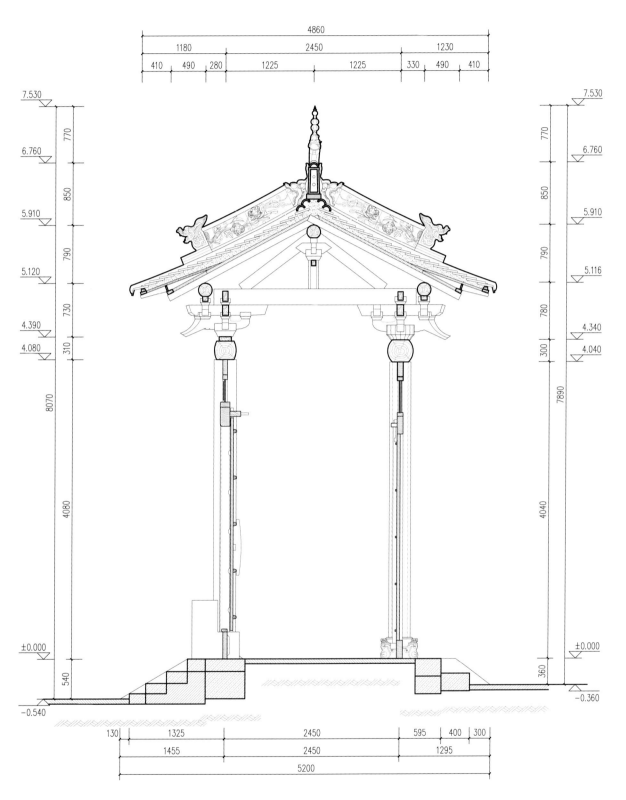

57　中门横断面图资料

大阳汤帝庙

125

山门面阔三间，进深四椽，单檐悬山顶建筑。创建年代不详，现存为明代建筑。山门与两侧倒座式耳房四间呈一字排列，将庙院南部予以封闭，在山门分心墙正中（明间）设板门一道，成为进入汤帝庙的唯一通道。门额上匾额"汤帝庙"三字为我国著名文物古建专家罗哲文题写。东西耳房位于山门东西两侧。面阔各四间，进深一间，倒座式，单檐硬山顶。创建年代不详，明万历二年（1574）进行过维修，现存为清代建筑。

58　山门与两侧倒座式耳房一排南面全景

59　山门前檐柱头斗栱正面

60　山门前檐补间斗栱正面

61　山门后檐柱头斗栱立面

62　山门影壁壁座砖

63　山门前檐檐柱柱础

64 山门屋顶脊刹

65 西耳房

66 西耳房墀头

67 东耳房山面博风构件

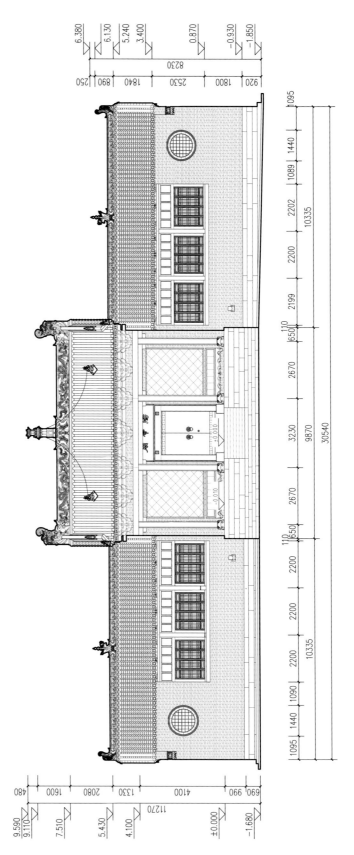

68　山门及东西耳房正立面图资料

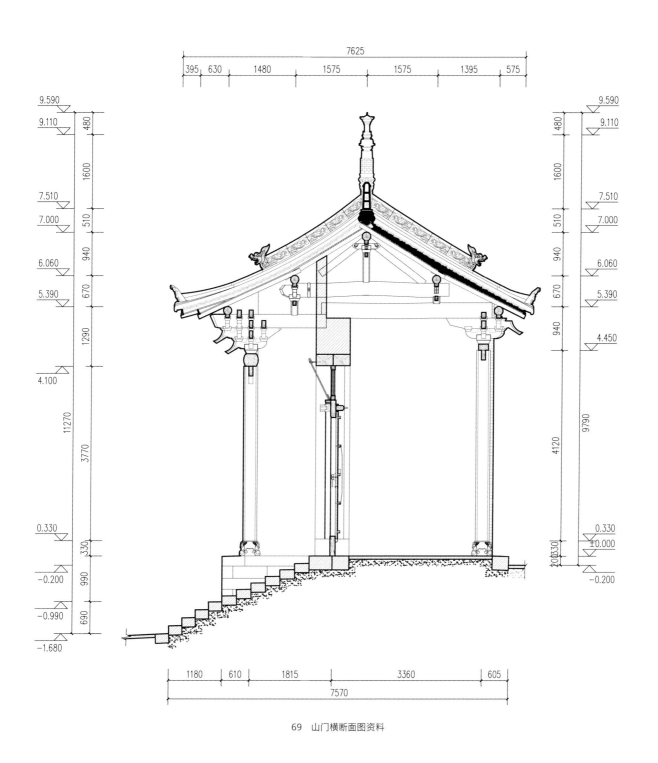

69 山门横断面图资料

　　戏楼位于山门之外，中轴线南端，与两侧耳楼东西一字排列，皆为砖木混构，戏楼面阔三间，进深一间（七架），单檐悬山顶。同样采用了移柱造手法。据张广善《晋城古代建筑》，建造者对舞台的前檐做了极其大胆的改变，采用了早已不再使用的移柱造，把明间的两根柱子大幅度外移，把原来柱头上的大额枋改成了绰幕枋，又在其上新增加了一根枋头超过外移柱头的加长大额枋，用以承托屋顶上的梁栿，这样一来，外移的柱子既可以直接支顶起新加上的大额枋，又可以通过原额枋将梁栿上的压力承接过来，达到减力与分力的作用。张广善认为，这样的做法或许来自汤帝庙大殿的启发，但这无疑是一个成功的改造。

70　戏楼正面

71　戏楼前檐柱枋、斗栱立面

72　戏楼室内梁架

73　东妆楼正立面

74　东妆楼墀头砖雕

75　戏楼明间檩枋外皮彩绘

76　西妆楼正立面

77　西妆楼券门上匾额"迎恩门"

78　东妆楼室内梁架

79　戏楼前檐檐柱柱础

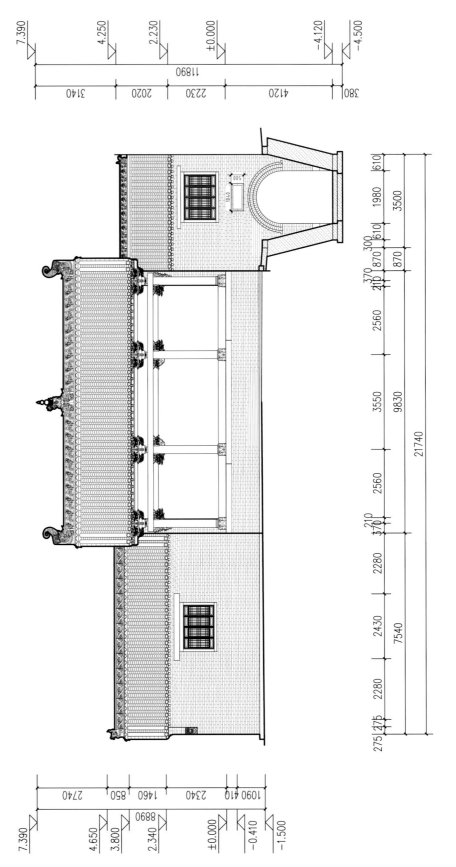

80 戏楼、东西耳楼北立面图资料

三、价值特色

泽州大阳汤帝庙所在的大阳镇是第四批中国历史文化名镇，保留有裴家大院、张家大院、段家大院、王家大院等一批明清古建筑及民居，汤帝庙是镇内现存建筑中最为古老的建筑，也是该镇唯一的一处国家重点文物保护单位，代表了大阳古镇的文化、经济、技术的历史发展水平，是大阳古镇的标志性景观。

泽州大阳汤帝庙成汤殿为元代遗构，在晋东南地区元代单体建筑中属于体量较大者。无论构架形式还是用材形制都显现出自然、质朴、洒脱的风格，殿内各种梁、栿、柱、额等大木构件多系自然弯材略加砍锛后直接使用，使殿宇展示出一种古拙的风格，体现出元代建筑独有的用材特征。正殿建筑构架采用了减柱、移柱造的手法，是泽州乃至晋东南地区元代建筑的杰出代表，具有较高的文物研究价值，为研究晋东南元代减柱、移柱建筑技艺提供了一个典型范例。

正殿梁架结构特别，前坡为三椽、后坡为五椽，建筑整体前坡短、后坡长。在内部空间使用上截然分成前部宽敞的祭祀场所与后部封闭的神居之所，这种古拙的建筑形制与灵活的布局，是成汤殿独特的风格之一。

正殿前槽内额上保留的部分彩绘亦有其自身特点。内额立面自西而东由黑、白、青、棕四色直线绘成四条箍头，将内额区界为十五个长方形包栿，其内彩画主题内容及风格基本分为两种。其一，上下绘云托子一道，内彩画花瓶、果篮各一。花瓶白色，形制分有三足鼎炉式、鼓腹形与菱形筒三种，瓶内满插牡丹、芍药等花卉；果篮棕黄色，分别置于双弧交织成的篮架与宝盒上方，篮内叠盛蟠桃、石榴等各样果品。花瓶与果篮旁侧分置书卷与如意等。其二，箍头之内以黑白相间的万字纹绘出包栿外边沿线，包栿内中央绘盒子一个，其两侧云中翔凤各一只。盒子立面由两层八条弧线组成的椭圆为轮廓，双线之间随弧饰云头，其间绘制山水、松石与神仙人物。细部又以花草或丹顶鹤代替凤凰，花瓶果篮内花卉果实也不尽相同，使构图富于变化。此外，前槽四椽栿首尾亦有彩绘。用黑、青、白、绿四色绘出箍头与半个长方形包栿，其余栿身均以藤黄为地、紫红线绘木纹彩画，两端包栿外沿线用墨、绿、白三色构成万字纹轮廓，其内绘制青色夔龙一条。这些彩绘简洁、庄重，又典雅、富丽，充分反映了人们对神灵的敬仰与尊重。

四、文献撷英

关于大阳汤帝庙传世文献的材料主要为大小不等的 22 通碑刻。这些碑刻大多与汤帝庙的历代修建或祈雨活动有关。

宋代刘泳撰《重修汤王殿宇记》记载："大阳成汤殿宇，自乾德五年，我祖刘公之所建，已寥寥数百载，风雨浸坏，神阁攸宁。泳等念神仪之无依，恤祀事之靡严，遂命工匠重加修崇，俾功鸠材，鼎新缔构，易月告成。栾栌耸势，参差排日月之光；甍桷凌虚，炳焕夺云霞之丽。于是神赫威灵，变化龙形以示人。人心严肃，祀事弥勤；既殚基构之制，当尽扬功之美。恐岁月遄迈，阁记其由；因以刻石，昭示无穷。时宣和元年岁次己亥九月十一日，彭城刘泳记。"可知成汤殿始创于北宋乾德五年（967），并在北宋宣和元年（1119）重修。北宋宣和二年（1120）《汤王殿芝草诗序碑》则为重修汤帝庙工程完工后，进士刘泳乘兴而作的七律一首，以及族人刘衍的唱和之作。刘泳诗云："新构汤祠映碧成，梁间瑞草表虔诚。"诗中记述汤王殿重修不久，大殿梁上忽然生出灵芝草的祥瑞之事。

明万历七年（1579）《重修汤帝庙东廊房记》载："建之何代未可考也。殿悬牌额，大元至正四年；脊有记，我朝成化七年重修，嘉靖三十五年再修。"记录了元至正四年（1344）、明成化七年（1471）、嘉靖三十五年（1556）、明万历六年（1578）四次重修。

明万历十九年（1591）《重修舞楼记》载："阳阿西镇汤帝殿前，旧有舞楼六楹，不知创自何年，无碑记可考。""万历己卯水官捐赀重修。""万历辛卯，水官段纶等一十六人亦各捐赀再修。"记载了村人万历七年和万历十九年两次对舞楼的重修。

明万历二十七年（1599）《重修成汤圣帝庙碑记》则记载了明万历二十七年的重修。

清康熙二年（1663）《汤帝庙补修舞楼后宫并水擎翼盖袍衫小记》和康熙十九年（1680）《重修虫王殿大殿山墙记》，又记载了康熙年间的两次补修重修。清乾隆元年（1736）《换新水擎纪》，则记载换新祈雨用具水擎之事。

还有一些碑刻记载了大阳镇的其他历史事件。如明万历十年（1582）《增修吴王庙记》，记述乡民自明正德年间至嘉靖四十年历时数十年重修吴王庙经过。清顺治九年（1652）《玄帝珏山进香会重施什物记》则讲述进香会弊端，劝人各专四民之业，各敬家之父母。

清康熙六十年（1721）《买米应籴碑》、清乾隆五十年（1785）《备籴应籴记》与乾隆五十七年（1792）《社庙平籴救荒记事文》，均记述了乡绅组织民众应对旱灾的经过。

清乾隆元年《禁穿凿碑文》与清道光五年（1825）《禁行炉碑文》，则记述村民对任意采矿、开炉行为的抵制和对自然环境的保护。

这些碑刻都是了解大阳历史文化的重要石质文献。

河底成汤庙 / HEDI CHENGTANG MIAO

一、遗产概况

河底成汤庙位于晋城市泽州县大东沟镇双河底村，建造在一个自然形成的高台之上。台之西面、南面由砂石条层层包砌，南面修筑成高台建筑样式。古庙坐北朝南，一进院落，庙门南开，平面呈长方形布局。

河底成汤庙创建年代不详，据有关专家学者考证，河底成汤庙是现存最早的汤帝庙建筑实物。在汤帝庙现存宋宣和二年（1120）《泽州晋城县建兴乡七干管重修汤王庙记》中记载："汤王本庙在阳城析城山也。本管所立者，乃王下庙焉。"碑文不仅证实了至迟北宋末期，古庙已经存在并得到重修，而且和阳城的析城山汤帝庙有着极为密切的关系。晋城的汤帝庙很多，仅在国保行列中就有阳城县下交汤帝庙、泽州大阳汤帝庙、周村坪上汤帝庙等，或金或元，而不能比肩。

01　河底成汤庙航拍（由南向北）

成汤庙现存古碑碣 8 通，涉及宋、明、清三个朝代，石柱、门框题刻 10 款，明天启六年（1626）石雕狮座 2 通，脊檩墨书题记 4 款。2016 年在汤帝庙大修过程中，发现有一座青石质的幡竿底座石，上刻有"维大唐广顺三年（953）岁次癸丑四月庚戌朔五日甲寅，七擀管义兴邑众建幡竿壹座"的题记。它是河底成汤庙现存最早的题记。通过分析现存的碑文题记，推断古庙应该是创建于后唐，宋代大观年间重修，宣和二年又一次重修。至明弘治九年（1496），"正殿木朽而瓦裂"，古庙又一次重修，时称成汤庙。清乾隆二十五年（1760）重修东廊庑九间；道光二十三年（1843）"新起两傍左高禖、右三教"，并建"禅楼三楹"，且重修了"一切祠宇上盖"，时称"汤帝庙"。

新中国成立后，成汤庙由河底村代管。1958 年当作村小学；20 世纪 70 年代，改为大东沟镇卫生所，90 年代末腾空；2006 年被公布为山西省文物保护单位。2013 年 3 月 5 日被国务院公布为第七批全国重点文物保护单位。2016 年，由国家拨款进行了全面修缮。

二、建筑特点

汤帝庙的建筑有两大特点：其一，庙宇建于高台，周围以石条包砌，南侧登临之踏垛，皆有唐代高台建筑之遗风；其二，庙宇建筑完整，布局合理，正殿仍完整地保留了宋代建筑风格。

成汤庙坐落于村北一座土岗上，西、南两面以规整的砂岩质条石包砌成石壁，形成一座高 8 米、长 42.1 米的高台，台上构筑殿宇。庙院坐北朝南，南北长 50.5 米，东西宽 28.5 米，占地面积 1439.25 平方米。成汤庙虽一进院落，但借高台地势，由南往北逐层抬升，乡人俗称"庙高三丈七尺"。庙南筑平台，高 6.3 米，南缘石壁呈西北至东南方向，与庙宇南北轴线相斜，两侧砌石阶登临，东侧石阶南北向，西侧石阶东西向。台下以毛石叠砌高出相邻街面的护基墙。平台面靠北，再起院落台基，上建山门，其前沿东西相对砌有梯形石阶。

成汤庙的选址因地制宜，在土崖外侧用石砌壁体固土护基，壁体用较规整、尺度较大的黄砂岩条石层层砌筑而成，成为成汤庙建筑本体存在的主要依托，也因此使庙宇凸显出一种临崖壁立的壮观气势，这种气势是选址而得的结果，也是创造者匠心之所在。台壁构筑方式在修筑过程中，每一层都利用由内向外伸出的丁字结石，并通过其前端的两侧及底（顶）面的凹槽，将相邻条石锚固拉接，每层条石错缝砌筑，其丁字结石也作交错分布。西侧登临庙前平台的石阶与庙院南北轴线相斜，东南方向宽大的石阶由外向内凹进；平台之上，再另起一台，即山门台基，基前台阶东西双向立面呈"八"字形。石壁南侧镶嵌了一块石材，加工制成石龛，其内采用高浮雕雕成龙头，造型极为古雅。南侧石壁上沿用条砖、块石混砌成类似城墙雉堞的护栏墙。石壁的稳定性主要是依靠各层由内向外起拉接作用的丁字结石来解决，同时壁体作逐层斜向收分，这是古时一种合理的砌墙方法。这种石壁仅存于陵川县礼义镇崔府君庙山门楼前的台基，成汤庙石壁创建时代至迟也应早于宋代，古建筑界普遍认为其是晚唐遗构。

（一）山门

山门位于轴线南侧的砖砌台基上，是一座前山门后舞楼二合一的明代建筑。上下两层，下为入庙通道，上为娱神唱戏之所；面阔三间，进深四椽，以分心墙分前后两部分，单檐悬山顶，筒板瓦布顶。山门立柱三排。前檐柱四根，八棱抹角，施覆盆础石。柱头施平板枋承斗栱；前檐柱头科四攒（斗栱四朵），各间平身科一攒（补间斗栱各一朵）。柱头科三踩单昂，昂形耍头。昂头琴面式，昂尾制成翘头，扶托于耍头的里转部分。次间平身科外转同柱头科，里转重翘偷心造。明间平身科斗口、出跳同次间，相异之处在于将出跳下昂改为翘头，并在翘头左右各出斜栱一列，平面上与正出栱呈"米"字形结构，斜翘之上通过斜升托承斜耍头。明间辟板门，两次间分心墙上镶碑碣四通。后檐柱上层为木柱、下层为石柱，石柱下脚隐于室内地面以下，柱身四面刻有古钱纹，四角混棱起线，浮雕缠枝牡丹与荷花纹；石柱头之间以额枋联构，上托承重梁；上层木柱与其下层石柱在同一轴线，柱脚立设在承重梁背部，柱头施平板枋承梁栿。梁架，以分心墙区界为前后两部分，前后檐所施梁枋不在同一平面上，因之形成了前坡陡、后坡缓的屋顶。前廊进深两椽（三架），暗柱与檐柱之间施双步梁，双步梁上再施以同梁身等长的角背，用金瓜柱支顶单步梁承金檩，单步梁尾立设金瓜柱，并以叉手戗捧上金檩。后檐构架，下层后檐柱头之上与分心墙之间横置承重梁两根，其上顺开间方向排列方形的楞木，再上铺楼板。在石柱头上承重梁的背部续立木柱，柱脚施以石栏板，柱头用额枋、平板枋结构，上层五架梁搭压在平板枋上，梁头入于分心墙内。五架梁上分别以瓜柱隔承、支顶相应梁枋构成梁架。

02 山门

03 掖门正面

04 奶奶庙全景

05 舞楼（山门背面）

06 舞楼（上层局部）

07 舞楼（山门背面）斗栱局部

10 舞楼廊部梁架

08 舞楼（山门）梁架

09 舞楼（山门）踏垛

11 舞楼一层石柱石刻

（二）成汤殿建筑

成汤殿坐北向南，坐落于院落北部高 1.55 米的砖砌台基之上，台基前砌有正方形月台。殿宇面阔三间，进深六椽，前廊后殿。明间面阔大于次间，前廊进深 2.87 米。前檐柱石灰岩质地，柱身断面呈长方形，四角抹棱，明间柱身光洁无錾纹，立面皆存有施柱人姓名。明间柱头向内侧角 5 厘米，角柱向明间方向侧角 8 厘米、向殿内方向侧角 5 厘米，角柱较平柱生起 8 厘米。柱脚施素平方形础石，柱头以阑额不出头，柱头之上施普拍枋，上承檐下铺作。金柱为黄砂岩质地，断面方形，隐于前檐墙内。柱头施斗栱，四椽栿与乳栿梁结构其中。后檐柱封闭于檐墙内，其上施阑额、普拍枋，上承斗口跳铺作。

前檐柱头铺作共 4 朵，五铺作重栱计心造，单杪单下昂，昂形耍头，里转单杪偷心。栌斗内泥道栱与华栱十字相交，泥道栱上置散斗承素枋共三层，其中第一、第二层前后两面分别隐刻出泥道慢栱和瓜子栱。华栱前后端双向抹斜，外端上置平面为圭形的交互斗，斗内瓜子栱与华头子十字相交。瓜子栱两端抹斜，其上以斜散斗承瓜子慢栱，再上为罗汉枋一道。足材华头子撑于下昂底部，里转制成楷头，扶托在靴楔之下。下昂琴面式真昂，昂嘴正中起肋，昂尾向内延伸托承在乳栿底部。下昂外端上置平面为圭形的交互斗，斗内令栱与昂形耍头十字相交。令栱栱端抹斜，其上以斜散斗托承替木、撩檐槫。耍头下昂形，与头昂上下叠衬，共同扶承于乳栿底部。乳栿前端抵于撩檐槫内侧不出头，在顶层素枋之上置垫墩支承乳栿中前部。各间补间位置于素枋立面刻一斗三升隐栱一朵；金柱头施四铺作斗栱，前檐乳栿后尾通过栌斗向殿内方向延伸，制成楷头扶承在四椽栿底部；后檐柱头铺作 4 朵，铺作为斗口跳，其上四椽栿出头作蚂蚱形耍头，承撩檐槫。

殿内四椽栿对前檐乳栿梁通檐用三柱。四椽栿横置于殿内金柱柱头铺作与后檐柱头铺作楮头之上，为自然弯材，四角斜抹，形制规整，与斗栱交接的两端有明显卷刹。四椽栿背部于前后设四角抹棱的蜀柱各一根，蜀柱头之间纵向施单材襻间联构。前廊乳栿设矮柱各一根，与蜀柱中段以达牵梁结构，梁端施替木两层托下平槫。殿内蜀柱与矮柱下脚施通缴背横向联构，矮柱头之间纵向施单材襻间联构。蜀柱之上施栌斗，上承平梁。平梁端施替木两层托上平槫。平梁中部置双向抹斜驼峰，其上立侏儒柱，柱头施交互斗，斗内纵向以单材襻间枋联构，襻间枋节点部位前后两面隐刻单材令栱，其上施散斗承随槫枋、脊槫。脊部叉手上端戗于单材襻间之上齐心斗的腰部。四椽栿与平梁之间立设的草架柱支撑当为后世所加，两山梁架封砌于墙内。明间施板门，其地栿、上额、立颊及抱框皆用石灰岩雕成，立面光洁，抱框上线刻花卉。镌刻有"宋大观二年九月一日"及捐助人题铭。上额存门簪卯口4个，抱框下脚置门枕石，长方形四角抹斜。两次间施破子棂窗，槛窗左右下脚设置窗枕木各一个。槛棂条断面呈三角形。

13 成汤殿明间门框题记"大观二年九月一日"

14 成汤殿前檐柱头上木构件外侧彩绘

15 成汤殿脊刹

16 成汤殿室内梁架局部

17 成汤殿前檐柱头斗栱正面

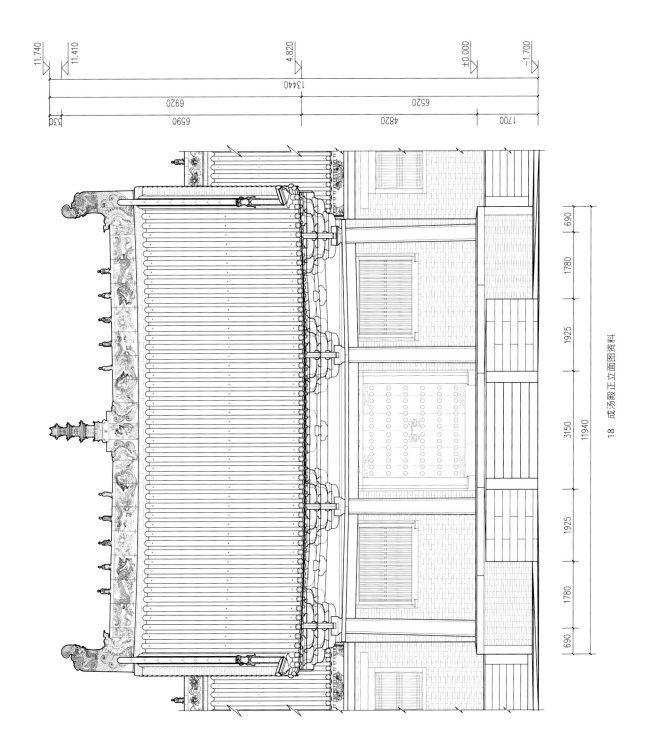

18 成汤殿正立面图资料

11.740
11.410
4.820
±0.000
-1.700

13440
6920
6520
330
6590
4820
1700

690
1780
1925
3150
1925
1780
690
11940

河底成汤庙

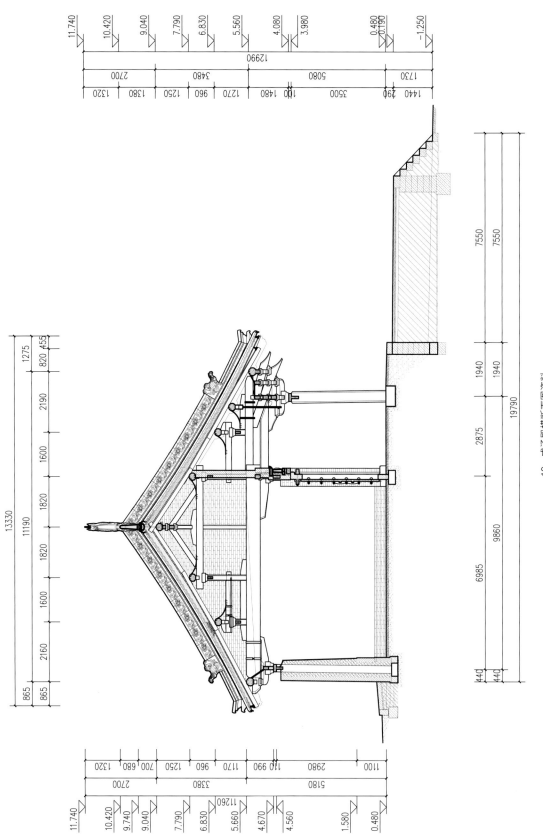

19　成汤殿横断面图资料

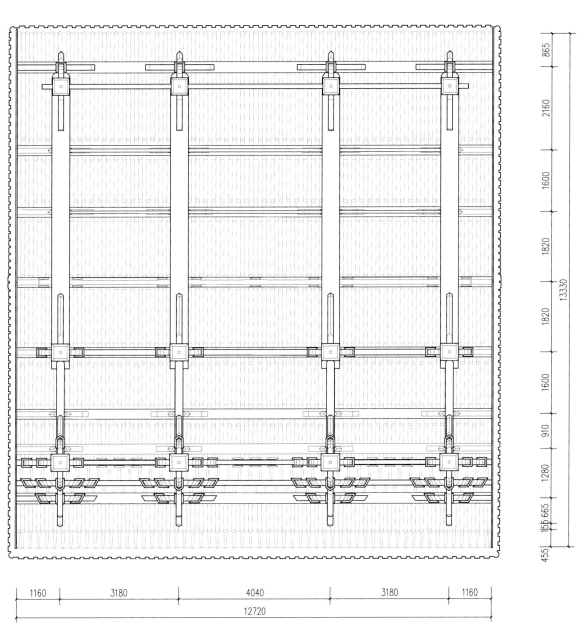

865

2160

1600

1820

13330

1820

1600

910

1280

155 665

455

1160   3180   4040   3180   1160

12720

20　成汤殿梁架仰视图资料

（三）东西挟殿

东西挟殿坐北向南，位于成汤殿东西两侧，呈一字排列。东挟殿明间脊部花梁有墨题，上书"大清乾隆二十五年庚申七月重修龙王大殿自造之后风调雨顺国泰民安为记"。两挟殿皆为单檐硬山顶、前出两椽廊式，前檐台基较成汤殿台明向内退回 1.2 米，台面低于成汤殿台明 0.23 米。

东挟殿面阔三间，单檐硬山顶，筒板布瓦屋面。正脊两端置大吻，正脊中部施脊刹。前檐台明在与成汤殿台基交接的部位砌有垂带踏垛六步。该殿仅在明间施梁架两缝，结构方式为殿内五架梁对前檐双步梁，通檐用三柱。前檐檐柱与后檐檐柱全部封闭于墙体内，前檐廊柱两根，断面呈长方形，黄砂岩质，柱脚础石由两部分组成，分别为雕成几桌的方形露明石础与仅顶部露明的素平础盘，柱头间的小额枋及其上的平板枋断面呈"T"形，平板枋上搭压双步梁，双步梁两侧用花墩支撑。屋内的五架梁断面呈圆形，为去皮后直接使用的自然弯材，前后端分别由前后檐柱支顶，柱身封砌于檐墙内；三架梁前端由前檐墙承重，后端由设在五架梁背上的金瓜柱支顶，三架梁立面为向上的弓弯材，断面呈长方形，梁背用替木一道承上金檩。三架梁之上竖脊瓜柱，瓜柱头直接支承脊檩，瓜柱两侧施叉手，叉手上沿戗捧在替木的腰部，立面呈自然弓形。西挟殿面阔三间，进深七架椽，前檐双步梁形制与相邻构件的结构同东挟殿。后檐双步梁前端贯穿殿内金柱结构，后端封砌在后檐墙内的石柱结构。双步梁中段立瓜柱，柱头上置单步梁头隔替木一道承下金檩。单步梁另一端与金柱结构（同双步梁），金柱头上置大斗，大斗单向开口（顺进深方向）置三架梁，三架梁上的构造同东挟殿。

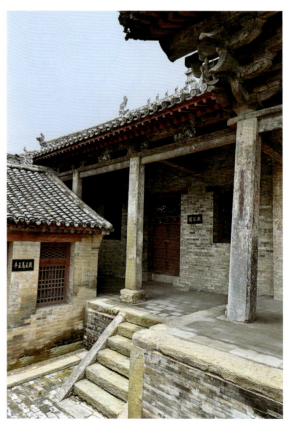

21 东挟殿

22 西挟殿

（四）东西厢房

东西厢房位于院落东西两侧，各以隔墙分为若干小殿，以奉诸神。东厢房由南向北依次为土地山神、六瘟殿、嫘祖殿。坐东向西，面阔九间，进深五架，单檐硬山顶。据六瘟殿花梁墨书题记可知，东廊庑九间重建于"清乾隆二十五年（1760）"。其南端为三间禅楼，楼高二层，与东廊庑一字排列，坐东向西，据上层明间脊部顺脊串墨题其于清道光二十三年（1843）重修。楼内以楼板间隔为上下两层的三开间单檐硬山顶建筑。西厢房位于院落西侧，坐西向东，面阔十间，进深七架，单檐硬山顶。据碑载创修于"清道光二十三年"。居中五间为禅室，中间辟板门一道，两侧槛窗四个；北三间为牛王殿，一门两窗；南两间辟一门一窗。庙院西南角建有三教殿三间，坐南面北，面阔四间，进深五架，单檐硬山顶。

23　东廊庑

24　西廊庑

25　东廊庑脊饰

26　东廊庑檐部木雕构件与彩绘

（五）石雕狮座

山门存石雕狮座一对，据石碣可知石狮座镌刻于明天启六年（1626），座身平面为长方形，立面为束腰须弥座式，通高86厘米。束腰四角排列球纹图饰镶边，上沿四面垂覆巾。束腰两侧大面刻如意枋心，其间高浮雕行云奔马、犀牛望月、玉兔衔云等纹饰图案。覆巾两侧，一边为山石旁盛开的牡丹之下，有一只凤拖拽着长尾行走在花丛中；另一边为水面之上，有立鹤仰望荷花；前后侧面为双鹊嬉梅。整个狮座比例匀称，集高超的构图、艺术镌刻于一身。

27 大门东侧石雕狮座

29 大门西侧石雕狮座

28 大门东侧石雕狮座局部

30 大门西侧石雕狮座细部雕刻

三、价值特色

河底成汤庙的价值特色主要表现在建筑特色和民俗特色。建筑价值则主要通过石砌台壁、正殿来表现。

（一）汤帝庙的古建价值

河底成汤庙的古建特点体现在两个方面。其一是庙宇基址的高台式建筑很具特色。庙宇位于村东北的一个自然形成的土崖之上。西崖和南崖用砂石条包砌，形成高台。南崖的左右两侧用石条修砌台阶，形成一种古朴端庄的高台样式。修筑过程中，利用丁字结石由内向外伸出，通过其前端的两侧及底（顶）面的凹槽，将相邻条石锚固连接，每层条石错缝"砌"筑，其丁字结石交错分布，石基非常坚固。而且台基之上再起台基，台基之上起高耸的山门，台基前面依然是"八"字形台阶。这样的台基样式，晋城地区只有陵川县崔府君庙在使用。其二是汤帝殿的宋代遗构是一座较为标准的宋式悬山顶建筑。在晋城古建筑国保单位中，宋式的悬山顶建筑较少，原汁原味的宋代悬山顶更少。大殿坐落在约 1.5 米高的台基之上，面阔三间，明间大于次间。进深六椽，四椽栿对前乳栿用三柱。前出廊进深在 2.87 米，前檐使用四根收分明显的抹角青石柱子，柱子上有史柱人的题款。檐柱侧角明显，角柱较平柱生起 8 厘米。明间柱头向内侧角 5 厘米，角柱向明间方向侧角 8 厘米、向殿内方向侧角 5 厘米。柱脚不施柱础石，以素平的方形顶柱石承载。柱头以阑额不出头，上施普拍枋，承檐下铺作。前檐柱头铺作共 4 朵，五铺作重栱计心造，单杪单下昂，昂形耍头，里转单杪偷心。下昂琴面式真昂。各间补间位于素枋立面刻一斗三升隐栱一朵。这些建筑构件，都具有宋代建筑的特征，是研究宋代建筑完好的实例之一。

（二）汤帝庙的民俗研究价值

阳城析城山因山顶旧有汤王庙、娘娘池而被称为圣王坪，成为商汤文化圣山。成书于宋代初期的《太平寰宇记》中记载："析城山在县西南七十五里……应劭注《汉书》云：析山在阳城西南即此也。山岭有汤王池，俗传旱祈雨于此。"这是已知最早的关于商汤祈雨析城山的文献记载。商汤祷雨析城之说从此流传千年。桑林祷雨见《吕氏春秋·顺民》："昔者汤克夏而正天下，天大旱，五年不收。汤乃以身祷于桑林，曰：余一人有罪，无及万夫，万夫有罪，在余一人；无以一人之不敏，使上帝鬼神伤民之命。"于是剪其发，磨其手，以身为牺牲，用祈福于上帝。民乃甚悦，雨乃大至。在宋神宗熙宁九年（1076）加封析城山山神为诚应侯，政和六年（1116）宋徽宗再次加封为嘉润侯。然而，成汤祷雨之桑林具体指哪里，因年代久远，已无从确知。

在《凤台县志》中记载："汤王庙城外数十处，其最著者，城东十五里乌政馆，有元刘德胜至大年间碑。城东南三十里招贤馆，城东北七里崇素馆，城西半里许圣王馆。别有白洋泉馆，不在四馆之数。又小析山庙，有四泉，元碑三。又甘润村庙，有唐武后时断石经幢，或者为古寺也。又大阳镇庙有宋进士刘泳石刻二。按元皇庆年间大旱，诏天下立成汤庙，随时祷雨。而泽州多山，硗确易旱，立祠独众。论者以为始于元时，然宋以前已有专祠，固不自元始。祷雨析城之说，讹传已久，则桑林之说，亦姑存其旧云。"可知商汤信仰最迟在北宋时期就在泽州、阳城一带具有广泛的影响力，桑林祈雨的故事广为流传。数量众多的成汤庙也表达了泽州民众期盼能得商王庇佑、风调雨顺、国泰民安的美好愿景。

河底村汤帝庙是目前晋城市保存最早的汤帝庙实物，在民俗研究方面有重要的价值。据庙内碑文记载，本庙与析城山汤帝庙为上下庙的关系，创建于同时期。阳城县析城山传为商汤祷雨之所，围绕析城山桑林祷雨的故事，阳城县现存不同年代的汤帝庙 100 余座，形成了极富地方特色的商汤崇拜现象。然而，析城山上的汤帝庙本庙早已被毁，现存资料有限，山上的汤帝庙只存一座遗址。晋城市的早期汤帝庙建筑，除了河底成汤庙，还有阳城县下交汤帝庙、泽城汤帝庙、泽州县的大阳汤帝庙和坪上汤帝庙，现在都被评为全国重点文物保护单位。所以，如果研究汤帝信仰和汤帝庙建筑的演变，河底成汤庙则成了宝贵的实物资料。

四、文献撷英

河底成汤庙留存的文献资料有题记四款、古碑五方。题记最早的是一款幡杆题记，记载的是五代时期后唐广顺三年（953）七擀管善众建立幡杆的事（后唐无广顺年号，"广顺"为后周年号，记载有误）。综合判断在后周广顺时期，河底成汤庙已经存在，庙宇创建时间应该早于建立幡杆的时间。两方宋代题记：一为正殿门框题记，记载的是大观二年（1108）顾应施舍门框的事；一为大观二年，龙泉东社李权抄、董神东、成世恩施舍石柱的事。证明了大殿修筑开始时间为大观二年。勒石于宋宣和二年（1120）《泽州晋城县建兴乡七干管重修汤王庙记》记载了大观二年，因庙宇颓败，七擀社李权抄带头、张贵领事，重修大殿、挟殿、西庑等建筑。十二年后，宣和二年修缮告竣。明弘治九年（1496），由于风吹雨蚀、殿宇木朽瓦裂，面貌颓败，本村耆老李展、司杰倡率村民"输材木以为殿宇之用，或出粟帛以偿工匠之资"，弘治九年秋天开工，十一年（1498）完工。弘治十五年（1502）本庄人李颎撰写碑文记此事。清道光二十四年（1844），庙宇因被冰雹侵蚀，殿宇屋顶损毁严重，村里善士李本昌等人带头集资，将庙宇瓦坡全部修缮一新。二十四年立《重新汤帝庙瓦坡及一切祠宇上盖记》碑，由沁水赵铭撰文记载此事。

高都景德寺

高都景德寺 / *GAODU JINGDE SI*

一、遗产概况

景德寺位于晋城市泽州县东北 20 余公里的高都镇南街村。高都镇位于泽州县东北部的丹水河畔、垂棘山下。源泽河沿镇南蜿蜒而过，为古镇提供了丰富的水源。约公元前 17 世纪，夏桀在此建都，始称高都。此后历代王朝，曾多次在高都设县立郡。悠久的历史，在这片土地上留下了底蕴深厚的文化和文物遗存。

历史上"十庙七阁三设施"遍布镇内，著名的有东岳庙、关帝庙、孔圣庙、玉皇庙、祖师庙、三官庙等，规模最大的当数镇东南的景德寺，它曾与碧落寺、显庆寺、松林寺并称"古泽州四大名寺"。

据明万历年间的《泽州志》记载，景德寺在城东高都镇，唐建。清《泽州府志》因之。按照清《凤台县志》的记载，该寺始建于唐，初称慈善寺，宋景德四年（1007）赐景德寺额。清嘉庆二十四年（1819）《景德寺补葺中央佛殿捐资碑记》载："初名慈善更号景德，奉敕修建，代有碑铭。而创造莫详其始，唐天宝之十三载重修，其首也。宋真宗之景德四年再修其次也，后此康熙之戊辰至壬申，雍正之甲辰至壬子又其补葺彩绘，而至再至三者也。嘉庆壬戌寺东偏孔圣庙增广地基，偶得寺之古碣一方，其残文义难强通，而大齐武平三年字迹不可磨灭。按此乃知寺之创建其始基也。"景德寺在宋元祐二年（1087）重修后，成为一方胜迹，当时各方社会名流都会到此一游，品茗赋诗。比如青莲寺释迦殿西北石柱上题记："元符戊寅十月十四日，高平郡别乘河南段绍、晋城令耿敏、尉黄叔敖，因按田自琵琶泓至青莲寺掷笔台，步月临流传觞赋诗。明日去宿景德寺。"元符戊寅，是宋哲宗元符元年（1098）。按田，即官员去农村体察民情。金代随着寺院规模的扩大，以及寺僧人数的增加，泰和五年（1205）扩建法堂，并由胡村上社画人 76 岁的李珪带领其子李奇、李显彩绘法堂壁。泰和八年（1208）僧人善云将景德四年礼部颁敕的牒文摹勒上石："中书门下牒：景德寺，泽州僧道幽，丹水山慈善寺牒。奉敕宜赐景德寺为额，牒至准敕，故牒。景德四年十一月　日牒。右谏议大夫参知政事赵，兵部侍郎参知政事冯，工部尚书平章事王，司户参军孙，录事参军王，推官赵，判官叶，知军州兼管内劝农事石。大金泰和八年十一月二十日僧善云立石。"元末战火纷飞，百姓流离失所，景德寺遭到了很大破坏。东侧钟楼长廊方丈僧舍以及宫亭等处数百间，西侧鼓楼神祠净室禅堂库房香积亦数百间化为废墟，仅存基址，寺僧逃散。据明成化版《山西通志》崇寿寺条记载，"国朝洪武间并景德、寿阳、真容、大景五寺入焉"，成为巴公镇崇寿寺的下院。至明万历三十二年（1604），寺僧悟来、立陀、真仓、玄安等募化十方，长老性悌、真免、净喜三僧管事，善士贫富施财不一，重新塑绘中佛殿背坐观音像，重修西局库房，复修钟楼下东房五间、方丈院西耳房一间。康熙二十七年（1688）本镇庠生晋永吉同好友八人载酒临流、散步南郊，正当舒怀畅饮，忽值风雨骤至，躲雨于景德寺山门之下，目睹殿宇倾圮、神像暴露，于是各出己资重修山门。后遇自然灾害，饥馑频仍。至康熙三十一年（1692），善士门兰牵头，再将殿宇丹垩神像妆绘，景德寺庙貌得以焕然一新。至康熙五十六年（1717），善士门克恭、原洪路、原洪仁、崔汉文等集资重新金妆山门下哼哈二金刚像。雍正十二年（1734），有善士三十一人等共同捐资，金妆彩绘地藏王菩萨、十殿阎君、六曹判官、辟支佛、十八罗汉，以起人惩劝之心，使人见像而敬谨焉。乾隆三十二年（1767）寺僧成麟，年方髫龄削发出家，勤俭节约，庶守清规。信众布施田地十六亩五分，给成麟耕种，每年纳粮银一两一钱八分八厘，陵川县令王笃祜专门为其立碑记事。乾隆三十三年（1768）陵川知县王笃祜，因到泽州府赴会路过高都，时值正午暑热高温，在景德寺下马歇息。寺中有两株年代久远的古柏，巨大的树冠蔽日遮天，提供了可供歇息的阴凉处所。王笃祜解衣坐于树荫下，抚摸着沧桑的树干，一边享受着清风吹拂带来的丝丝爽意，一边仔细观察寺院。吟了一首《过景德寺憩双柏下》："劳劳憩尘鞅，日午抚幽植。窗虚风涛过，静对双影直。解衣坐清阴，启户见山色。中有忘机人，长年自偃息。"恰如其分地表现了景德寺清虚幽静之美。乾隆四十六年（1781），高都村民原九贵多事扰民，假借侵占官地之例，诬告村民侵占古废城，致使部分村民被拘捕。泽州知府姚学瑛得知后非常重视，立刻亲临高都现场，了解事情经过。高都古为晋城县治所在，故而有城有隍，但宋代以后，县治迁往现在的城区，旧有的城隍在历代烽烟之中早已夷为平地，后人改造成了耕地。今日原九贵以城隍旧址说事，纯属诬告。姚知府一方面将原九贵问罪，赦免种地村民，另一方面将事情经过上报山西巡抚谭尚忠，蒙获批准。为防止此类事件再次发生，高都阖镇绅士耆庶将山西巡抚谭尚忠的批文、姚学瑛知府处理事件经过分刻两方碑碣，镶嵌于景德寺中佛殿山墙之上。同时为姚学英知府竖立德政碑，永作纪念。乾隆五十一年（1786），泽州大旱，高都镇远近乡村祈祷雨泽，绅士原观光等延请高僧，诵念《法华经》于大雄宝殿，虔心瞻礼，昼夜讽诵，不三日甘澍普降。事后原观光捐银四十两，与二三同事共同发心修葺景德寺后檐土台，易土以石，高八尺多，长十丈多。以保寺基巩固。嘉庆二十一年（1816），景德寺中央殿脊陷瓦飞，佛像零落。村民公议，于嘉庆二十二年捐资，先修中央殿，再修东西长廊，内外山门等，经历十月有余，工程告竣。此后景德寺几经修葺，几经衰落。直至 20 世纪 50 年代，这座闻名于高都镇方圆百里的古寺，被用作国库储存粮食。以至于 1956 年第一次全国文物普查中未能访到。1962 年古建专家张驭寰考察晋东南古建筑时，景德寺法堂外檐已完全被石灰覆盖，仅剩内部梁架出露。张驭寰根据两根粗硕的内柱，推断其为元代建筑，"殿平面为通面阔五间，进深六椽。平面梁架结构布局前后内柱应为八根，只留两根，其余都减掉，前檐平柱应留四根，减去两根，结果全殿减柱八根。这种形式是元代减柱法的标准式样"。而实际上法堂为金代建筑，仅减去内柱六根，檐柱仍是六根，未减柱。1958 年寺院被改建为"粮站"后，原有的建筑和屋檐上的雕刻全被砖瓦和木板封盖起来，再用白灰刷其表面，使得本来宏伟的建筑变成了一座座呆板的、四四方方的"白盒子"。半个世纪过去了，随着高都粮站退出历史舞台，2008 年第三次全国文物普查活动的展开，隐藏在"白盒子"内的千年古刹才被掀开了神秘面纱。2011 年高都景德寺被批准为泽州县宗教活动场所，2013 年 3 月 5 日被国务院公布为第七批全国重点文物保护单位。2016 年，由国家文物局拨款，山西省古建研究所施工，重修景德寺，千年古寺重新焕发生机。2018 年佛教协会入驻，在山门后重建天王殿，中佛殿、法堂等殿宇安置经厨佛像，景德寺梵音再起。

二、建筑特点

景德寺在高都村中坐北朝南，南北长 80 米，东西宽 42.2 米，占地面积 3376 平方米，寺为二进院落布局。沿院落中轴线由南至北依次为山门、天王殿（2018 年新建）、中殿和正殿，山门面阔三间，两侧各有小披门，披门东西各有三开间二层砖修楼阁，东为钟楼，西为鼓楼。东西厢房各十一间，东侧由南至北依次为斋堂、伽蓝殿（原为罗汉殿），西侧由南至北依次为客堂、祖师殿（原为地藏殿），重点两侧又有两层砖砌楼阁，东为地藏殿，西为玉佛殿；二进院东西厢房各七间，东侧为库房和东方三圣殿，西侧为西方三圣殿与库房。后殿两侧再起二层楼阁，围墙处各开一角门。

景德寺基本保持了宋金时期的建筑风貌，布局完整，结构严谨，是研究晋东南地区宋金以来寺庙沿革的重要实例。

01 高都景德寺航拍（由南向北）

（一）山门

山门，面阔三间，进深六椽，单檐悬山顶。三椽栿前后对接用三柱。中柱位置砌砖墙分隔前后，中柱间设板门，门枕石为清代抱鼓石狮。门两侧砖砌照壁各一道，方砖素面。前檐砂岩石柱四根，内凹抹八棱，有微弱收分侧角。柱础为机凳石鼓组合式。柱间设阑额，普拍枋均出头相交。柱头斗栱单下昂四铺作，耍头与昂同形。补间铺作用瓜棱斗，单下真昂，昂尾上置栌斗托捧节令栱替木压于下平槫。三椽栿前后各设蜀柱一根上托平梁，平梁正中竖蜀柱、替木托脊槫，脊槫左右由叉手支撑，结构简单，当为后世简单维修所致。后檐柱头铺作与前檐相同，唯补间铺作换作了荷叶墩，柱础叠加三层，后世维修非常明显。山门前后均悬挂"景德寺"匾额，前为高都书法家赵力忠书，后为爱新觉罗·启骧书法。前檐石柱悬挂对联两副，分别是"云影空明鸟语花香第一义；水声寂静月白风清不二门""景星庆云仁风遍布遐迩；德泽圣教法雨恒施古今"。

02 山门正立面

03 山门正脊鸱吻

（二）中殿（毗卢殿）

面阔五间，进深六椽，单檐硬山顶，建于高50厘米的台基之上，中设踏垛三级。前檐下明面四根抹角石柱下施组合式柱础，柱间施阑额，上施高厚的普拍枋，柱子无收分侧角。两柱之间各安置六抹隔扇门四扇。柱头斗栱双下昂五铺作，上施猢狲耍头，无补间铺作。最外侧砌砖墙两道，上设砖雕墀头。明间檐下挂"毗卢宝殿"横匾一块，2019年由五台山沙门昌善书。石柱上挂对联一副"华雨香云供养毗卢能仁佛；藏经贝叶宣说文殊普贤心"。殿内梁架四椽栿对后乳栿通檐用三柱。底层四椽栿之上利用蜀柱和剳牵承接下平槫，这样省去了之上的一根四椽栿，剳牵里侧高蜀柱上直接支撑平梁，平梁两端勾上平槫，中间蜀柱丁华抹颏栱与叉手一起承接脊槫。后檐同样用砂岩柱，柱间阑额、柱上普拍枋，柱头不施斗栱，后乳栿直接叠压在普拍枋上的栌斗之上。明间两柱间设六抹隔扇门四扇，门楣上书"法海道岸"四字匾额。屋顶板瓦覆面，琉璃鸱吻，行龙陶脊，中施狮驮宝瓶。

04　毗卢殿正立面

05　毗卢殿背立面

06　毗卢殿梁架

（三）后殿（法堂）

创建于北宋元祐二年（1087），金泰和五年（1205）重修，面阔五间，进深六椽，单檐悬山顶。前檐施抹八棱石柱六根，侧角收分明显。明间两根石柱为金泰和五年重修时更换，其余四根为北宋元祐二年原物，柱头卷刹柔和。六根石柱头均有捐施题记，为该殿的建筑年代提供了依据。阑额普拍枋两边出头，普拍枋稍薄，柱头铺作为单杪单昂五铺作，昂形耍头，无补间铺作，用材硕大，出檐深远。殿内结构采用了典型的减柱造，后槽内额、金柱用材硕大，仅当心间使用两根粗壮的金柱，柱础为1米见方的覆盆式。内柱与内额之间用楂头栱相承接，增加了接触面积，强化了稳定性。梢间两根和前排四根内柱被省去，扩展了殿内空间。

梁架结构采用四椽栿压后乳栿用三柱，其特殊之处在于：一是明间梁架采用草、明栿组合，天花之下明栿切削齐整，梁头作月梁造；天花之上，四椽草栿采用自然弯材，不加修饰。二是当心间与梢间的梁架结构有别，梢间底层的梁栿之上，利用蜀柱劄牵各省去了一根四椽栿，而当心间东西两缝（在四椽栿对乳栿之上）多使用了一个四椽草栿。三是脊槫两侧使用叉手，上下平槫两侧使用托脚。四是内额与梁栿间采用了大斗、华栱、泥道栱十字搭交承托乳栿后尾，乳栿后尾叠压于四椽栿下长达一椽左右，增强了梁架的稳定性。五是前后檐斗栱形制不同，前檐为单杪单下昂五铺作，华栱与下昂之间加单瓣华头子，昂头为琴面式，瓜子栱、慢栱、令栱看面均抹斜，补间于柱头枋加散斗支撑。后檐柱头铺作为单杪四铺作，耍头蚂蚱形，栌斗斗颔很深，有古皿斗之风。屋顶为筒板布瓦覆面，绿琉璃剪边，屋面正中菱形琉璃方胜铺锦。正脊、垂脊、鸱吻、垂兽、狮驮宝瓶皆为行龙绿色琉璃，大部分为明代琉璃精品。

07 大雄宝殿正立面

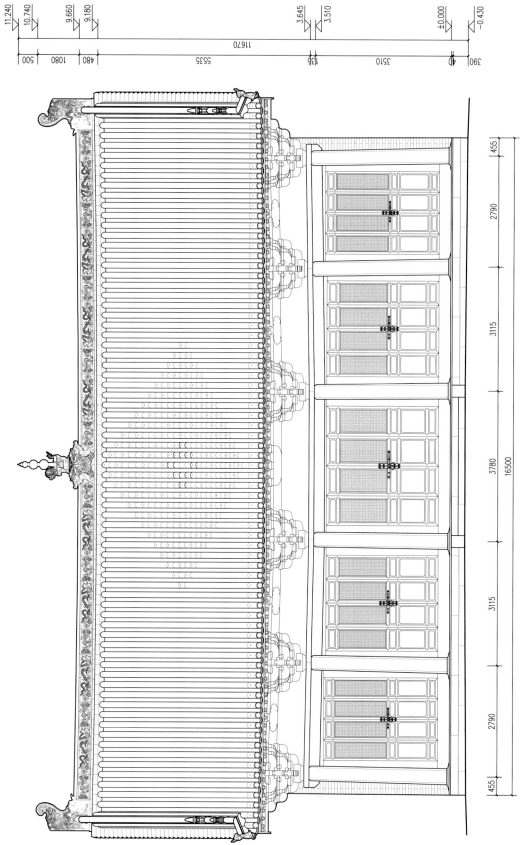

08 后大殿正立面图资料

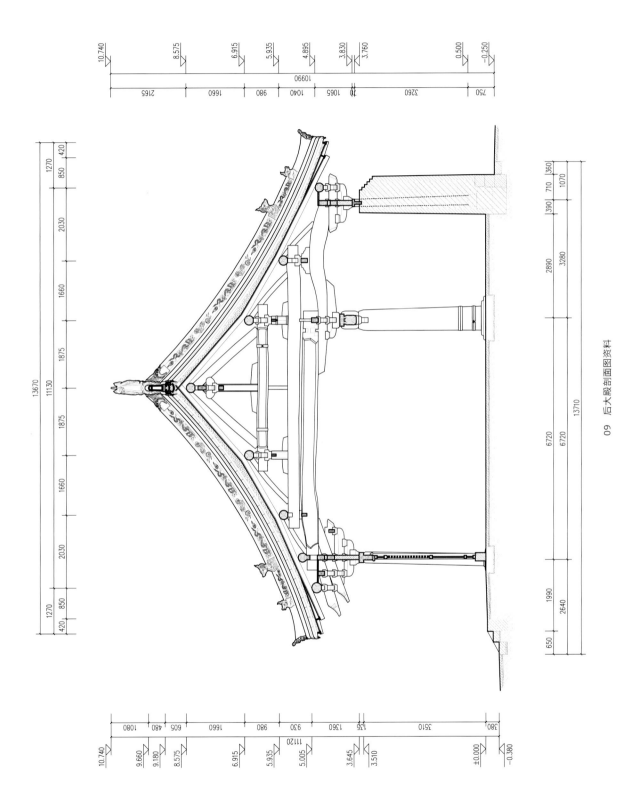

09 后大殿剖面图图资料

10　大雄宝殿搏风板

11　大雄宝殿正吻、正脊

12　大雄宝殿梁架

13　大雄宝殿后檐廊部梁架

（四）其他建筑

景德寺山门、中殿、后殿分别有三对配楼。山门东西有钟鼓楼，山门与钟鼓楼之间设掖门，中殿东西有配楼，后殿东西有耳楼，前院东厢房是罗汉殿，西厢房是阎王殿。后院东西厢房各七间。其形制完备恢宏，很有气势。历代皆有修缮，现存多为清代建筑。

14　东掖门正立面

15　东耳楼

钟鼓楼、配楼、耳楼：两两对称分布于主要建筑两侧，为两层三开间硬山顶砖砌楼阁。钟鼓楼前墙每层正中开单窗，后墙每层设单门两窗。配楼一层里侧开门，二层里外各开圆形小窗，前后安格栅门。耳楼底层正面开一门两窗，二楼设格栅窗，在耳楼和法堂之间有狭窄的砖砌楼梯通向二楼。

16　西耳楼正立面

天王殿：天王殿为 2018 年新建，紧挨山门，面阔三间，进深六椽，单檐卷棚顶。前后檐各设抹八棱石柱四根，表面剔地起凸，内容为化生童子。柱础石鼓形。阑额出头，普拍枋粗硕，近圆形。柱头铺作单杪单下昂五铺作，耍头为梁头伸出檐外制成，肥厚硕大。明间补间铺作三朵，次间各设补间铺作两朵，形制与柱头铺作一样，不过耍头为蚂蚱头。内部梁架六椽栿通檐，内设中柱，柱前置汉白玉须弥式佛坛，上塑弥勒佛和韦驮菩萨，殿内东西两侧泥塑四大天王。殿顶为灰色筒瓦覆盖，绿色琉璃剪边，四条垂脊、垂兽亦为绿色琉璃。

17　天王殿远景

18　天王殿前檐斗栱

19　天王殿梁架

前院东西廊庑：对称分布，各十一间。由南至北呈三间、五间、三间分布。单檐硬山顶，进深五椽，前一椽出廊。板瓦覆顶，花卉纹陶脊，脊端为陶质鸱吻，中设陶质狮驼宝瓶。檐柱全为抹八棱砂岩柱，无收分侧角，柱间加额枋，上铺平板枋，柱头无斗栱，栌斗托劄牵托举檐檩，抱头梁刻作卷云纹耍头。柱间设荷叶墩，柱础为杌凳石鼓组合式。整体为比较典型的清代建筑。东侧北三间现为伽蓝殿，伽蓝殿是寺院道场的通称，狭义而言，指伽蓝土地的守护神；广义而言，泛指所有拥护佛法的诸天善神。我们见到的伽蓝菩萨像穿圆领宽大之深绿袍，胸前加挂一盔甲，展现出华丽之气。腹前和膝部饰飞龙纹，袍身饰云纹，袖边、衣摆饰花瓣纹，以红和橙色装饰。加有一层外袍，民间称关公为佛家的伽蓝神。西侧北三间为祖师殿，供奉南北朝禅僧菩提达摩，略称达摩或达磨，意译为觉法，据《续高僧传》记述，南印度人，属刹帝利种姓，通彻大乘佛法，为修习禅定者所推崇。北魏时，曾在洛阳、嵩山等地传授禅教。当时对他所传的禅法褒贬不一，约当魏末入寂于洛滨。据《景德传灯录》其在民间常称达摩祖师，即禅宗的创始人。著有《少室六门》上下卷，包括《心经颂》《破相论》《二种入》《安心法门》《悟性论》《血脉论》6种。还有敦煌出土的《达摩和尚绝观论》《释菩提达摩无心论》《南天竺菩提达摩禅师观门》等，大都系后人所托。弟子有慧可、道育、僧副和昙林等，梁大同二年（536）圆寂，终年150岁。

20　二进院西廊房正立面

　　后院东西廊庑：对称分布，各七开间，呈二间、三间、二间分布。形制与前院基本相同。现在东侧供奉东方三圣，也称药师三尊，是药师佛与日光菩萨和月光菩萨的合称。药师佛全称为药师琉璃光如来，也有人称之为大医王佛，医王善逝或消灾延寿药师佛，为东方琉璃世界的教主。药师本用以比喻能治众生贪、瞋、痴的医师，在中国人们一般向其祈求消灾延寿。西侧西方三圣，又称阿弥陀三尊，中间是阿弥陀佛，左边为大势至菩萨，右边为观世音菩萨。西方三圣乃是净土宗专修对象。阿弥陀佛是表无量光明、无量寿命、无量功德。观世音菩萨代表大慈悲、宇宙的大慈悲。大势至菩萨是表喜舍。

21　一进院东厢房

三、价值特色

景德寺基本保持了宋金时期的建筑风貌，布局完整，结构严谨，是研究晋东南地区宋金以来寺庙沿革的重要实例。寺内宋代题记，金代敕牒，清代息讼、地土等碑刻，为研究晋城、高都历史的重要史料。

四、文献撷英

唐代碑首

双螭盘绕，螭爪捧火焰纹宝珠，正中浮雕一佛二弟子像，释迦佛结跏趺坐于莲台上，两侧各伸出莲枝一朵，文殊、普贤菩萨站立于莲花之上，身体呈"S"形扭动，手举莲苞，帔帛下垂。另侧碑首正中刻"奉为金轮圣神皇帝敬造"。武则天登基为帝时，加的尊号是"金轮圣神皇帝"。金轮如天子的九鼎一样，是统治神圣性的标志。九鼎与天命相连，七宝与转轮王的身份相连。故此碑首为唐代之物无疑。

唐代经幢残件

仅剩幢身和华盖各一段，幢身八面，顶端刻一佛二弟子，其余刻佛顶尊胜陀罗尼经文。华盖顶风化比较严重，下端八面浮雕伎乐天和力士像。

宋元祐题记

共4条，内容为元祐四年（1089）尹寨村河北社、移风乡招贤馆下社、高都北社信士捐施石柱记录。

金泰和题记

共2条，记录胡村上社76岁画匠李珪彩绘法堂、陵川县路城乡万章管南王村王纲施柱二条、高都中社张鼎同弟翼鼐捐彩衡施画火辩菩萨一尊事。

泰和八年敕牒碑

长120厘米，宽30厘米，部分文字缺失，碑断为两截。碑文如下：

中书门下牒：景德寺，泽州僧道幽，丹水山慈善寺牒。奉敕宜赐景德寺为额，牒至准敕，故牒。景德四年十一月　日牒。右

谏议大夫参知政事赵，兵部侍郎参知政事冯，工部尚书平章事王，司户参军孙，录事参军王，推官赵，判官叶，知军州兼管内劝农事石。

大金泰和八年十一月二十日僧善云立石。

重新塑绘金妆碑记

碑为长方形，高 35 厘米，宽 70 厘米。碑文记述重新塑绘金妆观音像经过。全文 277 字，楷体竖书，计 20 行，行 11 字。保存完好。碑文如下：

盖闻佛生西域，祥光现于周朝。圣教东流，金像梦于汉帝。观音行祠南海普陀山上，因号圆通，讳乃自在，像传东震旦国。托化庄王宫，引众生昏迷，作朗昭暗室为明人天路，上造像为先生，死海中炼性为首。镇有古刹，高都景德寺中佛殿背坐观音塌毁，今有大明国山西泽州莒山乡黄石都，郝庄里任庄村居住奉神塑绘金妆施主桑景绅。

室人史氏同男桑拣、男妻刘氏发心输财买砖砌垒供桌，塑绘金妆观音圣像一堂，祈报合家人口平安六畜百事大亨，通者矣。

丹青内王李选男李永兴，户寨牛通男牛继光，师真库，募缘僧悟来，立陀主真仓，书写僧悟大，泥水匠车思惠、徒玄宁，石匠芦守全。

万历卅二年岁次甲辰四月己巳孟夏立石。

重修西局碑

碑呈长方形，高 37 厘米，宽 81 厘米。碑文记述了重修景德寺的经过。全文 217 字，楷体竖书，计 14 行，行 12 字。保存完好。碑文如下：

重修西局库房，长老性悌同真庠净喜王僧管事募化十方，善士贫富施财不一，癸卯之年春兴秋乞，即年工完，岁至乙巳春之月，伏僧长老性悌、都管真免、钱帛净喜、库头悟然四僧管事议同本寺僧众，复修钟楼下东房五间、方丈院西耳房一间，木植硅瓦工价，本寺常住自备饭食，乞化五社施主，书名不便，今将本镇阴阳和寺事原奉腾合山僧众芳名于后：景德寺募缘僧性悌、真免、净喜、悟然，住持僧真仓、悟来、玄安，书写悟大，本镇木匠崔守智、崔守宿、崔守孝、侄崔五雷，石匠马守仓。

大明万历三十二年季春吉旦立。

金妆阎罗王碑志

长方形碑，嵌墙内。晋赐珏撰，晋赐履书。碑叙金妆阎罗王事。全文 283 字，楷体竖书，计 26 行，行 11 字。保存完好。碑文如下：

昔人云：生为上柱国，死作阎罗王足亦，阎罗王乃真府专司，而竟有欲作之想者，无非欲得其权，以遂其彰瘅之心耳，十帝罗列统于一尊，称曰地藏，其间刀山油鼎之苦，金桥宝幡之荣，种种果报，自应不爽，使不即其貌而修饰之，何以起人惩劝之心乎？今善士某某，殚诚绘像，谓为无彰瘅之权而有彰瘅之心也，可谓为有彰瘅之心，而借神行彰瘅之理、尽彰瘅之权以悉其彰瘅之心也，亦无不可是为志。

太学生晋赐珏撰，邑庠生晋赐履书。

金妆地藏菩萨：张继金。

金妆阎王二尊：武绪。

金妆阎王八尊：卫士豪、原廷佐、原之干、门德新、李承重、刘福全、原相贵、刘君全。

金妆六曹：原通九、乔维道。

玉工续廷文镌。

大清雍正十二年岁次甲寅菊月吉旦。

彩绘罗汉文序

长方形碑，嵌墙内。乔芸撰，李嵩书。全文 321 字，楷体竖书，计 32 行，行约 10 字。保存完好。碑文如下：

盖闻佛如恒河沙数，而罗汉之称独曰十八，且罗汉又有五百之号，而此十八者岂即五百中之可考而纪者欤？抑亦举少以概其多者欤？予少时，每过而睹之，其奇形伟状，令人萧然生敬，以为本来面目应如是尔。但庙宇倾圮，不免露处，阅数岁，而诚敬者踵其旧而维新之，形体较前似乎少异，而本来面目犹或不失，是十八之称即不能尽罗汉之数，使人见其像而敬谨焉。即心即佛，所谓恒河沙数，亦即随在而见矣，又何必悉五百而始全其数也哉！

邑庠生乔芸撰，友竹居士李嵩书。

彩绘辟支佛并罗汉一尊：原洪有。

彩绘罗汉十七尊：程旺隆、田得玺、原自能、原自连、闫乔居、崔汉文、原富才、刘□贵、原长干、原顺极、原相贵、傅作德、马强、马似龙、闫克恭、闫洪卿、晋暹。

大清雍正十二年岁次甲寅菊月吉旦玉工邢荣。

修葺土枕记

勒石于清嘉庆九年（1804）。碑方形。碑文记述丙午大旱中绅士原观光等祈雨有应后将大殿基础易土为石经过。马震记书丹。保存完好。碑文如下：

本寺殿宇巍峨，规模宏敞。惟后檐坐枕土阜，日侵月蚀，渐就倾圮乎湮旧址而及周垣矣。乾隆丙午年大旱，远近乡村祈祷雨泽，绅士原观光等广延高僧，演《法华经》于大雄宝殿，虔心瞻礼，昼夜讽诵。不三日而甘澍普降，遐迩沾濡，欢声载道。遂与二三同事发心修葺此阜，易土以石。计高八尺有奇，广十丈有奇。从兹基址巩固，永无侵蚀之患。首事之人不可湮没而无传也，为志其大略如此。时嘉庆甲子夏六月也。邑庠生马震记书。

原观光施银肆拾两。

首事：原士儒、彭均仲、原宗廉。

住持：安伦公勒。

玉工：刘体悦。

坛岭头岱庙 / TANLINGTOU DAI MIAO

一、遗产概况

坛岭头岱庙位于晋城市泽州县东北 30 余公里的北义城镇坛岭头村村北。坛岭头又名全玉岭，传说因战国时期一代名相蔺相如完璧归赵途经此地而得名。《泽州志·古迹》（万历）："全玉岭：郡东北四十五里莒山左。赵蔺相如奉璧入秦易城，秦留赵璧，无意偿城，相如绐取璧，遣使者怀璧，从间道持以归赵，即此。"清代诗人张九钺《全玉岭》一诗云："睨柱雄风折暴秦，别令怀璧走嶙峋。平原珠履三千客，输却相如一舍人。"

坛岭头村东有固山，西连莒山，诸峰叠秀，为一方胜境。这里地处泽州县东北边界，与高平市毗邻，是泽州县的北大门。长晋 207 国道从村中穿过，交通十分便利。

岱庙在全国各地有很多，仅在泽州县被列为全国重点文物保护单位的岱庙（东岳庙）就有 5 处。而坛岭头岱庙又自有其独特之处。它既是道教的岱庙，又是佛教的毗卢院，乡人又称之为蔺相如庙，在正殿之内供奉着毗卢佛、真武大帝、蔺相如三尊塑像。三教融合的现象较为普遍，但将蔺相如与毗卢佛、真武大帝一起奉祀尚属罕见。

坛岭头岱庙始建年代不详，现存为一进院，建筑 11 座，大佛殿保存完整的大木结构，具有山西中部金代建筑的典型特征，虽经历代重修，主要构件依然为金代遗物，展示了金代建筑的风貌。影壁、山门、东西门楼、东西配楼等清代建筑，东西廊房等民国建筑造型独特、地方风格浓郁。真实反映了泽州县内从金到清乃至民国各时代建筑结构、技术的演变进程，具有极高的历史研究价值。2013 年 3 月 5 日被国务院公布为第七批全国重点文物保护单位。

01 坛岭头岱庙航拍（由西南向东北）

二、建筑特点

坛岭头岱庙坐北朝南，原为二进院落，现后院已毁，仅存前院一进院落。庙宇农田环绕，东西两侧各有水泥路一条。整个庙宇北高南低，建筑随地势依次抬升，院内形成三个平台，层层错落，布局严谨，规模宏大，南北长 51.015 米，东西宽 33.4 米，占地面积约 1704 平方米，总建筑面积 921 平方米。院落的整体格局和各单体建筑保存完整。

该庙宇为中国传统寺庙格局，南北贯穿一条中轴线，东西两侧建筑对称排列，以围墙封闭院落。南北中轴线上，从南到北，现仅保留影壁、山门戏台和大佛殿。山门戏台和大佛殿之间的平台为献殿遗址。山门戏台的两侧为东西门楼、东西配楼，东西配楼北面为东西廊房，大佛殿东侧的东配殿上下两层，上层为观音阁；西侧的西配殿上下两层，上层为高禖祠。

大佛殿位于岱庙南北中轴线最北端，创建年代不详。根据现存大佛殿明间东檐石柱题记"时大定号岁次庚子十月上旬有二日重修岱岳之殿记耳施石柱二条"，断定该殿为金大定二十年（1180）重修。现存的大佛殿是岱庙的主体建筑，主体结构属金代。

02　正殿

　　大佛殿面阔三间，进深四椽，单檐歇山顶，筒板瓦覆顶。通面阔 6.94 米，通进深 6.76 米，面阔与进深比为 1∶0.97，平面近方形。《中国古代木构建筑比例与尺度研究》中早期三开间殿堂的通进深与通面阔之比值在 0.81 至 1.01 左右浮动。大佛殿完全符合这一比例。其当心间开间 308 厘米，次间开间 193 厘米，有效突出了当心间的地位，采光和布局更为合理。

　　大佛殿共用柱 14 根，为八角抹棱青石柱，山面和后墙共计 8 根石柱包砌于墙内。其柱网结构属于《营造法式》中规定的殿堂建筑中的身内分心斗底槽式柱网布局形式。柱脚 37 厘米 × 37 厘米，柱头 29.5 厘米 × 29.5 厘米，收分 7.5 厘米，侧角 2 厘米。收分侧角明显。前后檐柱与殿内金柱同高，柱高 3.33 米，柱高与当心间面阔比例接近 1∶1。

　　大佛殿共有铺作 17 朵，其中包括前檐柱头铺作、内柱柱头铺作、山面柱头铺作、襻间铺作、后檐柱头铺作、转角铺作。斗栱用材较大，材宽 12 厘米，单材高 18 厘米，足材高 25 厘米，此用材基本等同于宋《营造法式》中的六等材（广六寸，厚四寸）。

03　正殿山面山花

大佛殿前檐柱头铺作为四铺作琴面下昂，里转一跳承劄牵。铺作总高 0.815 米，铺作与柱高比例为 1：4，这个比例接近金时期的比例（唐、五代时期多为 1：2，宋、金多为 1：3）。前檐不设补间铺作。内柱柱头铺作上承托月梁。山面柱头铺作后尾出丁栿斜搭于四椽栿上。襻间铺作隐刻异形栱。后檐柱头铺作为四铺作单杪卷头（华栱），耍头后尾做成楷头压跳附于四椽栿下。转角铺作为四铺作重栱单杪双下昂，里跳 45 度出斜栱、斜斗并偷心。值得一提的是，这里出采用了挑斡结构。挑斡与作菊花头状的后尾相交，附于大角梁之下。

大佛殿梁架为彻上露明造，抬梁式，进深四椽，四椽栿前压劄牵于内柱柱头铺作之上，通檐用三柱。四椽栿栿身呈月梁形，由一根原木一分为二制作而成。大佛殿总举高为 2.495 米，总步架为 7.7 米，比例为 1：3，与《营造法式》中举折之制"殿堂式建筑举折比例为 1：3，厅堂式建筑举折比例为 1：4"相吻合。

大佛殿两山及后檐下碱部分采用丝缝砌法。共计 11 层，青砖规格为 250 毫米 × 120 毫米 × 45 毫米，其余墙体青砖规格则为 265 毫米 × 135 毫米 × 65 毫米，长宽高尺度略小。砌筑方法讲究，展现了宋金时期建筑匠人精湛的砌筑手法及高超的工艺水平。

04 正殿室内梁架

05 正殿梁架局部

06 正殿柱头转角斗栱

07 正殿室内梁架上的彩绘

泽

州

卷

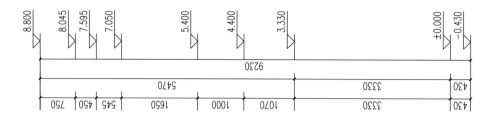

8.800

8.045
7.595
7.050

5.400

4.400

3.330

±0.000
−0.430

9230

5470

3330

430

750 750
450
545
1650
1000
1070

3330

430

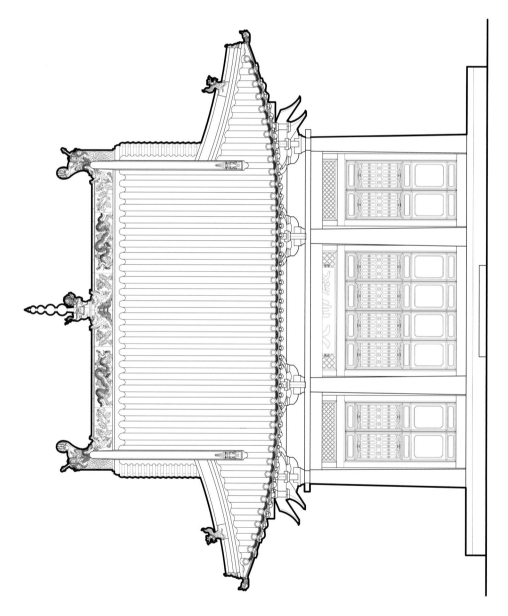

1405
1600

390

1540
1930

395 390

1900
3080
10140

390 395

1540
1930

390

1405
1600

08　正殿正立面图资料

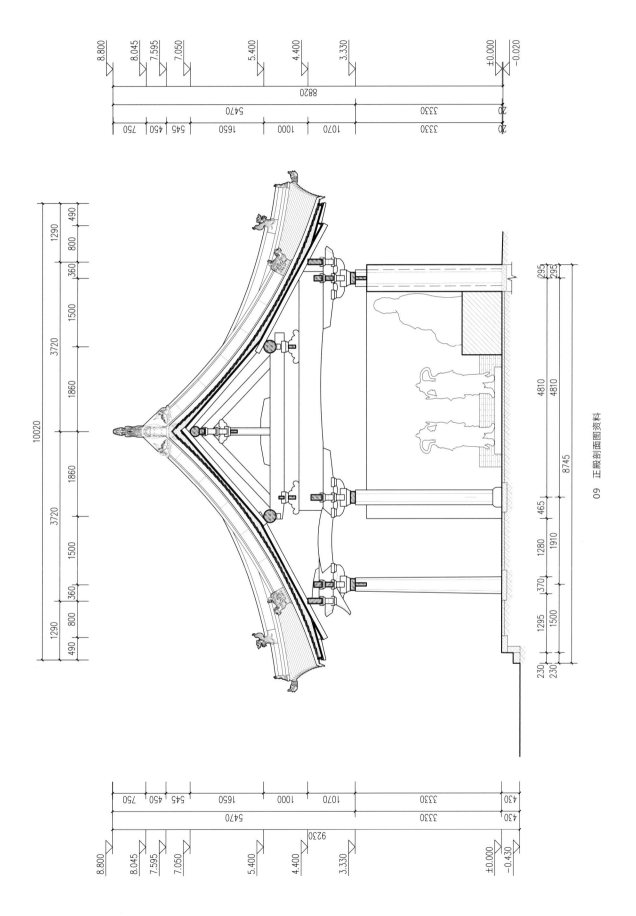

09 正殿剖面图资料

东西配殿位于大佛殿东西两侧，以围墙与大佛殿相连。东配殿创建于清乾隆年间，西配殿主体为清乾隆年间重修。东西对称，各面阔三间，进深四椽，上下两层，单檐悬山顶。明间面阔 2.68 米，次间面阔 2.18 米，通面阔 7.04 米，通进深 4.12 米，占地面积 43.42 平方米，建筑面积 86.84 平方米，一层不设柱，二层施檐柱、金柱各 2 根，共计 4 根。柱为砂石方形抹棱柱，规格 23.5 厘米×21 厘米，抹边 4 厘米，柱下设柱顶石，高 25 厘米。一层承重梁两端置于前后檐墙，上设楼楞木与楼板。二层为五檩前出廊式。墙体为淌白墙，砌筑方法为五顺一丁。屋面为单檐悬山顶，青灰干搓瓦屋面。

11　西配殿内山尖部位壁画

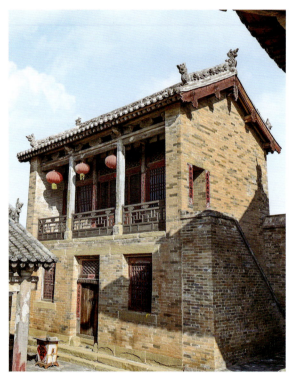

10　西配殿

12　东配殿内梁架

13　东配殿内山尖部位壁画

14　东配殿内山尖部位壁画

东西廊房位于庙宇东西两侧，对称布局。创建年代不详，现存建筑为民国十五年（1926）重修。面阔九间，进深五椽，六檩前出廊，单檐硬山顶。通面阔 23.19 米，通进深 4.08 米，主体建筑面积约 95 平方米，前后檐和山面以墙代柱，只在廊部设柱 10 根，柱为砂石方形抹棱柱，柱下设柱顶石。外墙为淌白墙，砌筑方法为五顺一丁。内墙下碱白灰浆抹面。屋面为单檐硬山顶，青灰干搓瓦屋面。

　　山门戏台为清代遗构。山门与戏台一体，一层山门供通行，二层戏台用于演出。面阔三间，进深五椽，明间面阔 3.2 米，次间面阔 2.25 米，通面阔 7.7 米，通进深 7.66 米，上下两层共用石柱 6 根，柱为砂石方形抹棱柱，柱下设柱顶石。一层承重梁前端置于前檐墙，后端搭置于后檐柱上，上设楼楞木与楼板。二层六檩前出廊式。墙体为淌白墙，砌筑方法为五顺一丁。一层墙体下设 23 厘米高墙基石，山墙与东西门楼共用。屋面为单檐悬山顶，青灰合瓦屋面。

15　东廊房

16　山门（戏台）正立面

泽

州

卷

东西门楼位于山门戏台和东西配楼之间，上下两层，一层为大门，二层连接山门（戏台）和东西配楼，供通行。面阔一间，进深两椽，单檐硬山顶，干搓瓦屋面。

东西配楼与山门戏台、东西门楼并列，面阔三间，进深四椽，上下两层。单檐硬山顶，干搓瓦屋面。明间面阔2.64米，次间分别面阔2.59米、2.68米，通面阔7.91米，通进深4.24米，占地面积47.54平方米。

影壁为清代遗构。巨大的影壁由三座影壁一字排开，中间用围墙连接，雄峙于山门南侧中轴线的最南端，无比雄伟壮观。

17　东掖门正立面　　　　　　　　　　18　西掖门正立面

19　东妆楼

20　东妆楼后檐墀头

21　影壁正面（中间）

三、价值特色

坛岭头岱庙整体装饰风格简洁、朴实，但不简陋。

大佛殿屋面脊饰琉璃构件，正脊脊筒浮雕行龙、荷花等祥瑞图案，吞口相背，上置狮子宝顶脊刹，两侧正吻为剑吻，垂脊顶端设吞口与正吻衔接。勾头、滴水均饰以龙纹。勾头锦龙祥云环绕，滴水行龙动感十足。东西配殿正脊饰琉璃捏花脊。山门戏台正脊与垂脊均饰雕花素脊筒。

大佛殿四椽栿栿身中心位置施彩画，黑色底子上饰彩云、金龙。斗栱里转则打淡绿粉底，黑色边框内绘彩云纹，室外部分饰莲花或云朵纹，前檐柱间额枋饰花草图案。当心间及次间隔扇障日板上均彩绘花草。东西配殿二楼山墙的上部局部残留有水墨行龙及梅、兰、竹、菊等纹饰。

大佛殿当心间设 4 扇 6 抹隔扇，次间设 2 扇 6 抹隔扇。格心花样，由直棂格间以四瓣和六瓣花拼成，横披蝙蝠纹花格。东西配殿、二层明间 4 扇 4 抹隔扇，格心一马三箭直棂窗，横披斜格窗。次间窗户装一马三箭直棂窗、斜格横披。

东西配殿二层、东西廊房以及戏台均在檐檩枋与平板枋之间饰荷叶墩。山门柱头前饰板木刻"寿"字纹。东西掖门内侧滴珠板木雕如意云纹，具有飘逸飞动之感。

东西配楼两边山墙边檐均砖雕墀头。炉口装饰花卉图案，下部呈杌凳形，造型相对简洁。影壁上方在砂石额枋上各砖雕三朵斗栱，起到画龙点睛的作用。

殿内造像均为后人所塑。大佛殿内塑毗卢佛、真武大帝、蔺相如、四大天王；东配殿塑观音、文殊、普贤菩萨像；西配殿塑高禖奶奶等群像；东廊房北侧房屋内塑有马王等神像；西廊房北侧房屋内塑蚕姑等神像。

四、文献撷英

坛岭头岱庙传世文献包括石柱题记、梁枋题记等。

石柱题记共有两条，大佛殿明间东檐石柱有金大定二十年（1180）题记："时大定号岁次庚子十月上旬有二日重修岱岳之殿记耳。"这是坛岭头岱庙断代的最重要的直接依据。大佛殿明间西檐石柱题记："施石柱二条，成实，男三，匠人段彦。"

梁枋题记共有三条，东配殿脊檩随檩枋，有乾隆三十三年（1768）题记："时大清乾隆岁次戊子桐月吉日上梁，创建左翼楼神殿三间，维首请到玉工闫君亮、梓工李有基合力修营。其后阖社庆利一乡丰盈，永为记云。大吉。"西配殿脊檩随檩枋，有乾隆二十七年（1762）题记："大清乾隆二十七年四月初一日卯时上梁，重修高禖祠□□□□□□□□□□□□五□□□吉□□□□时顺遂，□□平安志□。"东廊房脊檩随檩枋，有民国十五年（1926）题记："民国丙寅十五年戊戌月壬午日卯时上梁，重修东殿上下玖间，梓工王岐山。自修之后，合社人等□吉安宁，财源□□，五谷丰登，田蚕茂盛，永垂不朽云耳。"这些题记是坛岭头岱庙历代修建的最原始的记录。

10

尹西东岳庙

尹西东岳庙 / *YINXI DONGYUE MIAO*

一、遗产概况

尹西东岳庙位于晋城市泽州县北义城镇尹西村村东。南临任庄水库，东连尹东村。在没有修水库以前，尹西村紧临丹陉古道，庙前就是古道，人来车往，非常热闹。

该庙宇始创年代不详，从天齐殿前檐石柱"明昌五年"施柱题记中，推断金明昌五年（1194）应该就是庙宇的创建年代。

从庙内碑刻中可以看到明天启四年（1624）庙宇进行过一次大的维修，清康熙二年（1663）、康熙十五年（1676）、嘉庆五年（1800）、嘉庆二十四年（1819）、道光二十年（1840）、咸丰四年（1854）共进行了六次重（维）修活动。

1930 年前后，该庙开始办学校，供村里适龄儿童读书。1958 年改为高级小学，后来一直被学校占用，直到 2006 年尹西村的新学校建成后才搬离，此时尹西东岳庙已被占用 70 余年。

整个庙院坐北向南，由一主一次两处并列院落组成，庙宇东西总宽 46.8 米，南北总深 50.8 米，占地面积约 2377 平方米。庙内集金、元、明、清各时期共 18 座古建筑，其中天齐殿为金代遗构，玉皇殿为元代遗构，其他建筑为明清风格。主院中轴线上由南至北依次为山门（戏楼）、天齐殿，两侧为妆楼、廊房、耳殿（东侧为玉皇殿），东跨院为佛堂。庙院疏阔，树木森森，格局完整。现存明清两代重修碑碣六通。2013 年 3 月 5 日被国务院公布为第七批全国重点文物保护单位。

01　尹西东岳庙航拍（由南向北）

二、建筑特点

尹西东岳庙的建筑特点，主要表现在主要殿宇的布局。在院子正北一字排开的四座殿宇和周村东岳庙有一些类似。从四座殿宇的建筑年代推断，这样的布局是不断改修形成的。

金代，创修庙宇时格局应该是正中一座正殿为天齐殿，面阔三间。两侧应该是东西耳殿各三楹。到了元代，本应在正殿后增修一座高等级的玉皇殿，但因正殿后面没有合适的地基，只好把东耳殿改造成玉皇殿。因为在道教神系中，玉皇大帝位置高于东岳帝，两殿如果简单地并列在一起，是不符合礼制的。于是将玉皇殿前檐增修成"重檐"，以示其地位的崇高。玉皇殿占用了东耳殿位置，就只好再向东扩展出两间地基，设置成关帝殿。最终形成现在的主要殿宇并列而不对称的布局。

02 南面全景

03 院内北面全景

04　奶奶殿

（一）奶奶殿

奶奶殿位居天齐殿的西侧，坐落在石台基上，台基露明高 0.78 米，面阔三间，进深九架（八椽），前出廊，单檐悬山顶，前檐居中设垂带踏垛四步，现为清代建筑。殿宇仅在前檐立石质廊柱两根，两山与后檐砌墙承重，由廊柱向殿内返回两个步架的位置砌筑前檐墙承梁。廊柱石灰岩质，断面为方形，四角抹斜，无侧角、无收分。柱脚施础石，柱头之间联构小额枋，柱头之上置平板枋，其上施一斗二升交麻叶斗栱。奶奶殿仅在明间施用梁架两缝。其形制为五架梁对前后檐双步梁，五架梁前后端分别由前檐墙、殿内辅柱支撑；各架梁背在相应的前后中金檩、下金檩轴线位置分别立瓜柱，瓜柱之间横向再以单步梁相连承檩。前后上金瓜柱支顶三架梁；三架梁中段竖脊瓜柱，柱头之上置大斗，斗内丁华抹颏栱与单材栱十字相交，单材栱上叠承替木托脊檩，檩之两侧戗叉手。前檐居中辟板门，两次间置条棂窗；门下施用石灰岩门枕石；门额上木质门簪四个。

05　奶奶殿脊饰

（二）天齐殿

天齐殿是东岳庙的主殿，大殿居主院中轴线之北，建于石砌台基之上，平面呈方形，面阔三间，进深六椽，前檐廊式，单檐悬山顶，是金明昌五年（1194）遗构，也是东岳庙内年代最久的古建筑。

天齐殿内梁架为四椽栿压前乳栿，彻上露明造，各种构件用材随意，椽栿多用自然弯材，应为后期维修更换。前檐柱为方形青石柱，收分明显，梁架、四椽栿、铺作、蜀柱、平梁、前檐柱头等的建筑特点都呈现出晋城地区金代木结构建筑的普遍形制。殿前檐明、次间柱头铺作之间、普拍枋与第一层素枋的空隙共绘制栱眼壁画三幅，似为清代遗作，前檐金柱头至平槫底面的铺作之间的栱眼壁立面残存有水墨写意牡丹等花卉。

天齐殿前檐条石砌筑的台明，其东侧与玉皇殿殿基相连，西侧高出奶奶殿台明一阶，台基上立石柱；两山及后檐立柱皆封砌于檐墙内，墙脚不砌台明。当心砌有垂带踏垛五步。该殿面阔三间，台基上前后施立柱三行四列，计12根，皆石灰岩质地，断面为矩形，其后檐柱和山柱封在檐墙内。廊柱柱身光洁平整，四角混棱起线，柱脚伸入台明地面之下，由石基础承重，柱头阑额、普拍枋断面呈"T"形结构。柱身收分、侧脚明显，四根廊柱立面均镌刻有"金明昌五年"捐柱题款。前檐檐柱之间原砌有前檐墙，将柱身半封墙内，因而柱身两侧及其向殿内方向的一面，立面近于荒料，向前一面素洁平整，柱头也施用阑额、普拍枋各一道，其上承斗栱结构梁栿。另外，在殿内四椽栿腹部、沿后檐下平槫轴线位置立有木质圆形辅柱共两根，柱脚没入地面之下，柱头上通过替木支顶四椽栿，此柱疑为历史上重修时增设。

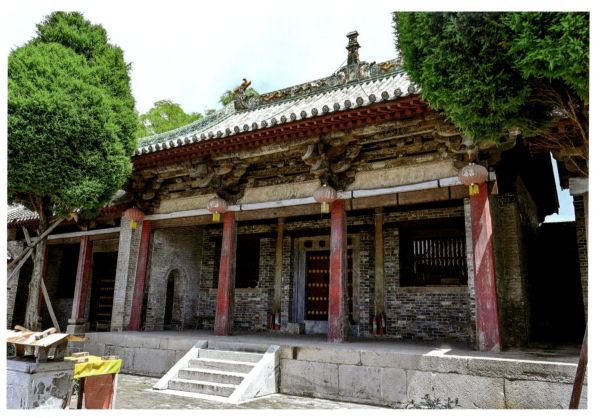

06　天齐殿正面

前檐当心间设板门，两次间置槛窗，门、窗两侧砌筑檐墙将平柱与山柱封砌墙内，仅平柱的立面露明，墙头砌至柱头阑额底面。

东岳殿铺作按其所在位置分为前檐檐下、金柱之上与后檐柱头三类。前檐柱头铺作为斗栱五铺作，单杪单下昂式耍头，里转双杪偷心造。栌斗内泥道栱与华栱十字相交，泥道栱上置散斗承素枋共三层，其中第一、二层前后两面分别隐刻出泥道慢栱和瓜子栱；华栱前端斜抹、里转为一跳华栱，前向一端上置平面为圭形的交互斗，斗内瓜子栱与下昂十字相交（昂身自带华头子）。瓜子栱两端抹斜，其上以斜散斗承瓜子慢栱与罗汉枋一道；下昂足材造，昂尾制成里转二跳华栱，通过散斗扶托乳栿，昂嘴琴面式，上置交互斗，斗内令栱与乳栿梁制成的昂形耍头十字相交，令栱上通过斜散斗承短替、扶托撩檐槫。

天齐殿进深六椽，殿内四椽栿搭压前廊乳栿梁，通檐用三柱，乳栿梁断面为矩形，前端与前檐柱

07　天齐殿脊饰（脊刹以东）

08　天齐殿屋顶脊刹

头铺作结构叠伏在下昂上，出头做成昂形耍头、后尾与金柱头铺作结构，并由此向殿内延伸制成楷头扶托在四椽栿底面。四椽栿系自然弯材制成，未做刻意修整，后端叠伏在后檐铺作耍头之上，抵于撩檐槫内侧不出头。梁栿背部在上平槫轴线位置各立蜀柱一根，柱脚施合楷，柱头置栌斗，斗内实拍栱与平梁端部十字结构，其上叠承替木扶上平槫；在后檐下平槫轴线位置于四椽栿背部设驼峰承栌斗，斗内实拍栱与劄牵梁结构，实拍栱上叠承替木扶下平槫；劄牵梁断面为矩形，沿进深方向分别于支承上、下平槫的蜀柱联构；平梁上立侏儒柱，柱脚施方形合楷，柱头上施栌斗，通过斗内实拍栱、替木承脊槫，两侧戗叉手，叉手上端与脊槫底面，下脚与平梁形成近42度角。

该殿前檐明、次间柱头铺作之间、普拍枋与第一层素枋的空隙共绘制栱眼壁画三幅。东西次间以粉色为地，朱线绘制龟背锦纹；居中的枋心用青、绿、红三色绘制展翅祥云、回首望月的凤凰各一只；当心间粉地上朱线勾勒缠枝牡丹纹，枋心内绘四爪行龙，似为清代所绘。

09 天齐殿前檐廊部梁架　　　　　　　10 天齐殿室内梁架

11 天齐殿前檐金部栱眼部位壁画

12 天齐殿前檐栱眼壁画

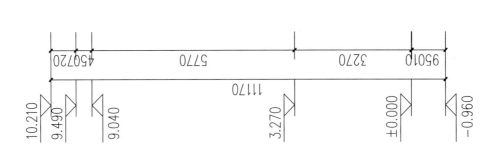

13 天齐殿正立面图资料

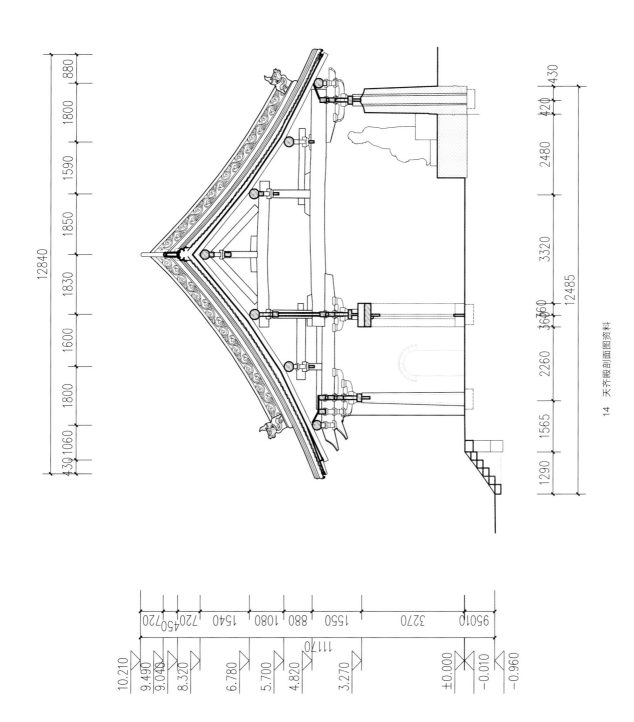

14 天齐殿剖面图资料

（三）玉皇殿

玉皇殿位于天齐殿的东侧，为明代建筑，面阔三间，进深七椽，前檐插廊悬山顶，前檐廊自有屋顶，正立面呈重檐瓦面的风格。玉皇殿的前檐石砌台基与天齐殿合为一体，砌筑方法也极为相似，因此推测玉皇殿应与天齐殿的修建时间相差不远，现存主体构架为明末清初风格。前檐柱础石、石柱和三步梁一道为元代建筑构件。玉皇殿前抱厦檐柱头使用大通额，用以承载上部梁架荷重，前檐施八棱抹角砂石柱，下设覆盆柱础，当心间辟板门，两次间为直棂窗，为晋城地区元代建筑典型做法。

玉皇殿由前檐台明向后返进三个步架的位置砌筑檐墙，与两山及后檐承重型墙体四面围合，将该殿分隔成前廊、后室两个空间。殿内进深较前廊仅多出一个步架的尺度，故由廊柱和前、后檐墙构成的下架承重框架形如"分心造"。支撑上层斗栱的前檐柱脚落在下层三步梁背，而廊部与殿内由下而上每缝共六道梁枋的前（后）端皆贯穿前檐墙内，由墙体承重。前檐下层屋檐仅施檐椽一坡，承椽之金檩通过垫墩跨置在各间三步梁顶面，其椽尾与上层小额枋内侧面取齐。

15　玉皇殿

前檐廊下立石柱四根，廊柱黄砂岩质地，截面为矩形，四角混棱起线，石柱有收分、无侧角。柱头之间联络规格偏小的额枋，柱头之上横置截面近方形的檐额；柱脚础石石灰岩质，由覆盆与素平方形础盘合体制成。檐额上布列柱头科斗栱四攒，平身科斗栱三攒。斗栱三踩单昂蚂蚱形耍头，昂头里转实拍栱；耍头里转做楷头木扶承在梁腹，耍头顶面叠伏三步梁。三步梁尾贯穿前檐墙内叠压在门窗的过木上，梁背随形就势置垫墩，垫墩再向殿内方向延伸尺许制成角背，垫墩背面以短替承金檩。

前檐柱断面为方形，四角抹棱，柱头施额枋、平板枋纵向结构，二者截面呈"T"形。殿内五架梁后端平置后檐墙头，前后梁背分别施金瓜柱层叠四架梁、三架梁，三架梁中段竖脊瓜柱，柱头之上置大斗，斗内丁华抹颏栱与单材栱十字相交，单材栱上叠承替木托脊檩，檩之两侧斜捧叉手，形成屋架。

上层前檐斗栱形制与下层斗栱相似，其形制为三踩单昂蚂蚱形耍头；坐斗内头昂与正心瓜栱十字相交，昂嘴虽为琴面式，但中央起肋极高，前端纤细；该殿上层前檐仅在明间施平身科斗栱一攒，两次间在平板枋与正心枋之间立设小柱，柱头施十八斗一枚支撑正心枋。当心间辟板门，两次间设条棂窗。

16　玉皇殿侧面（山尖部位）

17　玉皇殿脊饰

（四）关帝殿

关帝殿位于玉皇殿东侧，与玉皇殿山墙合用。前檐石砌台基高 0.89 米，设垂带踏垛四步。殿身面阔两间，进深七架，前出廊式，单檐硬山顶。在前檐上金檩轴线位置砌筑墙，将殿身分隔成前廊、后室两个空间，前廊所立石柱与柱头梁、枋制作较规整，殿内梁枋则多用自然的弯材构成。

殿内五架梁前后端分别贯构前、后檐墙内；前檐台明上立石质廊柱一根，柱头施用额枋、平板枋各一道，其两端与山墙结构。廊柱断面为方形，有收分，柱头双步梁下另伸出替木扶梁，梁之前端平置在平板枋上；梁尾穿构前檐墙内，梁背立设的金瓜柱，金瓜柱上承的单步梁尾部与双步梁一样也贯构在檐墙内，梁之前端与下层双步梁背之间施斜撑戗捧金檩。殿内五架梁自然弯度较大，梁背随弯就势或立瓜柱或施垫墩托三架梁承檩；三架梁中段竖脊瓜柱，柱头上置大斗，斗内丁华栱与单材栱十字相交，单材栱上叠承替木托脊檩，两侧戗叉手。前檐墙上东侧一间辟板门，西侧施条棂槛窗，原制与相邻的玉皇殿相近。

18　关帝殿

（五）山门（戏楼）、掖门、耳楼

主院的南部建有山门（戏楼）、东西掖门、东西耳楼，是清道光二十年（1840）重修后的建筑。这五座双层楼式建筑建于石质台阶之上，将入庙大门、旁门、戏楼及后台有机组合，一字排列，气势不凡。

山门：居中轴线南端，与其上戏楼合体构成，面阔三间，进深五架，单檐悬山顶，二层楼式。下为山门，上为舞台。左右挟掖门各一座，东西耳楼各三间。山门与耳楼之间的夹楼功能有二：其下层是山门两侧的掖门，上层是演出奏乐之室。

19　山门（戏楼）北立面

20　山门（戏楼）脊饰

东西耳楼：倒座式，面阔三间，身内二层，单檐硬山顶。向院内一面的墙上辟设板门。其下层当为储物之用，上层用作演戏之后台。山门（戏楼）、东西耳楼一字排列于庙院南向，墙身整洁，仅在下层辟板门三道，故其前檐立面颇具坚固壮观之感；而向院内一面则多门窗，立设石柱，布列斗栱，风格趋于玲珑，尤其是主楼两侧的夹楼，立面以隔扇兼隔内外；耳楼上层兼作后台。布局与造型有其独特之处，虽为清代建筑，但其成为研究这一地域清代山门、戏楼合体建筑的较好范例，具有一定的文物价值。

21 东耳楼

22 西掖门背立面

23 西耳楼屋顶

24 西掖门屋顶

25 西掖门前檐木雕

26 东掖门正面木雕

（六）东西廊庑

院内两侧建有东西对称廊庑，重修于清道光二十年（1840）。东西廊庑各七间，单檐硬山顶。在前檐廊下立砂岩质地的石柱共六根。柱身断面为方形，四角抹斜，柱脚础石平面为方形。廊柱柱头额枋、平板枋构件规整，素平无饰。前檐墙上辟设板门两道、槛窗五个。西廊庑的南北端建有2间敞棚和1所小屋，分别为山神殿和土地祠，东廊庑的南山围墙上辟有一座垂花门，可以进入旁院。

27　东廊庑

28　东廊庑屋顶局部

（七）古佛堂

位于该庙东偏院的中轴线最北端，面阔三间，悬山式建筑，为清康熙二年（1663）修建，主要供奉佛教神祇。前檐台基高1.1米，居中施垂带踏垛一组，面阔三间，进深七架，前檐廊式，单檐悬山顶。前檐廊下立石柱两根，廊柱断面为方形直柱造，四角斜抹。柱脚施础石，柱头之间联构小额枋，额上承三踩单昂单栱造斗栱，共四攒。

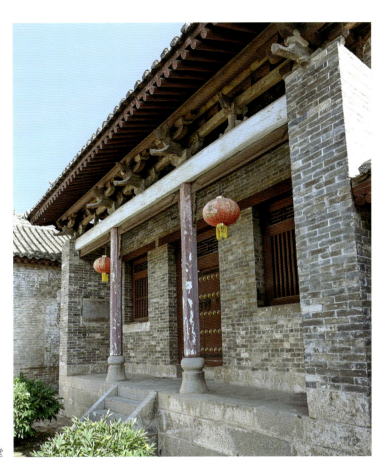

29 东偏院古佛堂

30 东偏院古佛堂屋顶局部

三、价值特色

尹西东岳庙的价值特色体现在三方面。首先，正北并列四座殿宇，其中两座主殿、一座东岳殿、一座玉皇庙殿，这样的奇特样式只存在于民间，虽然有别于他处，但也合乎情理。推测应该是由原来的东岳庙改造而成。玉皇殿虽然和东岳殿平起平坐，并列一起，但工匠们在殿宇形制方面，设计了一个假的重檐顶，算是高于右侧的东岳殿了，而且名称上也改称"玉皇东岳庙"。公布为国保单位以后，重新以主殿东岳殿定名为"尹西东岳庙"。其次，山门和戏楼一排建筑，外侧山门建筑严整而壮观，位居高冈，面临古道，让人远望而生敬畏之情。进院后反观戏楼，则显得玲珑秀美，各种木雕、彩绘等艺术装饰，让人感受到舞台的亲和活泼；舞台宽阔大气，挟殿前廊宽敞、殿内深邃；廊庑、禅室无论是建筑体量还是功能设施更适人居，虽是一座乡间建筑，但里外风格截然不同，独具匠心。再次，东岳庙里祭祀昊天玉帝，兼祀古佛、财神、关帝、送子奶奶诸神，成为一处集多元化宗教信仰兼作集会演戏的公益性场所，体现了乡间宽容的民俗信仰，是研究古代民俗信仰的珍贵实物资料。

另外，尹西东岳庙还有其特殊之处，如在旁院之南辟建的下院，专供来往香客憩息，由此足可窥见往日该处庙会空前的盛况。主院内顺戏楼面阔方向在一层平台上嵌有方形石臼五个，庙会时可将预制的木杆插入石臼内，在木杆与四面建筑墙壁上伸出的铁环之间拉设篷布，在此祭祀、观戏可免受日晒雨淋，体现了旧时公益建筑场所设计的人性化。

综上，尹西东岳庙一定程度上诠释了乡间不同时期关于宗教建筑及信仰文化的理念，展示了这一地域从金代至清时期建筑技术和艺术的发展轨迹及成就。因此，尹西东岳庙具备了文物建筑的主要特性，具有较高的研究与保护价值。

四、文献撷英

尹西东岳庙共有石柱题记四款、碑碣八通，其中一块清康熙十五年（1676）的捐资碑漫漶不清。尹西东岳庙石柱题记内容都是施柱人的姓名和捐施时间，通过题记，可知东岳殿创建于金明昌五年（1194），施柱者为韩琳、陈仲、袁直、韩俊等人。明天启四年（1624）《重修山门记》记载的是南尹寨村众人喜舍资财重修大庙山门、正殿的经过。《补葺玉皇庙碑记》则记载了清嘉庆二十四年（1819），村人共同集资修缮玉皇庙的过程。另外几方碑刻已漫漶难辨。

11

西顿济渎庙

西顿济渎庙 / *XIDUN JIDU MIAO*

一、遗产概况

    济渎庙位于晋城市泽州县东北 20 余公里的高都镇西顿村东。顿村现分为东西二村,北依三峻岭,南邻源泽河,东为长晋二级路,西为太洛古道,交通十分便利。

    古人把有独立源头,并能入海的河流称为"渎"。唐代以大淮为东渎,大江为南渎,大河为西渎,大济为北渎。"济"指的就是济水,发源于河南省济源市王屋山上的太乙池,三隐三现,百折入海,神秘莫测。正是济水这种贯黄河而自清、历曲折而入海的独特流向,以及不达于海誓不罢休的顽强精神,使得它与黄河、长江、淮河等量齐观,并称"四渎"。

    自秦汉起,朝廷每年派遣重要官员以太牢之礼定期致祭。唐宋时期,但凡国之大事,如战争、政权更迭、祈雨,甚至皇室成员的生死都要向济水神、北海神祭告,民间的祭祀活动更是频繁,一直延续到清代,祭祀未断,庙貌不衰。

    "泽州之境距济不及百里,故其民皆得往而祀之,里人……神,神之听之,昭答如响","且济者,济也。穷与达,其必济;阽与安,其必济;广里往来,苦岸迷津,其必济。若是则神功浩大,崇祀宜

01　西顿济渎庙航拍

并然必不独在济之左右也"(《重修济渎庙大殿记》)。为免于旅途奔波的劳累以及不小的花费,古泽州境内的高平、陵川、晋城都建有济渎庙,也被称作清源王行宫,其中高平市有两座,一座位于建宁乡建南村西南的翠屏山,规模宏大,山门、过殿、大殿、寝殿一应俱全,各殿之间以廊庑相连,形制古朴,是仅次于济源济渎本庙的一处建筑群,为元代以来的遗存,同为第七批全国重点文物保护单位。另一座位于谷口村,为全神庙,前后二进院。中轴线处建有正殿三楹,中殿三楹,前院祭祀孔子,后院祭祀济渎大神。左右两侧建有高禖祠、五瘟祠、牛王庙、马王殿、药王殿、地藏殿、眼光奶奶殿、华佗殿、关公祠以及春秋楼。林林总总,排列整齐,规模甚为壮观。陵川县济渎庙规模较小,一座位于礼义镇平川村南吉祥寺东南,为三开间单檐悬山顶小殿。另一座位于附城镇东瑶泉村,规模也不大。

宋宣和四年(1122)高都镇西顿村的村民决定在本村村东效仿孟州济源,于河旁修建清源王行宫,绝水患保平安。不料开工不久,"天朝革命,军旅不息,徭役繁仍,其功中止"。半个世纪后的大定年间(1161—1189),"四边罢警,万国献琛,兵革不兴,寇盗屏息,岁大丰,民多暇",于是"富者输财,贫者献力,岁修月营,迄大定二十八年(1188)春方告讫役"。一座庙宇,历时六十六年,三代人共同完成,也是一段传奇。

西顿济渎庙位于泽州县高都镇西顿村东,修建于宋金交替之时,庙内存金大定二十八年及清乾隆四十三年(1778)重修碑,坐北朝南,一进院落,院落较为宽阔。主要建筑有:山门兼倒座戏台,山门两侧的配楼;正殿及两侧的耳殿;院内东西厢房若干。该庙的修建,不仅反映了人类对自然崇拜的延续,而且对研究当地宋金时期社会变迁有一定的意义。2008年11月13日被古建爱好者张建军发现,2010年被列为第三次全国文物普查百大新发现之一,2013年3月5日被国务院公布为第七批全国重点文物保护单位,2017年5月由国家出资对济渎庙进行了全面维修。

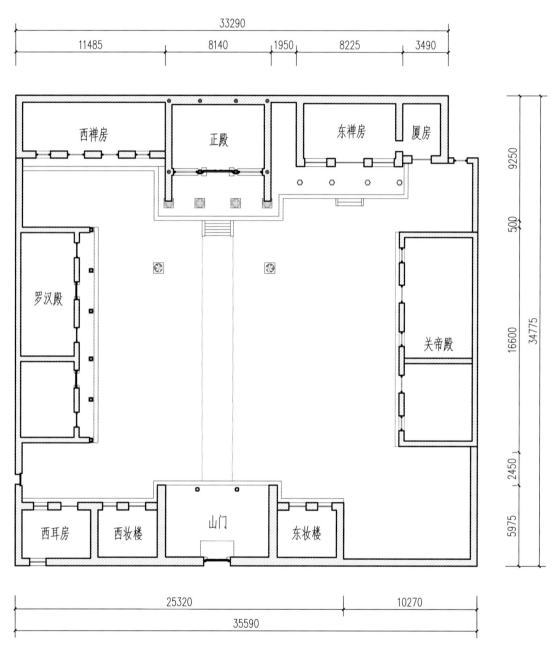

03 西顿济渎庙总平面图资料

二、建筑特点

据檐柱题记及碑文记载，济渎庙始建于北宋宣和四年（1122），金大定二十八年（1188）、元至正十六年（1356）、清乾隆四十三年（1778）均有重修。现存正殿为宋金遗构。庙院坐北朝南，一进院落布局，占地面积 1294 平方米。沿轴线由南向北有戏台及两侧耳楼与西角房、东西厢房，正殿及左右耳殿，西耳殿、东西厢房均为 20 世纪 60 年代新建，东西耳楼、西角房已改建。正殿砖砌台明，面阔三间，进深六椽，前檐辟廊，单檐悬山顶，屋顶灰筒瓦覆盖，前檐廊柱为青石质八角柱，柱身有收分，柱头斗栱四铺作，出单昂，覆盆式莲花柱础。济渎庙的正殿原为三间歇山顶建筑，新中国成立后作学校时改为硬山顶，学校搬迁后逐渐被废弃，庙宇的历史遂湮没无闻。2010 年济渎庙被列为第三次全国文物普查百大新发现之一。

济渎庙正殿坐落于高一米的台基之上，台基正中设五级踏垛一道，正殿现存为单檐硬山顶，面阔三间，进深六椽，廊前四根抹八棱石柱，石柱下用方形覆莲柱础，莲瓣肥厚，尽显宋金风格。柱础于石柱之间加锥形柱𬱟一层。石柱正面上部均有题记，中间两根石柱题记是晋东南地区唯一的篆书题记，东西两侧石柱题记为楷书，内容为宣和四年顿村西社信士出资镌造运输石柱，是大殿建造年代的判定依据，弥足珍贵。柱间施阑额，阑额上施普拍枋，普拍枋两侧出头阑额不出头。柱头斗栱单下昂四铺作，方形栌斗，前出下昂，昂下刻箭镞式双瓣华头子，乳栿头过柱头作耍头，昂与耍头形制相同，昂嘴

五边形，昂头尖长纤细。泥道栱之上设柱头枋两层，枋间加散斗支撑，第一层柱头枋上隐刻慢栱。令栱看面抹斜，上设菱形散斗承通替木托撩檐槫。当心间设补间铺作一朵，单昂四铺作，大斗为讹角栌斗，除正中出下昂和耍头外，两侧各出45度斜栱斜耍头，昂与耍头形制亦相同。转角铺作被后人锯掉，仅剩正面柱头部分。斗栱里跳出蝉肚形楮头承前乳栿，乳栿正中设云形合楷，圆形蜀柱，上设大斗托劄牵一道，劄牵上托替木、枋木承下平槫。蜀柱间加襻间枋相连接，劄牵后尾直插内柱头上蜀柱。前廊里侧设金柱两根，柱间设板门一道，门额未使用门簪，门枕为方形抹角青石质。殿内梁架，四椽栿压于前后柱上斗栱里跳蝉肚形楮头上，上设圆柱形蜀柱两根，柱头设大斗上承平梁、替木、枋木、平槫，柱间加襻间枋相连接。蜀柱中部直接承接前后劄牵后尾。平梁中段竖蜀柱，柱脚施双向斜抹合楷稳固，柱头置栌斗，斗内丁华抹颏栱、襻间枋相交，以散斗隔承捧节令栱、随槫枋。丁华抹颏栱两侧施叉手，下端直接插于平梁之上，上端顶在散斗底皮。原有山面部分梁架几乎全部被毁，砖墙直接修到槫下，承接山面重量。后檐斗栱也毁坏殆尽，全部由砖墙包砌。屋面仅剩前后坡，施灰筒瓦，龙形脊饰，皆为后世更换之物。结合碑记及梁架、斗栱做法分析，济渎庙正殿石柱为宋代施造，梁架为金代遗存，柱头、补间铺作为元至正十六年（1356）重修遗留。

05　济渎庙正殿

正殿东侧为面阔三间的关帝殿，创建年代不详，现存为清代建筑。单檐悬山顶，进深四椽，前出廊，廊下用四根砂岩圆柱，柱础为杌凳石鼓组合式。柱间设额枋、平板枋，均出头。斗栱单昂柱头科，云形耍头。殿内五架梁上架三架梁，梁间以瓜柱相支撑，瓜柱间连以随檩枋。三架梁中设脊瓜柱，柱

06　正殿山尖部位博风构件

07　正殿室内梁架

08　正殿梁架（廊部）

09　正殿前檐补间斗栱正面

10　正殿前檐柱头斗栱正面

头置大斗，斗内丁华抹颏栱、襻间枋相交，承单栱、随檩枋。丁华抹颏栱两侧施叉手，下端直接插于三架梁之上，上端直托脊檩。

关帝殿在东为单开间角殿一座，硬山顶，前墙正中开门一道。三座大殿依次后推，后墙齐平。正殿西侧为单檐四开间硬山顶建筑，开两门两窗，东墙直抵正殿西墙根，后世建造痕迹明显。院内东西对称各有五间厢房，单檐悬山顶，进深四椽，均开两门三窗，东廊房无前廊，西厢房设廊。

11　关帝殿

12　厦房正立面

13　西禅房

14　西厢房

15　东廊房

正殿正前方为山门式戏台，面阔三间。山门两侧各有二层两间配楼一座。西南另有单檐硬山顶两间角房一座。

正殿后原本另有院落一进，设寝殿一座，惜早年被毁，现开垦为耕地，仅余部分石柱，从石柱残留部分来看，建筑规模远超正殿，很可能是五开间，柱子为八棱石柱，表面刻花卉卷草纹，典型的金代样式。

16　戏楼正面

17　戏楼脊饰

18　西妆楼脊饰

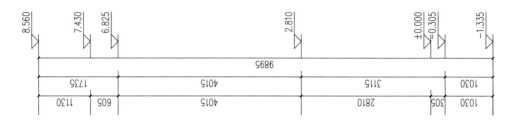

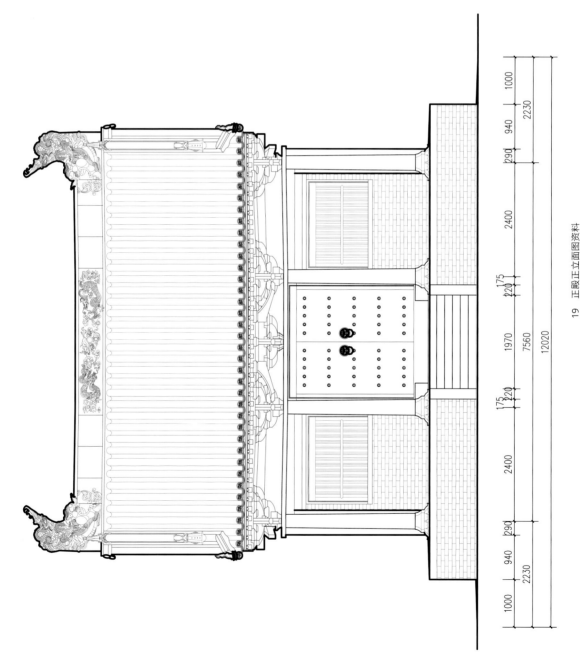

19　正殿正立面图资料

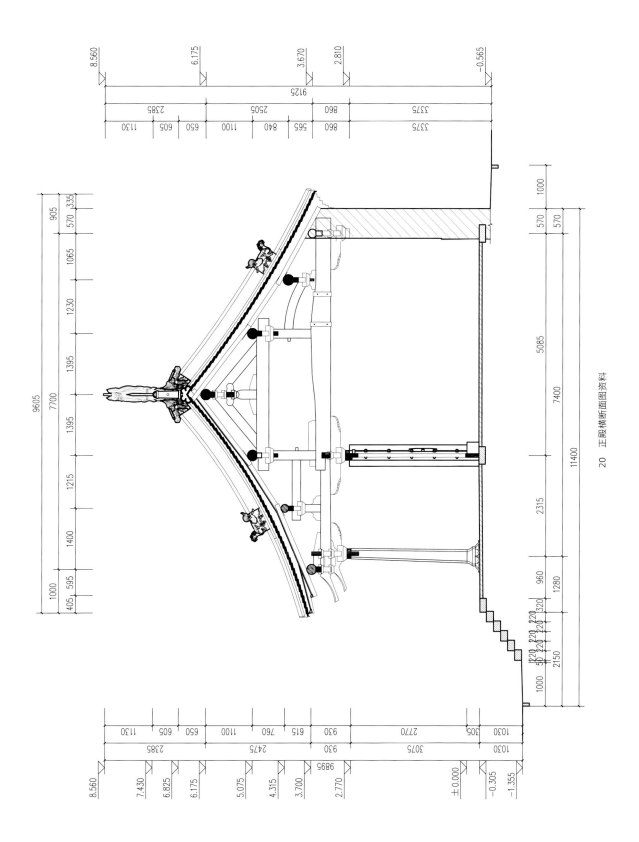

20 正殿横断面图资料

三、价值特色

现存济渎庙的石柱正面上部均有题记，中间两根题记为篆书，是晋东南地区目前的唯一发现，东西两侧为楷书，内容为宣和四年顿村西社出资镌造运输石柱信士，是大殿建造年代的身份证明。

四、文献撷英

宋代石柱题记共四条，记录宋宣和四年（1122）顿村西社信士捐施石柱过程，其中两条篆书题记罕见。

元代题记：至正十六年六月

新修济渎庙碑记

夫出云气为风雨、救水旱弭灾眚，此山川之神所以福人民也。庙宇严……矣。昔日大禹治洪水之后礼大川而为之神而独尊于四渎，其他洪流巨浸……独也，以其不因他水独能赴海也。其源发于太行之阳，东过于温南，入于河……于海，信乎独能赴海也。而又有人河溢荥之异，则济之列于四渎也为不诬□。……封为王，其礼可谓崇矣。泽州之境距济不及百里，故其民皆得往而祀之，里人……神，神之听之，昭答如响。宣和四年，焦诚特舍其地，邑众鸠材□功，营而庙之，其……本朝革命，军旅不息，徭役繁仍，其功中止。逮圣上嗣位之□载也，四边罢警，万国献琛，兵革不兴，寇盗屏息，岁大丰，民多暇，……阳和调；年谷无疵疠之灾，人民绝疾疫之苦，受神之赐可谓深矣，而庙尚未完，纵神无求于我等，我等不愧于神乎？于是富者输材，贫者献力，岁修月营，迄大定二十八年春方告讫役，为屋凡百……飞而翼翼，青埤临流而玉削，碧瓦照日以鳞若；廊殿旁□，门□外敞，往来观者无不……图终□后□，是庙之兴也，庸可□乎，……有一日之雅，……来叩吾门以记见□义……

碑阴

元初舍地修庙维那焦诚于口庄园内选卜神地二亩余，东楞南北长二十九步，西楞长二十六步零三尺，南阔一十六步零四尺，北阔一十六步零二尺。次道南河下护神地，通次西张在施到王家巷正冲道南地南边东西共长一十五步，计约半亩。东北西至道，南至河水。倡始修庙维那焦义、张琮、王莒各出已分之资，诣孟州济源县仰请明神格于斯所而立庙焉。时大定二十八年秋立石。

今修砌庙宇维那姓名予后。

管勾修砌庙宇成圆行修砌庙宇纠司王济。

总纠修砌庙宇都维那焦子昇。

川底佛堂 / CHUANDI FOTANG

一、遗产概况

川底佛堂，又名云泉古刹，位于泽州县川底乡川底村文明街 62 号。现存一进院落，正殿为主要建筑，创建时间不详，曾于元至顺三年（1332）重修，为金元风格古建筑。在晋城市众多国保建筑中，川底佛堂体量虽然相对较小，但建筑价值却很高，因此有"袖珍明珠"的美称。

川底佛堂院内现存两方小型碑碣，历代维修信息较少。一块镶嵌在正殿西山墙内，为元至顺三年《重修佛殿记》，记述元代重修佛堂的经过。碑云"惟兹旧邑，爰有神居庙口，犹存基址未完"，可知在元朝之前此庙宇便已存在。当时，佛堂已是礼佛祈福之所，寄托着乡民"风调雨顺，民俗阜康，国家获保佑之祥，邑里兴贞廉之行，病疾不降"的愿望。一块镶嵌在西厢房墙内，为清康熙四十年（1701）《重修古刹佛堂补塑金妆碑记》，记载补塑金妆圣像捐款事宜。据碑刻记载，清康熙二十八年（1689）于佛堂"年久风雨损坏"，在社首王伟、段奉玉、赵文魁等人倡导下进行了一次维修，至此焕然一新。康熙四十年，仍由社首王伟等人"补塑金妆圣像一堂"。这两方碑刻面积都不大，文笔字迹也较差，结合佛堂狭小的体量，推测川底佛堂在古时影响力可能并不大，主要为川底村少数居民的礼佛之所。

据村中老者讲述，民国时期的川底佛堂香火还算兴旺。20 世纪 50 年代后在破除迷信运动中，佛堂内的塑像被拆除，庭院也成为村里第一、第二生产队的记工房。后来，村里在大殿里安装磨面机，用作粮食加工厂。再后来，院中房屋成了居民私产，住有两户人家。2009 年在第三次全国文物普查中，川底佛堂被发现。2013 年 3 月 5 日被国务院公布为第七批全国重点文物保护单位。2016 年落架大修，至此川底佛堂重新焕发容光。

01　川底佛堂航拍

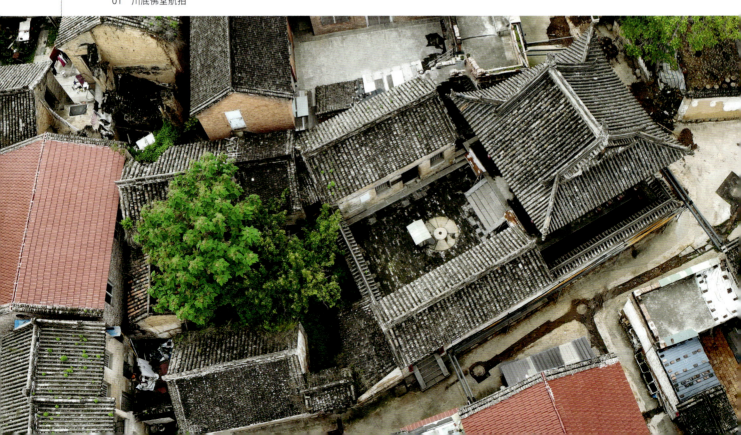

二、建筑特点

　　川底佛堂整体为一进院落，坐北朝南，东西对称，占地面积约 230 平方米。现存建筑主要有正殿、东厢房、西厢房和山门，其中正殿古建价值最高。

　　佛堂正殿坐落在约 1 米高的砖砌台基上，整体平面呈正方形，面阔三间，进深四椽，单檐歇山顶，屋顶覆盖灰筒瓦。屋脊两端镶嵌硕大的鸱吻，非常壮观。当心间较为宽敞，设板门，次间设直棂窗。板门上共镶有五行十列门钉，门额上方共四朵门簪，刻成灯笼花样式。抬头仰望，屋檐下五朵斗栱映入眼帘，古意盎然。佛堂檐柱均为砂石方形抹角柱，因年久日深，维修时使用砖墙进行包裹固定。

　　从院外看佛堂大殿，其硕大的歇山顶出檐深远，引人注目。佛堂正殿总体被认定为元代建筑，保留有部分金代遗构。

　　正殿前方两侧设厢房，东西对称，清代民居样式，三开间，硬山顶，相对普通。院正中铺有八块砂岩拼成的碟状物，疑是废弃的磨盘。佛堂山门开在院子东南角，采用普通宅门样式，其装饰风格非常古朴，保留有金元时期的花纹。门额上端镶嵌四朵门簪，中间两朵为圆形，两边两朵为方形，有天圆地方之意。走马板上题刻文字用作门匾，字迹略显模糊，为"云泉古刹"四字。

02　川底佛堂院内全景（由南向北）

03　川底佛堂正殿脊饰

04　川底佛堂正殿室内地面

05　川底佛堂正殿室内梁架

06　川底佛堂正殿室内梁架

07　川底佛堂正殿室内梁架

08 川底佛堂正殿后檐斗栱

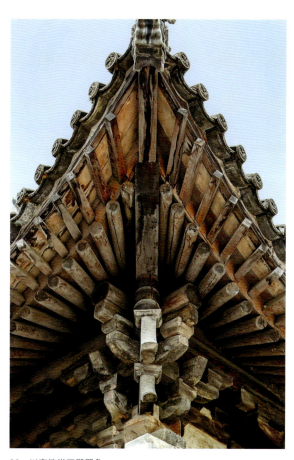

09 川底佛堂正殿翼角

10 川底佛堂正殿柱头斗栱栱眼部位壁画

11 川底佛堂正殿柱头斗栱栱眼部位壁画

12 川底佛堂正殿柱头斗栱栱眼部位壁画

13 川底佛堂正殿柱头斗栱栱眼部位壁画

泽

州

卷

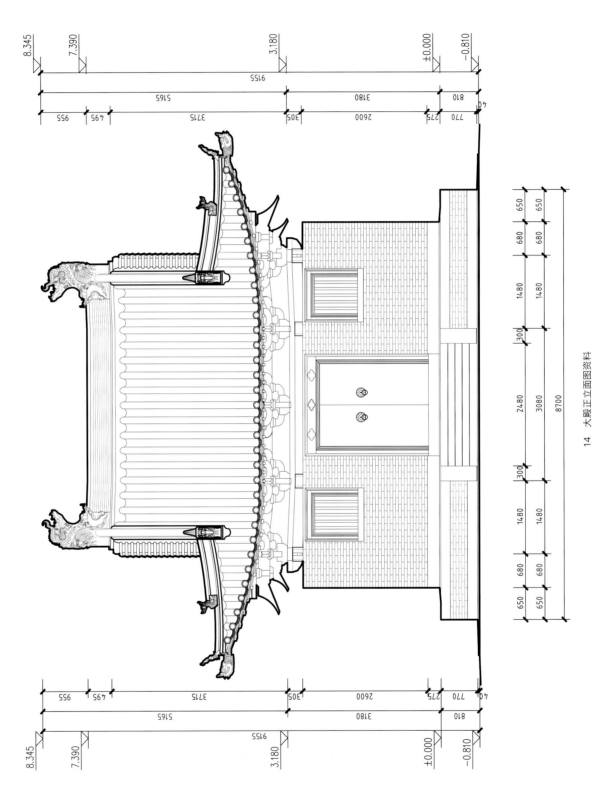

8.345
7.390
3.180
±0.000
−0.810

9155
5165
3180
810
40
955 495
3715
305
2600
275 770

650
650
680
680
1480
1480
300
2480
3080
8700
300
1480
1480
680
680
650
650

8.345
7.390
3.180
±0.000
−0.810

9155
5165
3180
810
40
955 495
3715
305
2600
275 770

14 大殿正立面图资料

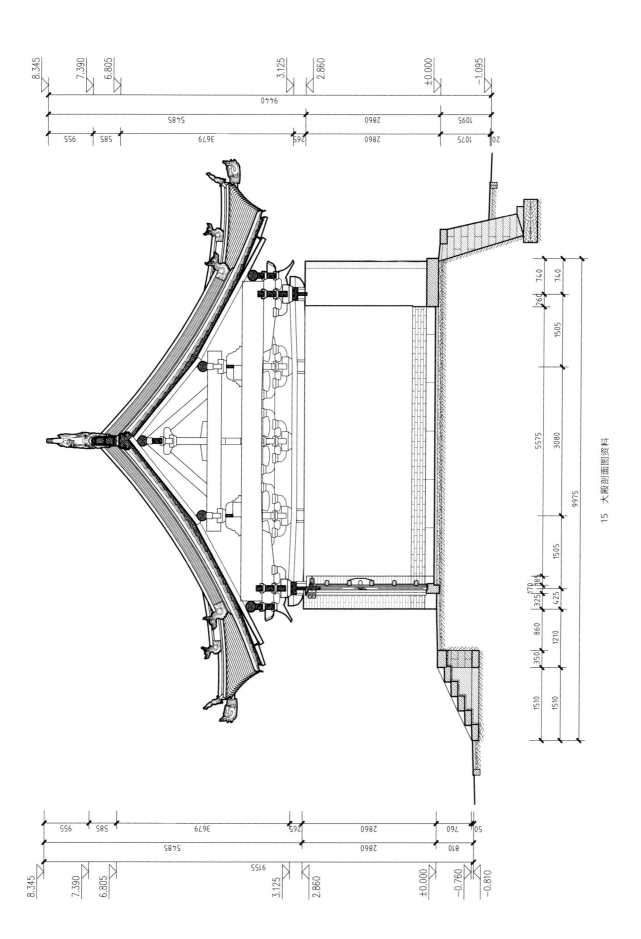

15 大殿剖面图资料

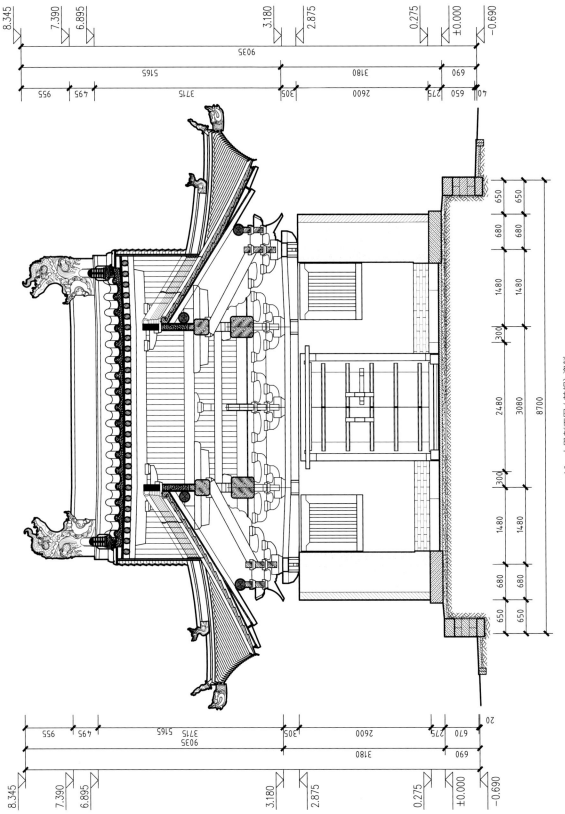

16 大殿剖面图（前视）资料

8.345　7.390　6.895　　　3.180　2.875　　0.275　±0.000　−0.690

955　495　3715　305　2600　275　650

9035　5165　3180　690

650　650
680　680
1480　1480
300
2480　3080　8700
300
1480　1480
680　680
650　650

8.345　7.390　6.895　　　3.180　2.875　　0.275　±0.000　−0.690

955　495　3715　305　2600　275　670

9035　5165　3715　3180　690

20

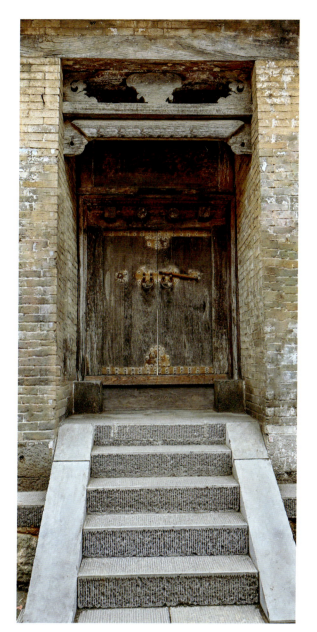

18　川底佛堂大门门头匾额

19　川底佛堂东厢房

17　川底佛堂大门正立面

20　川底佛堂西厢房室内承重构件

21　川底佛堂东厢房屋顶局部

三、价值特色

川底佛堂体量较小，文物价值集中体现在正殿木构上，是学习金元风格建筑的绝佳教材。其建筑细节值得仔细揣摩：正殿整体上"身板小，帽子大"，屋顶出檐和出际较远，体现出明显的北方金元时期建筑风格。正殿共用柱 12 根，角柱的侧脚和生起明显。檐柱均为砂石方形抹角柱，被包于砖墙之内，侧角明显。柱头施普拍枋，柱间施阑额，枋额皆出头。普拍枋上施斗栱，共五朵，两转角斗栱，两柱头斗栱，当心间设补间斗栱一朵。斗栱为四铺作出单昂，昂下设双瓣假华头子。梁架采用四椽栿通达前后檐柱。四椽栿上设两个驼峰，驼峰上置平梁，平梁中立蜀柱。蜀柱下有楂头，两侧饿叉手。蜀柱上施丁华抹颏栱顶脊槫。

四、文献撷英

川底佛堂现存碑刻两块：一块为元至顺三年（1332）《重修佛殿记》；一块为清康熙四十年（1701）《重修古刹佛堂补塑金妆碑记》。是研究佛堂历史和文化的重要资料。

重修佛殿记

沙城门人卫师圣撰。窃以浮屠居世祖之先，独称持载，人意立庄严之祀，可致安康太哉。释教发育群生，渺然不遗一物。惟兹旧邑，爰有神居庙□，犹存基址未完。有乡豪信士，纠众社谪议，各备己财，乐事劝功。意者庙成之后，风调雨顺，民俗阜康，国家获保佑之祥，邑里兴贞廉之行，病疾不降，实赖神庥。众曰："宜为记耳。"

至顺三年仲夏吉日记。

重修古刹佛堂补塑金妆碑记

盖闻：王宫降迹，舍荣位而雪岭修因，盘石灰心，容雀巢音雏出谷。所谓年久风雨损坏，兹因康熙二十八年社首王伟、段奉玉、赵文魁纠领合社人等，众业虔心补坏殿，焕然一新，以过壹拾二载，复起善念，补塑金妆圣像一堂。

姓名开列于后：（捐资姓氏略）总理金妆圣像为首四人，王兴立银三钱九分，王喜银五钱八分，王维森银五钱，段奉仪银五钱。

大清康熙四十年七月初九日立碑。

僧智旺书，玉工梁子石刊。

晋城国保丛览
JINCHENG GUOBAO CONGLAN

史村东岳庙 / *SHI CUN DONGYUE MIAO*

一、遗产概况

史村东岳庙位于晋城市泽州县下村镇史村。史村历史悠久，据碑刻资料记载，史村的历史可追溯到唐代，村中历史文化底蕴丰厚，村北有慈慧庵，南有济渎庙，东有玄帝阁，西有高禖阁、斗母阁，村中有东岳庙。另外还有龙王庙、山神庙、观音堂、石塔（已毁）、砖塔（已毁）等建筑。至今，村中还存有赵家五节楼、高楼院等古民居院落二十多处。

01 史村东岳庙航拍（由南向北）

史村东岳庙坐落在村西，庙宇创建年代不详，据相关碑刻以及正殿梁下题记，可推断庙宇创建时间约在宋代早期。明嘉靖十六年（1537）的《东岳重修彩绘圣像碑记》记载："今有本社维那会首成守祖见得本社庙内一堂圣像，至宋元皇祐二年有祀也。"据此推断庙宇创修早于宋皇祐年间。大庙早在元代有过一次大规模重修，现存后殿属元代建筑风格。明嘉靖十六年，本村善士成守祖喜舍资材，重新精妆了圣像。到了清代，康熙二十九年（1690）会首苗三元等修缮了后院东廊；乾隆五十年（1785）七月，村人对庙宇进行了一次大修；嘉庆十五年（1810），村人在宋永会、苗毓奇、赵崇实等人的率领下，重修了大庙对面的舞楼和东西妆楼、看楼、敞庭等建筑，并对庙宇周围排水系统进行了维修。

抗日战争时期，晋北县政府第三区区公所驻扎在东岳庙内。新中国成立后，东岳庙一直是学校所在地。1977年拆除旧舞楼及东西妆楼。1979年学校撤离古庙。2013年3月5日东岳庙被国务院公布为第七批全国重点文物保护单位，2016年4月至2017年3月，由市县文物局拨款352万元，对本庙进行修缮。

东岳庙坐北朝南，共两进院落，占地面积1163平方米。中轴线上由南至北依次为舞楼（已改为新舞台）、山门、中殿、献台、正殿，轴线两侧为照壁、钟鼓楼、东西看楼、东西偏殿、东西厢房、碑廊、敞楼。现存建筑中山门、钟鼓楼为明代建筑，中殿为清代建筑，后殿为元代遗构，其他看楼、厢房、偏殿等为清代建筑。

02　史村东岳庙西侧影壁正立面　　　　　　　　03　史村东岳庙东侧影壁正立面

二、建筑特点

（一）后殿

殿前设有一座长方形月台，长 7.56 米，宽 4.68 米，高 1.05 米。月台正面不设踏垛，东西两侧靠近大殿台基处各设五阶踏垛。月台前束腰位置装饰有 14 块雕花砂石板，板上雕刻有喜鹊、梅花、竹子和寿字图案。月台上有丁香树两棵，其中一株已有 300 年树龄。开花季节，紫色小花香气浓郁。

后殿祀玉皇，殿宇建筑在一个高 1.2 米的石台明上，在台基两端各设有砂石踏垛七阶。踏垛两侧原有石栏，现已毁。大殿为元代遗构，面阔七间，进深六椽，单檐悬山顶，琉璃筒瓦覆顶，前檐出檐深远，达 2.05 米。四椽栿压后乳栿，前后用三柱。四根檐柱为抹角砂石柱，柱子截面呈正方形，边长达 64 厘米，收分明显（柱上原有题字，后毁而不存）。石柱下方不设柱础，施方形顶柱石。四根檐柱托起粗大的阑额，减掉四根柱子，七间大殿变为三大间。两根角柱生起明显，比中间柱子高出 2 寸有余，使得殿宇更加稳固美观。明清时期修缮大殿，在前檐柱间增加了四根较细的砂石柱，没有收分，不施柱础石。前檐柱头铺作为两跳双下昂五铺作，耍头为蚂蚱形；里转双杪五铺作，偷心造。补间斗栱为单昂四铺作，耍头刻成龙头形。

04　玉皇殿正立面

殿内采用了移柱减柱造,施用两根粗壮的金柱托起硕大的额枋,六根四椽栿的后端搭于其上,使殿内祭祀空间得到扩大。内部四椽栿上施蜀柱、大斗承托三椽栿,上置平梁,平梁上施蜀柱、捧节令栱、丁华抹颏栱、叉手承托脊槫。梁栿多用弯材,只略作斧斫,不做深加工雕刻,粗犷中透着精巧。20世纪80年代维修时,梁栿、斗栱彩绘一新,华丽无比。殿门施四扇六抹格栅门。殿内正中塑玉皇大帝及众臣塑像。

05 玉皇殿后檐廊部梁架

06 玉皇殿梁架

07 玉皇殿后檐额枋雕刻

08 玉皇殿后檐金柱斗栱

09 玉皇殿前檐斗栱

10 玉皇殿前檐补间斗栱

11 玉皇殿后檐金柱柁墩

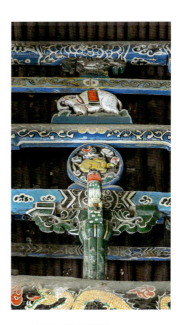

12 玉皇殿后檐金柱柁墩

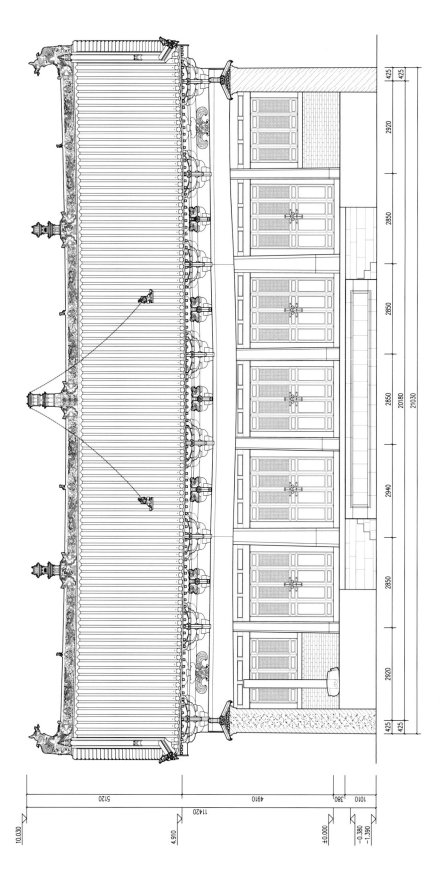

13　玉皇殿正面图立面图资料

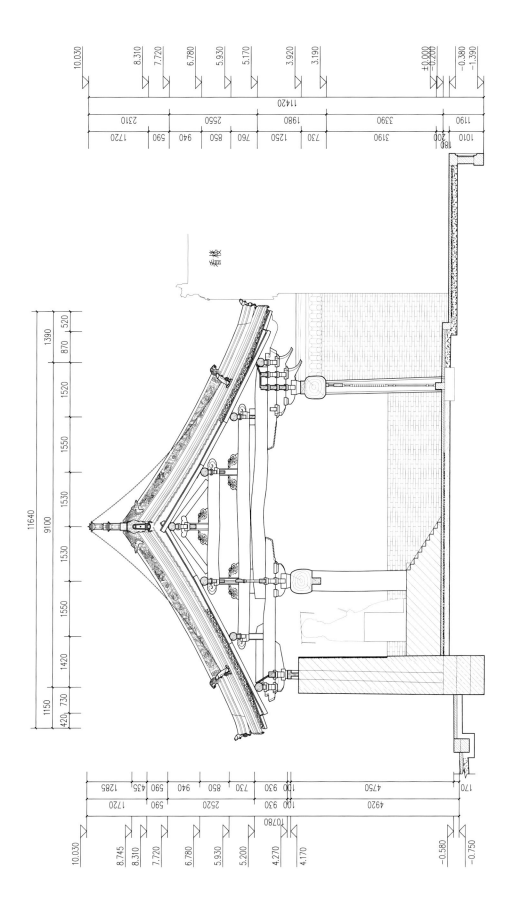

14　玉皇殿横断面图资料

（二）中殿

中殿位于第一进院的正北，殿宇建筑在正方形台明上，台高 0.86 米。早期的中殿已不存，现在中殿为清代建筑，殿宇面阔三间，进深六椽，前后设廊。单檐悬山顶，灰筒瓦覆顶，琉璃剪边。柱头斗栱五踩双翘，耍头为龙形，明、次间通施四扇六抹隔扇门，门枕石上有精美线刻石雕。前后廊柱皆用圆形木柱，下设两层青石柱础，上层为鼓形，下层柱础为几凳形，雕有三只狮子穿行其间。虽略有损坏，但依然活灵活现。殿内四椽栿通前后内柱。前端置于通额之上，后端置于廊柱之上。梁栿上有清代的彩绘，两条金龙上下翻飞，色彩鲜艳。殿后墙辟门，信士在殿内上香后可穿殿而过。中殿前原来有三间卷棚献殿，供敬神祭拜使用，现不存。

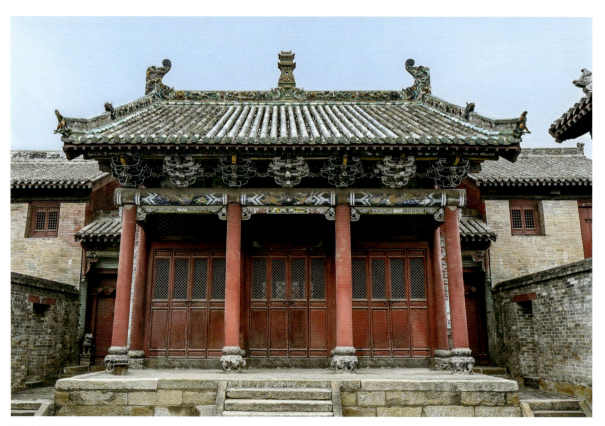

15　中殿正立面

16 中殿背立面

17 中殿梁架

18 中殿梁架彩绘

19 中殿前檐大额枋彩绘

20 中殿前檐斗栱

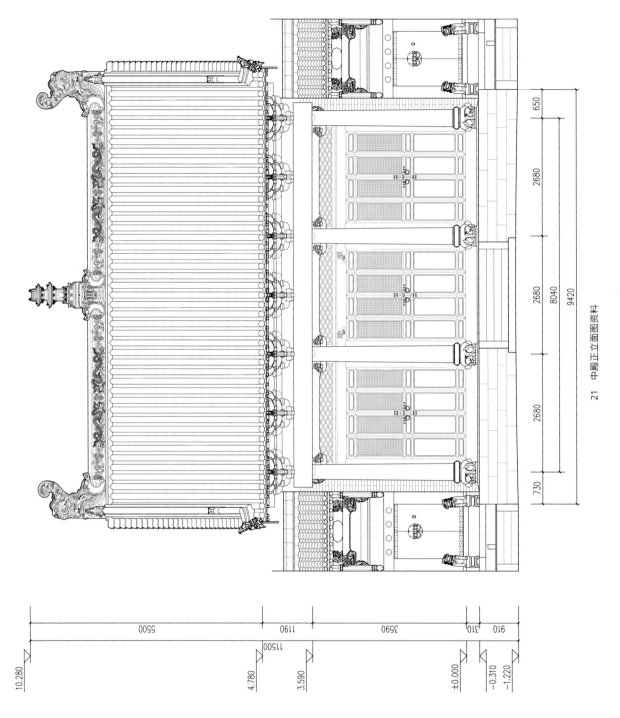

21 中殿正立面图资料

（三）山门、钟鼓楼

山门和钟鼓楼始建于明代，清代有过维修。山门居中，面阔三间，进深四椽。单檐悬山顶，灰筒瓦覆盖屋顶，琉璃剪边。琉璃脊中间装有狮驼宝瓶。四根檐柱托起通额。斗栱为五踩双翘，龙形耍头。额枋下设雀替，两端雕有莲花等纹饰。当心间辟大门，门侧两尊石狮子，石狮子为新制。次间开门较小，门洞为拱券式。三个门额上都镶有四朵雕花门簪。中间门额板上书有三个篆体大字"东岳庙"。山门前侧左右各筑有八字照壁一座。壁心原来镶嵌琉璃造二龙戏珠图案，维修后改为素面壁心。壁心周围以琉璃花边装饰，上方设有四朵仿木质砖雕斗栱，墙头为灰筒瓦、灰脊覆顶。山门中间木质门板甚是特殊，乃小木条拼凑而成，却坚固无比，从建庙到现在依然完好。这样的门板节省了木材，显示出工匠高超的技艺。

22　山门正立面

23　山门后檐斗栱

　　钟鼓楼位于山门左右两侧，现存为明代建筑。一层为砖修墙壁，正南开一小窗。二层为围廊式，四根内柱围成一间小殿，四面施格栅门窗围起。四根外柱托起普拍枋，木枋上设斗栱，斗栱托起四面出檐。内外柱间形成围廊，外柱间有木质围栏。三层为亭台式，四根柱子托起额枋，枋上置斗栱，层层叠起，屋顶为歇山顶。飞檐高挑，气势不凡。钟楼和鼓楼略有不同，钟楼斗栱为两跳双下昂，昂形耍头。鼓楼柱头为双翘，蚂蚱形耍头。

24　钟楼正立面

25　鼓楼正立面

26　钟楼斗栱

27　鼓楼斗栱

28　钟楼翼角

29　鼓楼翼角

泽

州

卷

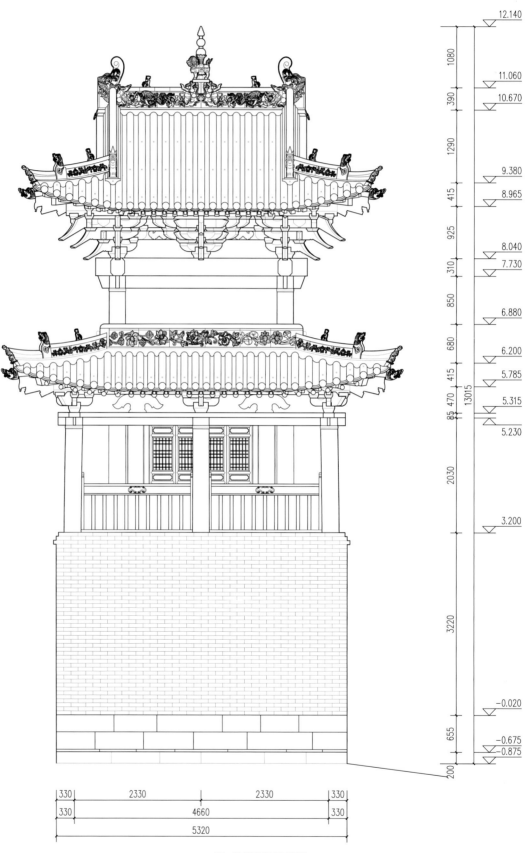

12.140

1080

11.060

390

10.670

1290

9.380

415

8.965

925

8.040

310

7.730

850

6.880

680

6.200

415

5.785

470

5.315

85

5.230

13015

2030

3.200

3220

−0.020

655

−0.675
−0.875

200

330 2330 2330 330

330 4660 330

5320

30 钟楼南立面图资料

庙内除主要建筑外，还有东西
看楼、东西耳楼、东西厢房等建筑。
厢房楼上原有祭祀神灵，现空置。
一层为斋舍及生活用房。

31　西看楼正立面

32　东岳殿东禅楼正立面

33　东掖门正立面

34　西掖门正立面

35　观音阁正立面

36　五虎阁正立面

三、价值特色

首先，在文物价值方面，史村东岳庙最主要的文物价值在于后殿的建筑结构和钟鼓楼建筑。后殿前檐和内部金柱使用了减柱造的建筑工艺，不但在修造大殿时节省了大量木材，也减少了修建的造价，而且使殿内空间扩大，方便祭祀时人员进出，并使参加活动的人数也增加许多。

其次，在民俗价值方面，史村东岳庙是长河流域规模较大的东岳庙，其形制完备，规模宏大，装饰华丽。成为史村，甚至下村、东沟一带人的骄傲。民谣说："河底的庙、峪南的阁，不如史村的好挑角。"言外之意就是这一带最好的古建筑，就是史村东岳庙。因为建筑历史悠久，几百年来，这座大庙成了乡民的祈福之所。每逢庙会，这里都香客云集，摩肩接踵，香烟缭绕，鼓乐声声。

四、文献撷英

史村东岳庙，现存文献资料有古碑三方。最早的一方《东岳重修彩绘圣像碑记》，勒石于明嘉靖十八年（1539）。据碑文记述，本村东岳庙于宋皇祐二年（1050）即有祭祀，但年久香烟侵像，神像颜色故旧，善士成守祖带领村众喜舍资材，重新金妆神像。碑文证明了史村东岳庙在宋代就已存在。

勒石于清康熙二十九年（1690）的《重修后院东廊记》，记载了东岳庙后院东廊被风雨摧颓，村金顶会苗三元带领村众集资、买砖，把东廊修葺一新。

清嘉庆十五年（1810）勒石的《重修舞楼并两廊庭楼又修补龙王山南庭两耳房碑记》，由卫象枢撰文。记载了东岳庙前的舞楼、耳房、东西两廊敞庭等，因历年久远，风雨飘摇，墙崩柱陷。村中龙王山之南庭、东西耳房也有崩裂。社中合议，捐资以改作，将栋梁、墙垣拆毁重修，舞楼三间依故址而扩大，添修东西庭楼两座，上下庙宇一律修饰。

水东崔府君庙 / *SHUIDONG CUIFUJUN MIAO*

一、遗产概况

　　水东崔府君庙位于晋城市东北约 13 公里的泽州县金村镇原水东村北街，与第三批全国重点文物保护单位、彩塑壁画博物馆"府城玉皇庙"和第三批全国重点文物保护单位府城关帝庙同处丹河新城。

　　该庙宇是为纪念唐贞观年间长子县令崔珏设立的。据传崔珏治县开明，能"阳问阴断"，有善平水患、除恶伏虎之功，唐玄宗时敕封崔珏为"灵圣护国侯"，唐武宗加封"感应公"，宋真宗加封"护国西齐王"，故在山西晋东南地区广为肇建府君庙以祭祀。

　　水东崔府君庙始建于元至元三十年（1293）至大德四年（1300），明嘉靖八年（1529）、明万历二十二年（1594）、清乾隆三十一年（1766）、清道光十三年（1833）、清咸丰七年（1857）、清光绪三十四年（1908）多次重修。

　　据建筑现状推测，正殿为元代遗构，拜殿及东西耳殿为明代建筑，其余建筑则属清代。水东崔府君庙建筑布局保存比较完整，现存正殿呈现晋东南地区金元时期的建筑风格，具有重要的历史价值和艺术价值。2013 年 3 月 5 日被国务院公布为第七批全国重点文物保护单位。

01　崔府君庙航拍

二、建筑特点

崔府君庙坐北朝南，庙院南北总长 37.7 米，东西总宽 23.6 米，占地面积 996.5 平方米，建筑总计 11 座，建筑面积 682.9 平方米。

其主体建筑为一进院落。庙院南向戏楼与耳楼共计九间，一字排列；入庙山门两道，位于耳楼下层当心间，即掖门；与掖门相向在街巷的南侧分立砖雕影壁各一堵。进入掖门拾阶而上，凸起平台，平台之北为献殿，与献殿相连处于中轴线最北端的是正殿；平台两侧分立东西看楼各六间，看楼南山墙与倒座式耳楼之间建出厦各一间，内砌台阶，供登戏楼、耳楼之用。正殿两侧再构东西耳殿各三间，耳殿与看楼北山墙之间东西对称各建有三间小殿，是为高禖祠、五瘟祠。

该庙宇所处地形北高南低，建造时巧妙地利用坡状地形，用石灰岩条石增高建筑墙基与台基，形成了院内由南而北层层凸起的平台五层。庙院外壁建筑墙体相连，墙脚增加基石四至五层，形成相对高耸于周围民宅的格局，凸显了宗教建筑的高大神圣。

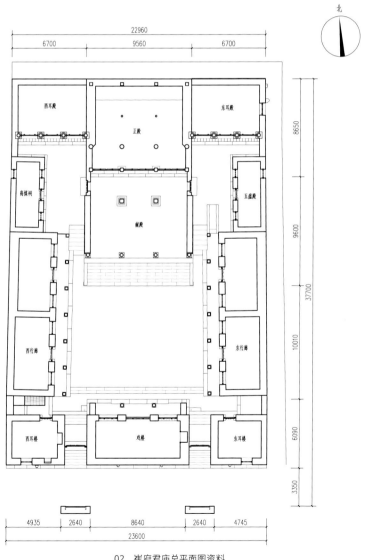

02　崔府君庙总平面图资料

崔府君庙正殿，坐落在庙宇最北且最高的平台上，是一座元代木构厅堂式建筑，面阔三间，进深六椽，单檐悬山顶。东西总宽 9.56 米，南北总深 8.65 米，建筑面积约 82.7 平方米。

正殿建筑特点主要体现在以下三个方面。

其一，前檐石柱有明显收分。正殿通檐用三柱，柱子材质分石、木两种，计 12 根。前檐柱砂岩质地，截面近方形，柱高 2.8 米，四角混棱起线，其中向前一面分成两卷瓣，呈"海棠角"状；由柱脚至柱头收分 7 厘米，合柱高的 2.5%。石柱的收分使得建筑结构更加稳定，同时又显得更为灵巧，给人以舒适的感觉。当心间东侧檐柱柱础上刻有"至元三十年九月 日记"题记，清楚地记录了该建筑确切的建造年代。前檐角柱形制与平柱同。后檐柱材质亦为黄砂岩质地，柱头之上直接承四椽栿后端。前檐金柱和山柱皆为木质圆形的自然弯材制成，山柱隐于墙内；金柱础石素面方形，柱径 37 厘米，柱高 3.21 米，柱头无卷刹。

03 正殿

其二，前檐补间铺作运用特殊挑斡结构。正殿铺作分别位于前檐檐下和金柱头上，总计 9 朵。形制分为柱头、补间、襻间三种。

前檐柱头铺作为五铺作重昂重栱计心造。用材硕大，观瞻赏心悦目。虽然其昂嘴及昂形耍头被人为锯截残缺，但其如断臂的维纳斯，呈现出一种残缺之美。

前檐补间铺作的外转部分除耍头用斜向挑斡（前端制成下昂式耍头）外，其余构件及形制完全与柱头铺作相同。而补间铺作里转构造较为特殊，采用了挑斡结构。由头昂、二昂和挑斡下的靴楔组成华栱三跳，栱头两端斜抹，上承平面为圭形的散斗，托华楔支承挑斡后端。挑斡的侧面与下平蜀柱头之间贯穿襻间枋一道。这种结构与常见同类构造有所不同。其里转逐层出跳的翘头与靴楔将挑斡之下的三角空间全部塞垫严实，使其受力极好地得以下传，既起到了利于铺作平衡、扶承平槫受力的作用，同时挑斡自身也不易发生弓弯、折裂，构件结构合理。金柱柱头襻间铺作，作为四椽栿与乳栿梁后尾上下搭压的重要节点，通过斗栱巧妙地有机组合，很好地承托住由外檐向殿内延伸的乳栿梁尾部，而其梁尾又扶托在四椽栿的底部，从而形成稳定的承接结构。

04　正殿前檐斗栱后尾

05　正殿前檐柱头斗栱侧面

06　正殿前檐栱眼壁画

07　正殿前檐栱眼壁画

其三，梁栿皆为自然弯材。正殿四椽栿前压乳栿梁，通檐用三柱。起主要承重作用的四椽栿无论是用材还是形制皆别于他处。所用梁栿皆为自然弯材去皮打节后即用，不做细加工。建筑工匠巧妙地利用了头高尾低的自然弯材制成四椽栿，其前端与本该平行对接的乳栿梁做上下扣搭式结构，更利于梁架的稳定，体现了该地域元代木构中对自然弯材运用的娴熟技能。

同时，正殿两山及后檐砌墙间隔内外，山墙下端的槛墙用砍磨条砖做淌白丝缝叠涩收分，上加仰砖一层的方式砌就，这种槛墙形制在泽州与上党地区的金、元建筑中常见，属于早期遗存。

08　正殿屋顶吻兽

09　正殿屋顶吻兽

10　正殿东侧立面

11　正殿室内梁架

12　前檐出廊梁架

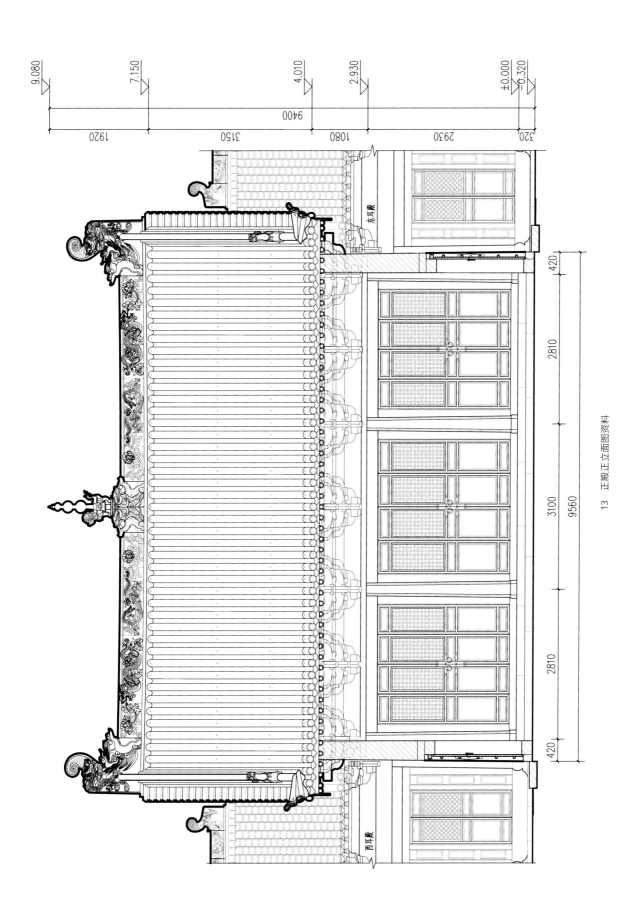

13 正殿正立面图资料

±0.000
−0.320
2.930
4.010
7.150
9.080

320
2930
1080
3150
1920
9400

420
2810
3100
2810
420
9560

东耳殿

西耳殿

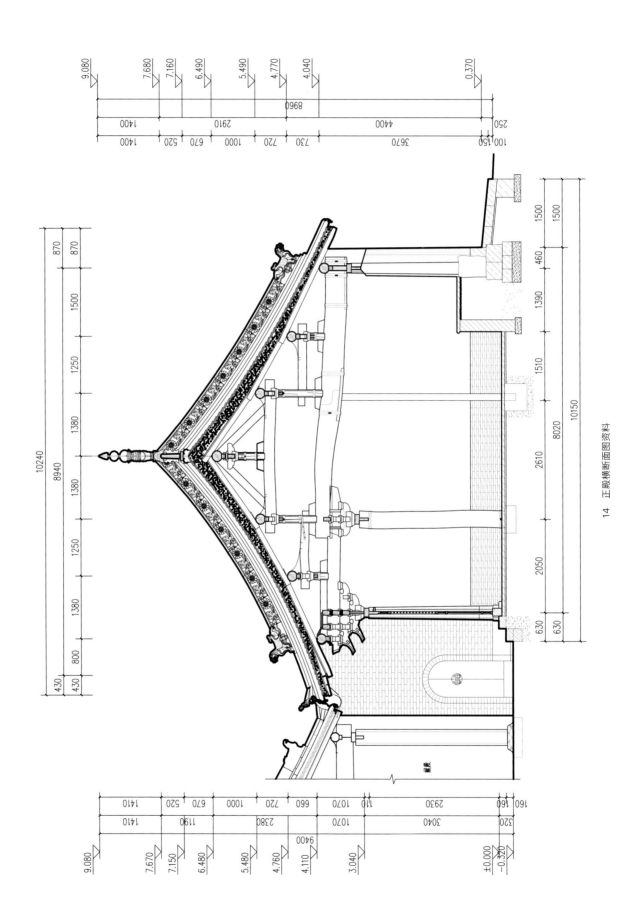

14　正殿横断面图资料

崔府君庙献殿坐北向南，后檐与正殿相连，殿基由地面凸起 1.07 米。面阔三间，进深一间，单檐悬山顶建筑，建筑面积 70 平方米，系明代建筑。

15　拜殿

16　拜殿前檐木构件外侧油饰

东西耳殿分别位于正殿东西两侧，坐北向南。东耳殿前檐柱下础石题刻记载其为明崇祯六年（1633）建。面阔三间，进深一间，通面阔 6.7 米，通进深 5.89 米，建筑面积约 39.5 平方米，单檐悬山顶。前檐施斗栱五攒，其中柱头四攒，明间平身科斗栱一攒。斗栱三踩单下昂，龙首形耍头。前檐柱脚础石为石灰岩质，由下部的覆莲础盘与其上鼓镜石合成；柱身截面呈圆形，头径 20 厘米，底径 26 厘米，收分较大。柱头内外做砍刹，显得更为稳重灵巧。

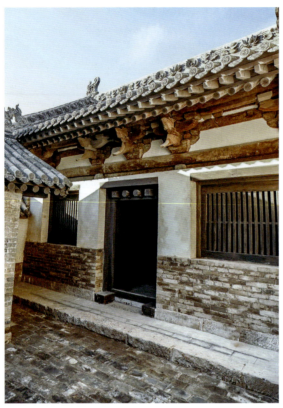

17　西耳殿

18　西耳殿侧立面

19　西耳殿斗栱

戏楼、耳楼和两道掖门皆为倒座式二层建筑。这三座建筑的后檐墙体为一体砌就，掖门与耳楼有机组合，东西总宽23.6米，由街面至檐口总高7.36米，气势宏伟，显示了庙宇的庄重与威严。每年六月初六为崔府君生辰，要在此演戏酬神。

20　东掖门

21　戏楼后檐墙内镶石雕

22　戏楼后檐墙内镶石雕

23　戏楼、妆楼

24　西妆楼山墙与垂脊

25　东妆楼

26　西妆楼

东西看楼为清代建筑，面阔六间，上下两层，前出廊式单檐硬山顶，对称建于前院两侧。通面阔 14.44 米，通进深 5.75 米，总计建筑面积 83.03 平方米。除前檐上下层分别立设木质、石质廊柱外，后檐及两山皆以墙体承重。下层前檐台明高出院面约 10 厘米。后檐墙由庙外街面直接上砌，因庙院基址高出街道，使其后檐墙显得更为高大。其檐檩端部、边椽及其上泥背外侧，东西看楼两山由脊部至檐口，通体使用了砖雕拔檐封闭两山的做法，而没有采用常见的用木博风板封闭，或者于其上抹灰的做法。拔檐共实施五层封砌，其中上两层分别用向外伸出的仰砖刻成仿木砖雕飞子、砖雕圆椽，这种仿木砖雕椽飞的拔檐在泽州境内硬山顶的民宅或寺庙的配殿中常见，属于地方手法。而在廊部悬空的拔檐砌体由挑檐石支撑。挑檐石后尾部伸入墙内，前端向外悬出的部分仅由木质廊柱支顶。这种封闭出廊山面的拔檐做法是工匠在总结实践经验的基础上成功尝试而成的特殊风格。

27　东看楼北侧立面

　　高禖祠与五瘟祠位于庙内最后一层平台上，东西对称建于耳殿与看楼北山墙之间。面阔三间，进深一间。

29　西妆楼

30　西看楼侧面

31　东配房

32　西配殿

三、价值特色

崔府君庙正殿前檐东平柱础石内侧面石刻题记"至元三十年九月 日记"。明万历二十三年（1595）《重修齐圣广祐王庙记》云："聚之中有齐圣广祐王庙一所，创建于元大德四年，重修于明嘉靖八年。"从这两处原始记载可判定该庙宇正殿始建于元至元三十年（1293）至大德四年（1300）。同时该正殿具有金元建筑的明显特征，这是其确定为全国重点文物保护单位的主要原因。

崔府君庙的建筑装饰亦有其自身特色，简洁、朴实，寓意美好。

正殿屋顶为筒板布瓦悬山屋顶，排山铃铛脊。正脊与垂脊皆为手工捏制的莲花脊筒组拼而成，两端大吻为琉璃质地。其中东侧琉璃大吻为明万历二十三年遗物，高1.44米，长1.15米，形体较大。釉面为黄绿两色，花饰与龙纹外凸，呈现出较强的立体感。龙吻立面除了饰有向上腾绕的小龙外，另在吞口脑后有一小型龙首，正调皮地张口吞其发须，形成一尊正吻有五条龙的形制，造型独特，极具异趣。献殿亦为筒板布瓦屋顶，排山玲珰脊，手工捏制莲花脊筒。脊筒立面饰行龙牡丹，背面饰翔凤；正脊居中立脊刹，两端置大吻，垂兽作跑狮状，其前端小脊至转角部位折角后，在边沿斜站角神。东西耳殿为干槎瓦屋面，正脊为手工捏制的莲花脊筒组拼，莲花亦即荷花，有和美、吉祥之寓意。

在正殿檐下铺作的外转和金柱头阑额、普拍枋等构件上均饰有彩画。彩画采用绿、青、黑、粉四色素画，整体风格庄严肃穆。升斗、栱枋依照构件的轮廓在淡淡的粉底之上用水墨勾勒边沿，内以淡绿为地，墨线绘制层叠的云纹；斗子底部另绘如意云头或莲瓣，其中撩檐槫居中位置与随槫枋合成类似于苏式的包栿锦；金柱头阑额彩画风格仿照旋子彩绘，箍头绘栀子花，找头绘团花，枋心绘山水人物，皆不贴金。另外，前檐铺作之间的栱眼壁用木质栱垫板，其外沿用黄线一道随斗子轮廓勾勒，其内黑色为地，各绘四爪金色行龙一条，并在空隙部位绘制流云，在整体灰暗的色调中增加了一抹亮丽的色彩。

献殿前檐下枋额间饰多种木雕图案，均为透雕。当心间门首上方透雕二龙戏珠，有吉祥平安之寓意。上方一组精美木雕，正中雕莲花童子，两侧雕狮子滚绣球。旁边的两间，对称雕刻着麒麟望月、凤戏牡丹和太平花。太平花是一种四瓣花，最早名为"丰瑞花"，产于四川。其中有一名贵品种，名叫"醉太平"，宋仁宗赐名为"太平瑞圣花"。清嘉庆帝去世后谥号仁宗睿皇帝，因"睿"与"瑞"同音，为避讳，道光帝下令把"瑞圣"二字去掉，名曰"太平花"。太平花木雕表达了人们对"天下太平"的美好期待。

戏楼的前檐台口，石柱与梁头之间支垫木墩一个，立面雕饰莲花。承重梁出头部分、边沿木之下钉挂如意云板。上层额枋立面装饰泥塑的狮子若干。五架梁头前伸的部分立面刻九重卷瓣云头，侧面浮雕花卉。各间平板枋至随檩枋之间施花墩一个，立面采用圆雕与半镂空的方式雕枝叶疏朗的莲花各一朵。前檐下层装修什锦式心屉，明间横披饰成组的海棠花。披门即山门的门额下方另施花板一道，居中置花墩，两端雕装饰性花牙子，上背部空间相对而置龙首一对，采用圆雕技法，构图饱满，疏密有致，形态生动。看楼上下层之间的边沿木外侧用蘑菇钉钉挂滴珠板加以保护，其立面浅浮雕卷草图案，舒展流畅，饱满华丽，旋转翻滚，极富动感。

庙内外有多处石雕。献殿后檐明间石柱之柱础为方几形象腿柱础，几腿低倭，而础盘硕大，雕饰简练粗放，体现了金元时期独特的民间风格。左右山门前各立两头石狮，狮口有珠，可以转动，十分灵巧，"文革"期间石狮头部均遭损毁。门墙外壁规整的五层墙基石，皆过一寸四錾；在第二层条石之间由内向外伸出丁结石四块，丁结石前端凸出墙体近 20 厘米，立面圆雕狮子，雌狮抱子，雄狮虎视前方，虽已残缺但古韵尚存。西边山墙对面另有一头分水狮，将北来之水分开，分别流向相距一里的东阁、西阁。现在这九头狮子仅留下遗迹，使人无限感慨。门墙墙基上层、戏台居中的位置镶嵌两块方整的石块，立面分别浮雕行龙图案和牡丹花卉纹。龙行花草丛中，牡丹尽情怒放，朴素简洁之中尽展华贵风姿。

四、文献撷英

水东崔府君庙现存碑刻四通、题记六处，为记录该庙宇历史沿革之原始文献。

四通碑刻分别是：勒石于明万历二十三年（1595）的《重修齐圣广祐王庙记》云："聚之中有齐圣广祐王庙一所，创建于元大德四年，重修于明嘉靖八年。"明确记载了崔府君庙创建的时间为元大德四年（1300）。勒石于明万历二十六年（1598）的《敕封护国显圣西齐王庙额神赞纪》则记述了崔府君昼理阳间、夜断阴府的种种灵异之事。勒石于明崇祯八年（1635）的《金妆府君娘娘并站神碑记》记述了七岭镇信士段崇宣捐资重塑金妆府君娘娘并站神二十三尊的经过。勒石于清道光十三年（1833）的《重修崔府君庙碑记》记述了村中善士王加永等集资重修崔府君庙的经过。

六处题记分别是正殿前檐东平柱础石内侧面石刻题记："至元三十年九月　日记。"这是记载该庙宇修建的最早的时间。东侧山门墙基石上，有元泰定乙丑年（1325）石刻题记："□缘已竟，必须录赞助之名；镌□思□，□要传延绵之久。谨著殁世不忘。开列老人于左：维那□□□、老人维那王□、老人王宽、老人成□、老人王□、老人王福贵。乙丑季□望日□□□□宗□。"东耳殿东檐柱下础石外侧，有明崇祯六年（1633）题记："大明崇祯六年四月初一日立石。"戏楼二层西山墙后檐山花题记："咸丰柒年二月。"西行廊北次间顺脊串下皮题记："大清道光十三年次壬辰四月。"西耳楼明间顺脊串下皮题记："大清光绪三十四年岁次戊申三月朔旦，重修西南耳楼三间，会首王道紫□□梓匠自修后永保风调雨顺五谷丰登永远不朽为记耳。"

这些碑刻与题记忠实地记录了水东崔府君庙的历史变迁。

15

薛庄玉皇庙

薛庄玉皇庙 / *XUE ZHUANG YUHUANG MIAO*

一、遗产概况

薛庄玉皇庙坐落在晋城市泽州县高都镇薛庄村的西北，现存为一座坐北朝南一进院的庙宇。

薛庄村古称薛庄里，位于源泽河北岸。传说薛家是从平阳府迁过来的。在明清时期，薛庄位于南北大道上，一街两侧商铺林立，南来北往的客商络绎不绝。薛家经商有方，成为一方巨贾，被人称作"估不透"，家中财产难以估算。薛家在村子里大兴土木，建起豪宅大院，创建了庙宇楼阁。至今薛家门阁上巨大的"河东公巷"，仍然显得十分气派。村中除了保存着玉皇庙外，还有关帝庙、玄帝庙、观音堂、文昌阁等寺庙堂阁，以及一些精美的明清老宅，彰显了古村文化遗存之丰富内涵。

01　薛庄玉皇庙航拍（由南向北）

薛庄玉皇庙创建时间不详，庙里现存古碑五方，但大多记载的是村内的事务，无关庙宇修缮。根据玉皇殿的建筑风格，虽有一些金代元素，但总体梁架为元代。殿内脊榑下存有花梁一条，题写的是"大明嘉靖十四年（1535）十一月"上梁的记录。可见在明嘉靖十四年有过一次大修。另外在东耳殿西内墙上存有一方《精妆圣像记》的碑碣，勒石于清雍正十一年（1733）五月十三日，碑中记载"薛庄土地庙东北隅就有关圣殿一所"，难道玉皇庙以前是由一座"土地庙"改建的？否则，此碑作如何解释呢？另外，在玉皇庙东侧隔墙就有一座关帝庙，这里为什么又有一个关帝殿呢？关帝殿位于土地庙的东北隅，土地庙在哪？根据现在隔壁关帝庙里的碑刻得知，关帝庙始修于清康熙年间，那为什么在雍正时代，村里在已经有了关帝庙的情况下，仍在土地庙偏殿增设关帝殿？其中原因尚不得而知。

根据现有的建筑题记，我们可理出一个薛庄玉皇庙修建的大致时间轴。庙宇始建于金代，元代进行过一次大修，明嘉靖十四年又经历一次大修，清雍正十一年薛祥等人捐资关帝塑像，重修了马棚和中殿台基。清咸丰八年（1858），重修了东西偏殿。解放后，玉皇庙被薛庄食品厂占用，20世纪80年代食品厂迁出。2013年3月5日被国务院公布为第七批全国重点文物保护单位。2018年9月开始大修，于2019年10月修缮完成。

二、建筑特点

薛庄玉皇庙的创建年代不详。坐北朝南，一进院落，依地势分为三层，迭级而上。南北长 41.7 米，东西宽 22 米，占地面积 890.6 平方米。中轴线上由南至北依次有山门（倒座舞楼）、正殿，两侧依次有妆楼、厢房、廊房、耳殿，形制规整，布局整齐合理。正殿为元代风格，其他建筑为清代风格。

（一）正殿

正殿位于庙宇正北，坐北朝南，建在高约 1 米的砖砌台基之上，面阔三间，进深六椽，悬山顶，施用琉璃筒瓦和琉璃脊兽。殿前有月台，月台东西宽 7.9 米，南北长 4.2 米，高 0.9 米。相传以前台上建有献殿一座，今不存。大殿前檐柱四根，砂石质，两边柱为抹角凹形柱，两内柱则是抹角凸起柱。

角柱高 2.54 米，内柱高 2.53 米，生起 1 厘米。柱下不施柱础，顶柱石与地面平，柱有侧角。柱头斗栱五铺作单杪单下昂计心造，令栱抹斜，里转五铺作双杪偷心造，承托乳栿，昂为华栱刻作昂形为假昂，蚂蚱耍头为乳栿出头。无补间铺作，形式简洁质朴。殿内两根金柱亦为抹棱内凹柱，柱下设覆莲柱础，础石雕工细腻，为金代石雕特征。上施斗栱构件与梁架相连接。梁架结构为彻上露明造，四椽栿压前乳栿通檐用三柱。明嘉靖年间曾进行过整修，现尚留存嘉靖十四年（1535）的花梁题记一条。

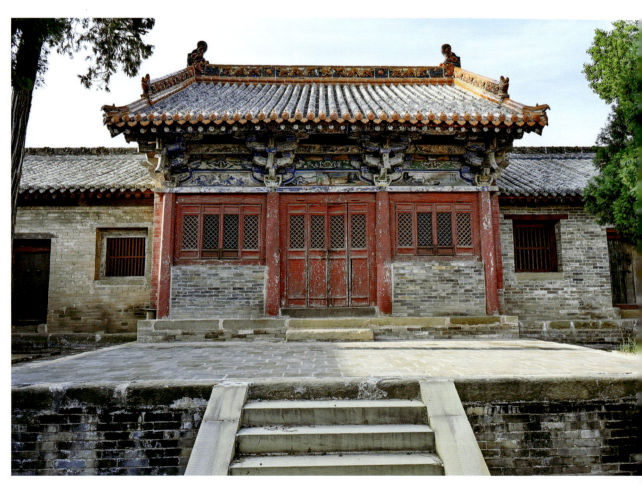

03　正殿

04 正殿花梁"大明嘉靖十四年"墨书

05 正殿梁架

06 正殿梁架

07 正殿梁架

08 正殿前檐栱眼部位彩绘

09 正殿前檐栱眼部位彩绘

10 正殿前檐栱眼部位彩绘

11　正殿室内西山墙壁画

12　正殿室内西山墙壁画

13　正殿室内东山墙条幅壁画

14　正殿室内西山墙条幅壁画

15　正殿室内后墙东次间壁画

16　正殿室内后墙西次间壁画

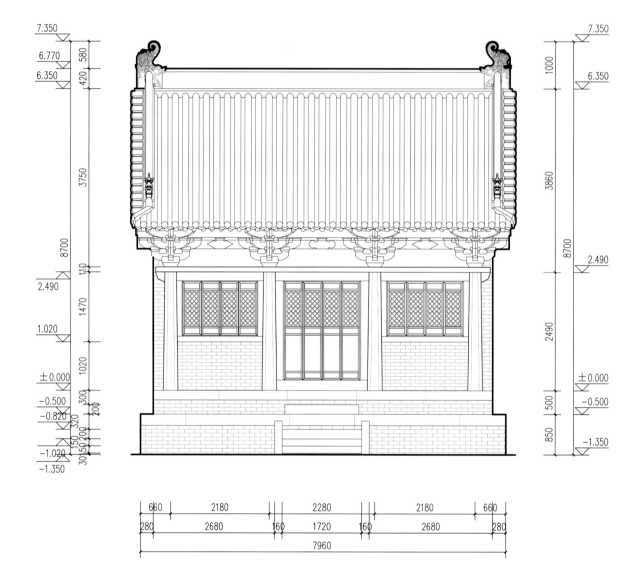

17　正殿正立面图资料

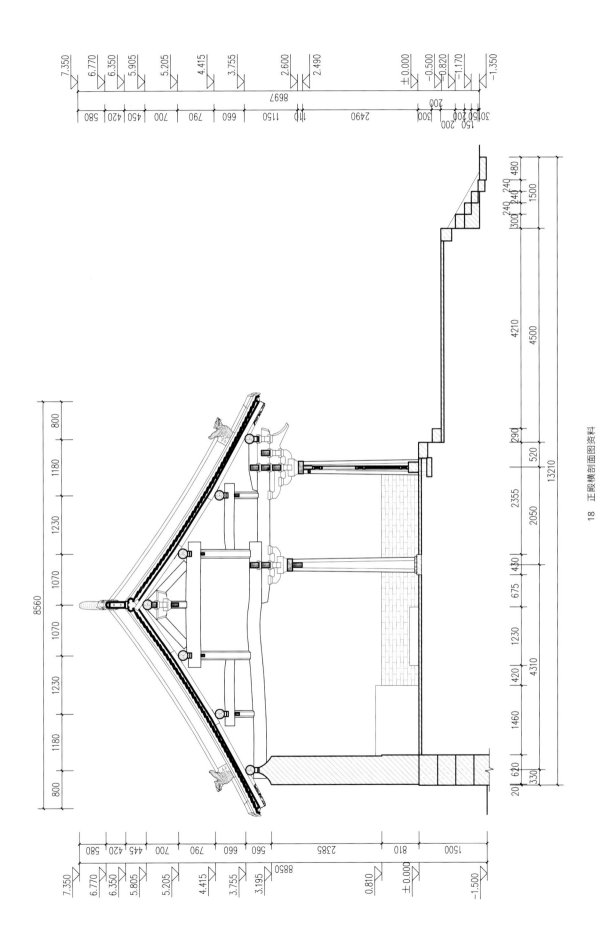

18　正殿横剖面图资料

薛庄玉皇庙

（二）山门

　　山门兼作舞台，俗称山门倒座舞台，建筑分上下两层，山门宽 7.6 米，进深 4.5 米，底层通行，上层演戏。山门前檐柱头科三踩单昂，栱身刻假华头子，作琴面昂状，昂嘴较薄，出足材耍头。瓜栱、厢栱抹斜刻花，为当地独特做法。前后檐均用石柱，后檐柱头无斗栱。舞台施两根砂石柱子，柱前面刻有楹联一副："既备乃奏金革宣播而悠久；永观厥成管弦乐布韵以深长。"戏台平面呈长方形，悬山顶，五架梁结构。屋顶布灰筒瓦脊，正脊雕刻花纹，清新而素雅。斗栱四攒，排列疏朗，均为三踩单昂蚂蚱耍头。大额枋下不施雀替，博风、枋木上无任何雕绘。台上四根角石柱，无柱础。东西两侧各有一小门，通向耳房。舞台西壁存有清嘉庆二十三年（1818）和清道光二年（1822）两处戏曲题壁，记录了当时娱神唱戏戏班的情况，是研究戏剧文物的珍贵资料。东西耳房均为上下两层，进深四椽，各三间。为唱戏演员生活用房。

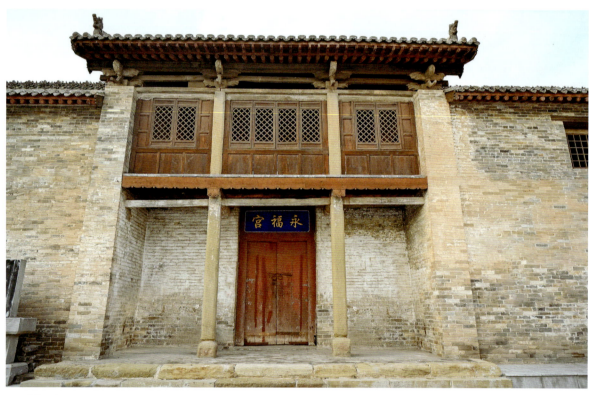

19　戏楼正立面

20　戏楼背立面

21　戏楼一层布局

（三）其他建筑

东西耳殿均面阔三间，进深四椽。当心间施板门，次间用直棂窗。东耳殿祀关帝，西耳殿祀药王。东西偏殿均面阔三间，进深四椽，门前出廊。西厢房为奶奶殿，东厢房祀神不明。中院东西厢房为斋舍。下院两侧为东西看楼各两间。

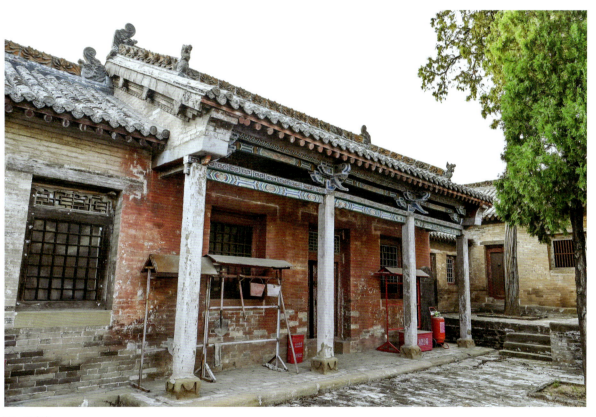

22 西廊房

23 西廊房山面出际部位砖雕

24 西廊房前檐柱头斗栱正面

25　东厢房正面

26　西厢房正面

27　西夹楼正面

29　东耳殿正面

28　东夹楼正面

30　西耳殿

三、价值特色

本庙内最有价值的是正殿，正殿的建筑主体风格为元代，但有一些构件具有金代风格，是研究金代至元代建筑变迁的实例之一。

殿内壁画的文物价值较高。殿内北壁、东壁、西壁三面墙上完整地保存着清代壁画。东西两山墙壁上画有"四大元帅"，又称"四圣真君"，即天蓬、天猷、黑煞、真武四位神将。画面大，人物高2米以上，表情夸张、着色柔和。山面后部和后墙上，以条屏形式画出十二幅山水人文画，人物、牡丹、猫、鹊、雉鸡、梅、远山、近水画工细腻。北墙正中画的龙凤麒麟"三瑞图"，画风更为细腻、复杂，彰显出高超的画技。整堂壁画保存非常完整。另外东偏殿也残存一些水墨壁画，这些壁画有较高的研究价值。

玉皇庙的民俗价值较高。在中华文化中，玉皇大帝是神界皇帝、天庭元首，也是古人最崇敬的天神，在道教神系中地位仅次于三清，为三清所化生出的先天尊神，在太极界统辖宇宙众神，四御四大帝是他的辅佐，各有分工。据《玉皇本行集》记载，光明妙乐国王子舍弃王位，在晋明香严山中学道修真，辅国救民，度化众生，历亿万劫，终为千古一圣之玉皇大帝。宋代道教大行其道，以帝室尊宠为主因，崇道的宋真宗把玉皇大帝的神品推到了极致。大中祥符八年（1015），宋真宗尊玉皇为"太上开天执符御历含真体道昊天玉皇大天帝"。同样崇信道教的宋徽宗在政和六年（1116）又封玉帝尊号曰"太上开天执符御历含真体道昊天玉皇大帝"。至此玉皇已与传统的上帝相结合，成为天上的至高神，道教信仰与国家礼典正式合流。为了祭祀玉皇，古人修建了玉皇阁、玉皇观、玉皇庙等建筑。就泽州来说，玉皇庙的存量也很大，这些建筑首先体现信仰、礼仪和道德方面的意义，而后才是为了使用，它早已突破了传统建筑空间的概念，成为天、地、人、鬼、神共存的空间形式。因而古人一直都把它看作是精神家园，一直以来都是从一个国家到一个村落建筑营造的重点，同时又是当地百姓家庭活动、公共活动和社会活动的中心。

中国古代建筑，尤其是礼制性建筑，都具有共同的形制。它不仅注重个体建筑，而且非常重视群体的组合，一般是以建筑的组群布局为一个建筑单位，按一定的轴线来组织序列空间，各个单体建筑按一条主轴线和若干次轴线排列，规整地分布，形成中国古建筑的群体性、等级性、封闭性规律。在布局上为中国传统的院落式，采用中轴线对称的格局，严谨方正，建筑平面呈长方形。沿中轴线布置献殿、前殿、后殿等一系列主要建筑，由北向南，层层宏阔，各抱地势，各领风采。轴线两侧依次对称排列着配殿、偏殿、垛殿和一些次要建筑，围合成几个院落，从而形成一个完整的序列空间，充分体现严肃的传统理性精神。

另外庙内存两块关于铺司费用纠纷的碑刻，为研究清代驿铺制度提供了珍贵的资料，属于本庙的民俗价值。

四、文献撷英

薛庄玉皇庙所存文献资料很少，虽然庙里有几方古碑，但多与庙宇维修无关。有关庙宇最早的记录是正殿脊槫下的花梁题记，内容记载了明嘉靖十四年（1535）大修殿宇上梁的时间，侧面说明了此殿宇在明嘉靖十四年大修过一次。《精妆圣像碑记》勒石于清雍正十一年（1733）五月，记载的是梁玺、薛凤章等人在殿宇内精妆塑像和修缮马棚、正殿台基的事。但记载提到过"土地庙"东北隅，或许当初此庙为土地庙也未可知。在东厢房留有花梁题记，记载的是清咸丰八年（1858）重修宫殿三间，说明在清代重修了此厢房，现在东厢房内祭祀神灵不详。

坪上汤帝庙 / PINGSHANG TANGDI MIAO

一、遗产概况

坪上汤帝庙位于泽州县周村镇坪上村村西。始建于金大定二十四年（1184），原址靠近长河河道，明正统、成化年间两次经历水灾，损毁严重，后于明弘治、正德年间迁往现址重建。整体建筑坐北朝南，现存一进院落，平面呈长方形，总占地面积1600平方米，建筑面积800多平方米。主体建筑包括正殿、东西垛殿、东西配殿、东西廊庑、配楼、舞亭及山门建筑群。现存建筑中，东西配楼和西垛殿为金代遗存，正殿和山门西殿、东殿及舞亭保存有一些金元时期建筑风格，弥足珍贵。2013年3月5日被国务院公布为第七批全国重点文物保护单位。

庙内现存题记三处、碑刻五通，粗略勾勒出坪上汤帝庙的历史沿革。宋元时期，因为旱灾祈雨的现实需求以及帝王敕封提倡等原因，成汤大帝作为"雨神"受到百姓普遍信奉，泽州各村庄因此兴建了大量的汤帝庙。坪上汤帝庙便是在这种历史背景下创建并逐渐形成如今的规模。明正德十一年（1516）《创建成汤庙记》记载"成汤庙创自大金大定二十四年（1184）"，原址靠近长河河道。明正统年间（1436—1449）长河泛滥，庙宇基址受到洪水侵蚀，后由义官郭谅等出资翻修庙宇，并修筑了防水设施。明成化年间（1465—1487），沁河再次泛滥，坪上汤帝庙"庙基湮没不克复存"。弘治十四年（1501）至正德十一年在郭纯、郭璿、郭杰等人筹划下，坪上汤帝庙迁往现址重建。重建后的汤帝庙包括成汤殿、文宣王殿、八蜡祠、宰牲厨、蚕神殿、高禖神祠以及舞亭等建筑，规模宏伟。

东配楼下保存有《重修高禖神祠记》，碑文记载："旧有高禖祠在成汤庙之右腋，隘陋倾圮，丹青剥落，弗堪神栖。社首郭狄芳等……会众醵金储材聚工，并鼓楼撤旧构而崇广之，各殿修饰绘事重新……按工经始于天启三年三月，落成于天启五年十一月……"郭纯迁庙至此已经一百多年，成汤庙殿宇倾圮、丹青剥落，急需重修。于是社首郭狄芳等重修了高禖神殿，合并扩建鼓楼，并重新装修粉饰了各殿。

清顺治四年（1647）至十七年（1660），郭声名、郭三禹等共同努力，重修舞楼并补修关圣殿、东行廊、前三门等建筑。乾隆十一年（1746）重新装修各殿，乾隆二十九年（1764）修复了院内"神水"水道，并购置庙产、新建三座鼓棚和院墙。两次维修都留有碑刻。乾隆二十九年《复起神水碑记》记载："是庙也，成汤主之，旧有神水一道，久废不举，二十六年……积秋夏，补修□物，水从此而复兴。"

民国二十六年（1937），坡村村民郭全义将自己的住宅、田产施予汤帝庙所有。新中国成立后，坪上汤帝庙为东大片管区所在地，辖岸村、南坡、杨山、中三、甲村、坂上等村，于此设立铁、木手工业合作社。1960年管区迁至中三村，汤帝庙设为学校，先后为坪上完小、坪上小学使用。庙内建筑被改建为教室、办公室和宿舍，檐柱间筑墙封堵，门窗改动比较大。殿内壁画、彩绘被报纸包裹，部分内容因此被保留下来。2008

年村里新建学校，学生搬出汤帝庙。2010 年在第三次全国文物普查中，坪上汤帝庙被重新发现。2013 年 3 月 5 日被国务院公布为第七批全国重点文物保护单位，同年设立文物管理处。2018 年冬，坪上汤帝庙开始落架大修，由此重获新生。

01 坪上汤帝庙航拍（由南向北）

二、建筑特点

坪上汤帝庙坐北朝南，一进院落，平面呈长方形。正殿位于中轴线后端台基上，面阔五间，宏伟壮观。东西两侧设垛殿，东垛殿已经坍塌，仅余石柱。院落东西两翼自北向南分别设配殿和廊庑，前面还有配楼。院落南端为并排的三座悬山顶小殿，共同构成山门建筑群，入口设在东殿内。西殿与中殿之间有一开间过廊，基座下有排水孔一道。山门外南侧正中为方形歇山顶舞亭，在整个庙宇布局中，舞亭赫然在前独立于封闭院落之外，显得比较特别。

（一）正殿

正殿又名汤王殿，坐落于 0.5 米高的石砌台基上。该殿面阔五间，进深七椽，单檐悬山顶，屋顶覆盖灰板瓦，绿色琉璃脊，两端鸱吻与中央脊刹已损毁。前檐插廊，廊东西两端为砖砌山墙，山墙设拱门可通往东西垛殿。廊下共用四根方形抹角石柱，收分、侧角明显，应为金代遗物。明间东侧檐柱柱头还保存有一处题记"郭还施石柱一根"，柱下施六边形鼓磴础，柱间雀替宽大，形似机翅。柱头斗栱三踩单昂，昂身斜杀内凹起棱，昂嘴呈扁平五边形。

殿内后侧共四根圆形金柱，木头用料粗大雄壮。梁架尚存早期建筑形制，主体结构为前劄牵四椽栿压乳栿用三柱，平梁上施蜀柱承襻间枋，襻间隔间相闪，叉手抵槫且与丁华抹颏栱半咬，上平槫下用蜀柱承头和替木，各蜀柱间施顺脊串。正殿脊檩上保存有一处上梁文墨书题记："时明弘治拾肆季（1501）岁次辛酉伍月有伍日，宜用辰时上梁，梓匠□广□贵，重建正殿五间，保佑阖社人等平安、风调雨顺、五谷讽（丰）盈，永为志耳。"

02　正殿正面

根据题记与现存建筑的风格推测，正殿原位置应有一座殿宇，主体结构的建造年代应在金末至元末之间。明弘治十四年（1501）重建时可能仅整修了正殿的南立面，原有的外檐铺作被撤去，屋顶向前延伸，加建了一步廊架和斗栱。清代以后又在原基础上加装雕花小额枋及雀替。明清建筑风格叠压在金代建筑主体上，以至于正殿屋顶看起来过于广大，而檐柱部分则略显逼仄。

　　梁柱上曾施有彩绘。梁上彩绘以几何图案与花卉为主，以黄色为地，用黑色勾边，再以红、绿、白点缀，富丽堂皇。四根圆形金柱保存有龙形纹样彩绘，采用"沥粉"手法堆塑出龙的身体及鳞片，龙身蜷曲，鳞爪飞扬，非常威武。东西山墙原有壁画，为中堂式挂轴。中间挂画部分损毁莫辨，两侧对联残存行书6字，西墙为"余地""高墙"，东墙为"此""其"。

03　正殿室内梁架

04　正殿前檐廊部梁架

05　正殿前檐明间斗栱

06　正殿梁架外侧彩绘

07　正殿明间檩枋外侧彩绘

08　正殿室内后檐金柱部位檩枋外侧彩绘

09　正殿室内后檐金柱部位檩枋外侧彩绘

10　正殿后檐柱头斗栱

11　正殿前檐檐柱柱础

12　正殿室内后檐金柱外侧彩绘

（二）西垛殿

正殿两侧设东西垛殿，东垛殿已经坍塌，仅余石柱，西垛殿保存基本完好，为金代建筑。

西垛殿紧贴正殿山墙，面阔三间，进深四椽，悬山顶，屋顶覆盖灰板瓦。前檐插廊，有三根方形抹角石柱，檐柱有明显收分，下无柱础。石柱上承斗栱，有柱头铺作，无补间铺作。南立面在平槫位置上砌砖墙一道，墙上明间开门，门板四枚门簪，两边门枕为木质。两边次间设破子棂窗，斜面朝外，中央有横置棱形木条相连。

西垛殿的珍贵之处体现在柱头铺作上。南立面斗栱为四铺作，昂头采用了下卷昂的形制做法，昂身微起棱，底部刻槽，昂嘴扁平呈"八"字形。此类昂嘴在晋西南地区有多处金代纪年实例，在晋东南地区相对比较少见。

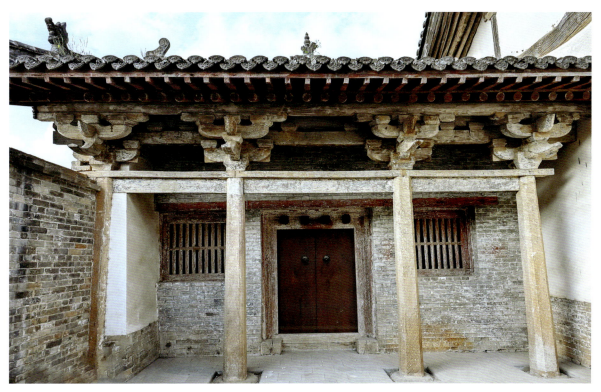

13　西耳殿正面

14　西耳殿前檐廊部梁架

15　西耳殿室内梁架

（三）东西配殿

东西配殿位于汤帝庙正殿前方院落两侧，形制相同，互相对称。配殿面阔三间，进深四椽，悬山顶，通檐用两柱，石柱有明显收分、侧角。石柱上承斗栱，有柱头铺作无补间铺作。斗栱形制为四铺作单栱，不出昂头，横栱不抹斜；爵头状耍头斜杀内凹，上刻两瓣曲线，不用齐心斗；里跳施头承四椽栿，梁头与斗栱绞接。脊槫下蜀柱施单材头及替木；叉手略微抵槫，不施丁华抹颏栱；平槫下蜀柱仅施替木；蜀柱之间用顺脊串。根据形制，初步推断东西配殿为金代遗存，建造年代比西垛殿略晚。

16 院内东侧全景（由北向南）

17 西配殿柱头斗栱

18 西厢房梁架外侧彩绘

（四）山门建筑群

汤帝庙南侧并排三座小殿，共同构成山门建筑群，东殿辟门出入。三座小殿一字排开，东西相连，皆面阔三间，进深四椽，悬山顶，南面出廊。廊下用石柱，石柱有明显收分、侧角，东殿石柱出现竹节混作。石柱上承斗栱，斗栱四铺作单栱出假昂头，昂身斜杀内凹起棱，昂嘴呈五边形。梁架方面，不施补间铺作，梁栿绞接底皮不同高，蜀柱上施捧节令栱和替木，叉手抵槫且与丁华抹颏栱部分咬合，用顺脊串。

东西两殿包含一些早期形制做法，应为金元时期遗存，其中西殿斗栱保留的时代特征更为完整。而中殿则为明初以后整体重建，推测与正德十一年（1516）或天启五年（1625）的维修有关联。

东殿现为汤帝庙入口，当心间装板门，木质门框，上施四枚门簪。两侧门枕石形制与冶底岱庙正殿门枕石相似，具有金代特征。门枕石上部圆雕卧狮仅存躯体，头部已损毁。门后地面原倒伏有多通石碑，其中明正德十一年《创建成汤庙记》最为珍贵，其所记坪上汤帝庙沿革最为详细。

19　山门建筑群南面全景

20　黑虎殿脊饰

21　黑虎殿西耳殿廊部梁架

22　黑虎殿前檐廊部梁架

23　山门前檐柱头斗栱

24　黑虎殿西耳殿前檐斗栱

25　黑虎殿柱头斗栱（正面）

26　黑虎殿前檐檐柱柱头线刻

（五）舞亭

坪上汤帝庙舞亭位置非常奇特。它位于中轴线最南端，赫然独立于封闭的院落之外，前面无遮无拦，为一片农田。

舞亭建造于石砌台基上，为亭式造型，面阔一间，进深五檩，单檐歇山顶，屋顶覆盖灰筒瓦。在台基东南和西南角各有一只角狮，为早期形制。台基四角立四根方形抹棱石柱，石柱有明显的收分、侧角。柱下为覆盆式柱础，覆盆边缘弧线内凹，在底处卷起形成盆唇。舞亭的石作部分年代较早，根据形制等特征判断，应为金代遗物。

石柱上承额枋、斗栱，斗栱为五踩重昂，昂嘴刻如意云头，多种花式蚂蚱头及坐斗共存。斗栱里拽七踩上承垂莲藻井，藻井整体为八边形，东西宽南北窄，正中一根垂莲柱，柱头刻花瓣形似菠萝。舞亭木作建造年代较晚，应为明代遗存，据碑刻推测可能与正德十一年（1516）或天启五年（1625）的维修有关联。

27　舞亭室内藻井

28　舞亭正面

29　舞亭前檐斗栱

30　舞亭后檐斗栱

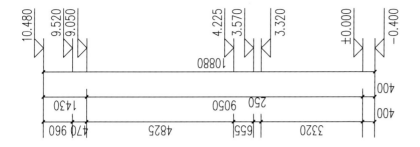

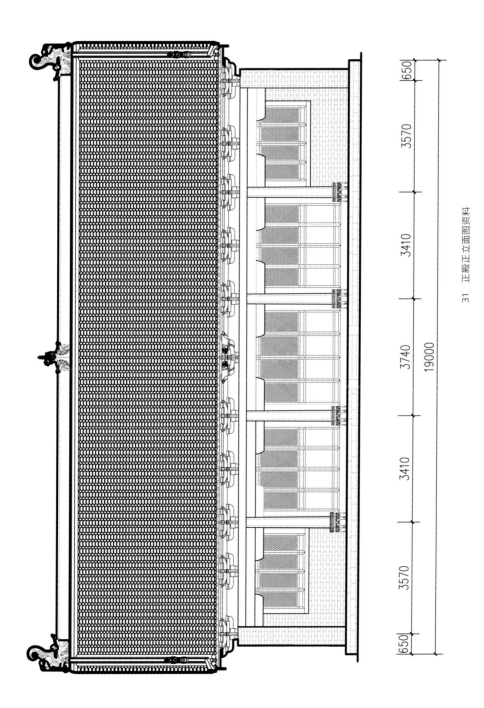

31 正殿正立面图资料

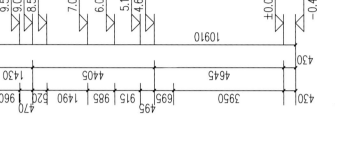

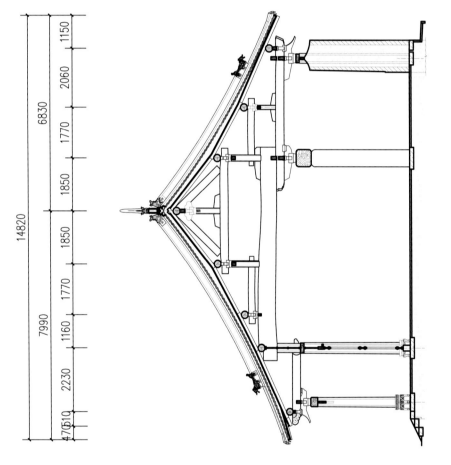

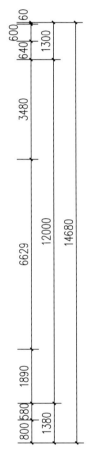

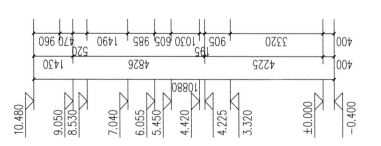

32 正殿剖面图资料

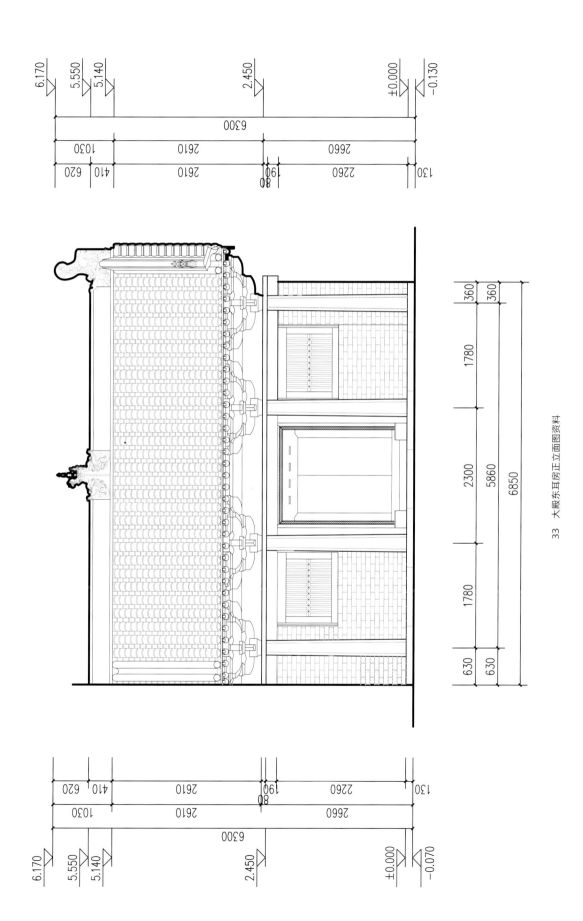

33 大殿东耳房正立面图资料

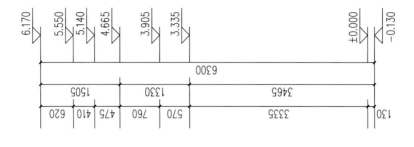

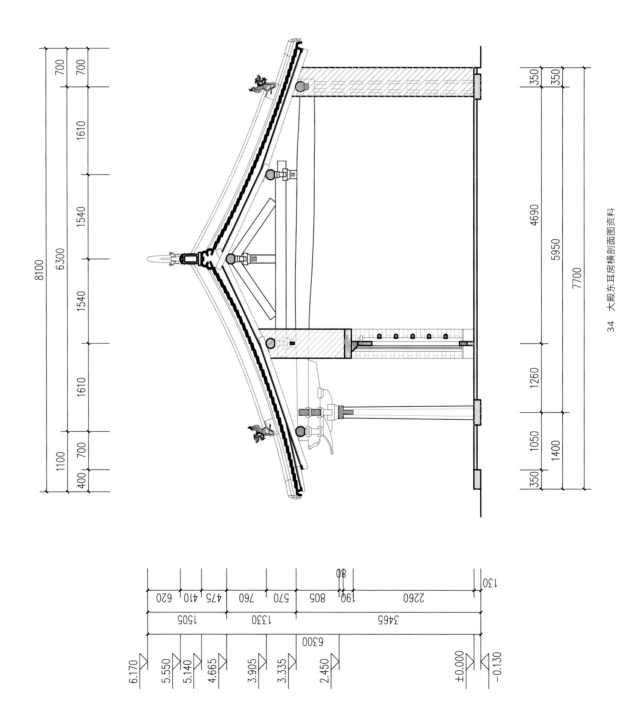

34 大殿东耳房横剖面图资料

三、价值特色

泽州县 17 处国保单位中共有 3 座汤帝庙，分别为大阳汤帝庙、河底成汤庙、坪上汤帝庙，三座国保建筑沿长河排列，呈"参宿三星"之势。坪上汤帝庙的价值特色主要体现在几个方面：（一）金元建筑，非常珍贵；（二）搬迁重建，比较特别；（三）下卷昂实例，较为少见。其中金元建筑风格在前文叙述已非常详细，下文仅作概述。

（一）金元建筑

坪上汤帝庙始建于金大定二十四年（1184），历经八百年沧桑巨变，保存至今，弥足珍贵。现存建筑中，东西配殿和西垛殿为金代遗存，正殿和山门东西殿保存有金元时期建筑风格。其金元特点主要体现在木作、石作等方面。东西配殿和西垛殿的梁架、斗栱等有明显的金元特点，山门建筑群西殿的斗栱保留的金元特征也比较完整，正殿梁架也保存有一些早期建筑形制。石作方面的金元特征则更为明显，比如，正殿、西垛殿等处石柱存在明显的收分、侧角；山门入口两侧的门枕石为金元时期典型的圆雕卧狮；舞亭的角狮、覆盆式柱础等也为早期形制。

（二）搬迁重建

在泽州国保单位中，坪上汤帝庙的营造历史最为独特，为搬迁后重建。搬迁的主要原因是水患，重建后仍保存有金元特征。

坪上村位于周村镇镇东，西侧濒临长河。长河为沁河支流，古称阳阿水，发源于下村镇吴神山，自北向南流入沁河。《水经注》载"其水沿波漱石，溯涧八丈"。直到 20 世纪 60 年代，长河水量仍然很大，泛滥时常常淹没沿岸村落。长河河道一度宽达百米，两岸被河水削出许多台地。乡民称黄土台地为"坪"，有东坪、南坪、西坪等各种称呼。坪上村因地形而得名，坐落在长河东岸台地上，距离长河河道大约 200 米。清朝时属凤台县永城都"平上"里。

庙内现存明正德十一年（1516）《创建成汤庙记》，较为详细地记载了汤帝庙搬迁重建的过程。碑刻记载"成汤庙创自大金大定二十四年（1184）"，原址靠近长河河道。到了明正统年间（1436—1449），长河泛滥，庙宇基址受到洪水侵蚀。《黄河志》记载，沁河曾于正统三年（1438）、正统四年（1439）两次决溢。成汤庙原址遭到破坏，应该就在此时。洪水过后，"义官郭谅捐财千百缗，重加修饰。庙貌焕然一新，伐太行之石筑堆，以防水患"。

《凤台县志》记载："郭谅，平上里人。明正统中岁饥，出杂粮两千一十石助赈，有司奏闻，赐敕旌为'义民'，今其石坊尚存。"查《明实录》："正统六年夏三月……泽州人郭谅等二十二人……各出米麦杂粮千石有奇赈济，赐敕褒将复其家。"根据历史推测，郭谅应该是明中期因"开中制"兴起的大商人。明代沈思孝《晋录》说："平阳、泽、潞豪商大贾甲天下，非数十万不称富。"郭谅捐献了巨额粮食，又修复了成汤庙，两件事几乎发生在同一时期。由此可见郭谅身家非常富裕，更可见其欣然向义之心。

在自然面前，人力有限。郭谅的义举并未解除洪水对汤帝庙的威胁，汤帝庙的根本问题在于选址不当。于是到了成化年间（1465—1487），沁河再次泛滥，"阴雨弗霁，水势横溢，尤有甚于正统者"。这次水灾大概发生于成化十一年（1475），《凤台县志》对此时有所记述："十一年，大水，河暴涨，北城圮。"水灾不但导致泽州古城墙坍塌，更使坪上汤帝庙遭到毁灭性破坏，"庙基湮没不克复存矣"。

大水过后，泽州又遭遇大旱，一直到弘治年间，坪上村才动工重建汤帝庙。郭纯、郭璿、郭杰等认识到原址无法避免洪水的威胁，于是"协力同心，伐材于山，择地于卜"，将汤帝庙迁往现址重建。《创建成汤庙记》称郭纯为"寿官"，这是明朝时期奖励"德行着闻"老者的一种荣誉。《泽州府志》记载："郭纯，正德九年贡，知县。"正是因为郭纯德高望重，才能主持好这次迁庙再建工程。

郭纯为新庙选址"社东平凤山之麓，石堆之阳"，即今天坪上村西侧。明天启五年（1625）《重修高禖神祠记》说："凤山萃诸山之秀，岗峦拱翠，河水潆带，真迎祥望气之所，祷胤祈福之区。"由此可见其选址之妙。

修庙对一个村庄来说，是一项耗资巨大的工程。从坪上汤帝庙现存建筑来看，郭纯应该采用了两种方法节省开支：一是尽可能使用原有的建材。比如舞亭石柱、柱础、台基角狮、山门东殿的门枕石、正殿的石柱等都带有明显的金代特征，可能就是从原址迁来的。除石作之外，梁柱等木构应该也有移用。比如正殿四根金柱，用材粗大雄壮，可能也是原来的木件。二是迁址再建时可能选了一座原来就有的小庙为基础。清乾隆十一年（1746）《重修金妆各殿碑记》记载："平上里大庙由来已久矣……考其碑记，创自□□拾壹年，至皇统九年补修之。"补修时间金皇统九年（1149），比汤帝庙原庙创建年代大定二十四年（1184）要早，由此推断现址在迁建之前应该就有一座小庙，创建年代在金朝皇统九年以前。汤帝庙现存西垛殿、东西配殿可能便是皇统九年改建后保留的建筑。

迁建工程始于明弘治十四年（1501），到正德十一年（1516）秋基本完工，于是勒碑《创建成汤庙记》纪念此事。此时的汤帝庙包括成汤殿、文宣王殿、八蜡祠、宰牲厨、蚕神殿、高禖神祠以及舞亭等建筑，规模已经非常宏伟。

（三）下卷昂实例

所谓"昂"，又名飞昂、英昂、斜角，是古建筑斗栱中一个非常重要的构件。在唐宋时期流行批竹昂，用材大、力度强，不讲究装饰。宋元以后流行琴面昂，力度减弱，装饰性增强。明清时期出现了龙头昂、象鼻昂，装饰意味越来越浓。下卷昂则兴起于中晚唐前后的西安地区，流传时间短，实例比较少见。

坪上汤帝庙西垛殿的斗栱使用了下卷昂。南立面斗栱为四铺作，昂身微起棱，底部刻槽，昂嘴扁平呈"八"字形。下卷昂比批竹昂、琴面昂力度要弱许多，线条更加柔美，装修性更强。在晋东南地区，下卷昂实例除坪上汤帝庙西垛殿之外，另有沁水县上阁龙岩寺前殿一例，因为罕见所以具有很高的学术价值。

四、文献撷英

坪上汤帝庙现存题记三处、碑刻五通。三处题记都保存在正殿，五通碑文分别为《创建成汤庙记》《重修高禖神祠记》《重修金妆各殿碑记》《复起神水碑记》，都是研究坪上汤帝庙历史与建筑的重要资料。

正殿题记三则

一、明间的脊枋上梁墨书题记："时大明弘治拾肆季，岁次辛酉伍月有伍日，宜用辰时上梁，梓匠□广、□贵，重建正殿五间，保佑阖社人等平安、风调雨顺、五谷讽（丰）盈，永为志耳。"

二、正殿南立面明间东侧檐柱柱头题记："郭还施石柱一根。"

三、正殿东次间大梁上墨书题记："此棵树是荆木。"

创建成汤庙记

丁卯科乡贡进士晋城司迪撰并书丹

迪公左郎前获鹿司训晋城郭济篆额

泽乃古建州，西四十里许曰平上，危峰环绕、林木森郁，民居积翠间，俯临石涧。旧有成汤庙，创自大金大定癸卯二十四年。按祭法，能御大灾则祀之，能捍大患则祀之。成汤革夏之命，王于有商，拯民于涂炭中，时元阳为虐，民几失恃。爰以六事祷于桑林之野。言未既而大雨数千里，其能御大灾捍大患有如此者，此所以千载之下而人思慕之愈久而不能忘也。故泽之山川在庙享，凡祈祷者以之在天之灵应之者如响。

殆至我朝正统间，沁水泛滥，庙址几为所剥。义官郭谅捐财千百缗，重加修饰。庙貌焕然一新，伐太行之石筑堆，以防水患。成化间，阴雨弗霁，水势横溢，尤有甚于正统者，庙基湮没不克复存矣。寿官郭纯踵前人芳躅，思欲改建，日夕切于念，虑捐财亦如之。乃谋同社耆民郭璿、郭杰，语以颠末，佥皆乐从焉。协力同心，伐材于山择地于卜，迁建于厥社东平凤山之麓，石堆之阳，将以避水患□便于祈报焉。仍廓其规度，正殿五楹及右斜殿俱面阳，东西各三楹，配以关王、土地之神，下则楼台参差，廊庑戟列。前立文宣王殿，次及八蜡祠，刲牲有厨，蚕神□□，□月有堂，丹漆夺目。厥功就绪矣，经始于弘治辛酉冬，落成于正德丙子秋。

纯之震子琏，踵予门以纪碑见属。予揖而进曰："成汤诸神血食斯土，春祈秋报为之依□□□兹非党庠术序，吾夫子亦建于斯，何哉？"琏避席而答："吾乡世业农，先世亦有改攻儒道者，近代斩绝，家严俾社之后裔获觇圣道之文明，千百稠人中宁无感发兴起□□？"□□然叹曰："郭氏此举亦善矣。"遂拈笔而记。夫成汤以反之之圣，建中于民，以义制□□□□□□谏弗咈改过不吝道，即尧舜禹之道也。非吾夫子推其道以垂教万世，后世亦何所据哉。社民其知之乎，自是厥后乃丽白牡酌清酤，岁以为常焉。殆□□□□□□神之休，雨旸时若麰麦如云际之神，户菽菜如陵隐神之宇，民饱而嬉！主宰者在于神，诚敬者在于人。《易》曰："东邻杀牛，不如西邻之禴祭？"实受其福，后人其思之。是为记。

时大明正德十一年岁在柔兆困敦秋菊月重九日。

沁水县石工韩温镌。

重修高禖神祠记

……村在州西四十里，凤山萃诸山之秀，岗峦拱翠，河水潆带，真迎祥望气之所，祷胤祈福之区。旧有高禖祠在成汤庙之右腋，隘陋倾圮，丹青剥落，弗堪神捷。社首郭狄芳等……会众酿金储材聚工，并鼓楼撤旧构而崇广之，各殿修饰绘事重新……按工经始于天启三年三月，落成于天启五年十一月……

重修金妆各殿碑记

……凤邑之西平上里大庙由来已久矣，里人相传自有庙以来，雨旸时若，五谷丰登，美（每）有所祈，无不灵应，诚一方之福祠也。考其碑记，创自正德拾壹年，至皇统九年补修之，迄今年久颓坏，非所以肃神祇也。社中公誉总理者八人任重修之事，而阖社诸君子亦各出资财，共勷其费。由是殿宇整饬，□□□□新之……

复起神水碑记

……至其大庙，环向而谓之曰：是庙也，成汤主之，旧有神水一道，久废不举，二十六年收。积秋夏，补修□物，水从此而复兴。又本庙中有桧树四株，已□□，出得价置买成子坪平地四亩，为住持供亿之资，所余银两，新立鼓棚叁□、□墙壹道，尽行费，讫今功告竣……

府城关帝庙 / *FUCHENG GUANDI MIAO*

一、遗产概况

府城关帝庙，坐落于泽州县金村镇府城村东青龙岗上，与玉皇庙相距不远，堪称双璧联辉。

关帝庙现存古碑刻 11 方，除一方残碑无勒石时间外，其他均有明确纪年。据庙内碑文记载，关帝庙创建于明崇祯癸酉年（1633），距今已有近 400 年的历史。清乾隆十九年（1754）重建，后经多次修缮，现存为清代建筑。

明崇祯六年，府城村人于村东岗创建三义庙。《关帝庙残碑》中记载："府城村其东岗有三义庙，创自明纪崇祯癸酉。"据碑文内容可知，村人司天垣自筹资财，本欲建石台阶，后众人相助增修了庙宇。立碑时间不明，但基本可确定是崇祯六年以后，应该是清初期。

清乾隆十九年的《重修关帝庙前院正殿并创建东西两庑碑记》，记载郡人续有礼筹款对关帝庙进行大修。乾隆二十年（1755）二月《改建三义正殿九间并创建东西廊房二十二间碑记》，叙述的是在修建前殿和廊坊后，三义殿规模与之不合，续有礼等人遂起重修之念。乾隆四年（1739）先将东西廊房建成十六间。乾隆七年（1742），三义正殿揭瓦完成，又于后院补建廊房六间。乾隆二十年五月《重修关帝庙碑记》记载了续有礼等人于乾隆十二年（1747）四月修缮后殿暖宫三间，完工后又金妆神像，绘画前后殿宇六十余间。自此之后，殿阁灿烂，栋宇辉煌，前后左右，焕然维新，鸟革翚飞，足以壮一乡之色。

乾隆四十七年（1782），前院"内有古松一株，青苍满院，枝丫四塞"，"上碍祭祀之举，下妨演武之观"，乾隆四十六年（1781）五月十三日募化四方善士资财，创修松棚。嘉庆年间在司乃成等人的率领下，对大庙进行过一次大的修缮。同治八年（1869），因之前村中石工众多，在后殿东耳殿奉祀公输子像，每年农历六月二十四进行祭祀活动，后石工越来越少，公输子会遂立条规，必须在会，以后有进会者需自带一千文入会钱。

民国十年（1921）《重修关帝庙创高小学校碑文序》记载的是村人伐树兴建高小培养人才的事。当时庙宇年久失修，村人某等公议伐村北玉皇庙的大树，换资财修缮殿宇以办学。计修正殿三楹，东西角殿各三楹，拟作高等班教室。上院东西斋舍各三楹，拟作教员休息室。中院东西斋舍各八楹，拟作学生自修室。中殿三楹，月门两座。前院东西斋舍各六楹，下院东西斋舍各三楹，拟作学监室及招待等室。东西角楼各两楹，东西厦楼各两楹，舞楼五楹。外院月台、花墙一所，舞楼九楹，东西碑亭各三楹。

庙内存新碑 10 方，记录了 1988—2015 年的历次修缮。根据关帝庙内的碑刻内容和关帝庙的建筑风格，可考证出府城关帝庙的历史沿革。

在山西乃至全国众多的关帝庙中，府城关帝庙以其三义殿四根人物柱和关帝殿四根盘龙柱石雕艺术取胜，令游人和香客赞叹不绝，实属全国庙宇石雕中的精品。2013 年 3 月 5 日被国务院公布为第七批全国重点文物保护单位。

01　府城关帝庙航拍（由南向北）

二、建筑特点

关帝庙坐北朝南，随地势而建。自山门起，各院落次第升高，布局严谨，气势宏伟，给人以肃穆幽静、富丽堂皇之感。平面布置为四进院落，每进院东西长约 26.9 米，南北宽约 15.2 米，又分上、下两院，高低错落，因此被称为"四进八叠"。庙宇的中轴线上由南至北依次为头道山门（舞楼）、石牌坊、二道山门、关爷殿、三义殿，两侧有东西配殿、碑廊、厢房，呈对称分布。主庙占地面积 4200 平方米，加上三义殿后外院各小庙，总占地面积 6000 平方米。有大小殿堂一百五十多间。

头道山门位于最南端，山门倒座舞楼为二层楼阁，正门上嵌一石匾，上书"气撼山岳"四字，苍劲有力。走进山门，可见倒座舞楼三间，东西妆楼各三间。

02 府城关帝庙全景（由南向北）

03 府城关帝庙头道山门正面

04 府城关帝庙西碑廊正面

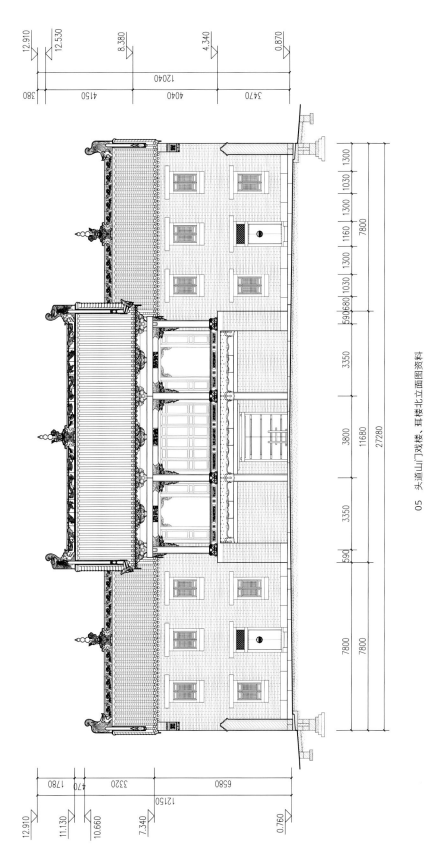

05 头道山门戏楼、耳楼北立面图资料

府城关帝庙

一进院的东西两侧是碑亭，有古碑十多通，分列于碑亭之内。除《重修关帝庙碑记》《重修关帝庙前院正殿并创建东西两庑碑记》记寺庙沿革外，其余均为布施、功德碑，记载了社会各界捐资维修古庙的功绩。古碑碑首有多幅浅浮雕石刻精品，碑刻书法有真、草、隶、篆多种字体，书法价值颇高。

踏上七级台阶，上到第二层院落，正前方新建一座石质牌坊，宽约 10 米，高约 8 米。四根石柱顶起三个石雕的庑顶。正面镶嵌红字石匾曰"万世人极"，背面匾额"义柄乾坤"。周围构件雕刻有狮子滚绣球等浮雕民俗图案。

过牌坊，再上十三级台阶，到达厅前院。东西有迎仙楼、赏月楼，斗栱飞檐，雕梁画栋，与两侧高高的钟鼓二楼遥相呼应。正中台阶上是第二进山门。山门正中门额上刻四个木雕大字"至大至刚"。前檐下立着四根方形石柱，廊柱高约 6 米，柱周长约 1 米，石质光滑细腻，色如墨玉。四根柱上雕刻着两副楹联："峻德参天乃武乃文赤濯声灵昭万古；丹心耀日为忠为义馨香俎豆肃千秋。""炎鼎续三分挂印封金炯炯丹诚并升恒而永曜；史书存正统征吴伐魏煌煌大义合上下而同流。"柱下的石础 1 米多高，上层为仰莲花瓣，中间四面各雕瑞兽，下层为仿木几腿样式，简洁稳重。柱子上的木枋雀替雕刻有游动的双龙、牡丹、白鹤、麒麟、白虎等珍禽瑞兽，雕工精细，华美而灵动。

正门两侧各开一个侧门，门上有抱厦，抱厦使用两根石柱支撑，横额上三朵斗栱，枋下雀替上雕刻有二龙攀升，正中两凤鸟展翅作回头状，其间点缀有牡丹花和喜鹊。门枕分别是一对精雕的狮子。形态逼真、神态各异，远看威猛庄严，近观又有栩栩如生、跃跃欲腾之感，造型生动，线条流畅，刻工精巧。廊柱、石狮在周围的花池树衬托下，显得肃穆庄重，气度不凡。

06　府城关帝庙鼓楼

07 府城关帝庙三道山门正面

08 府城关帝庙钟楼屋顶

过山门，入第三院。回看为舞台一座，面阔三间。下层供出入，上层为舞台，为娱神唱戏之用。舞楼前四根石柱上雕刻着两副对联："移步换形漫说炎凉都是假；描头画角须知喜怒尽成真。""纬文经武衣冠郁郁昭云汉；叶律应吕歌舞雍雍映斗牛。"内容写的是演戏与现实的关系，让人在看戏的同时感悟人生如戏。

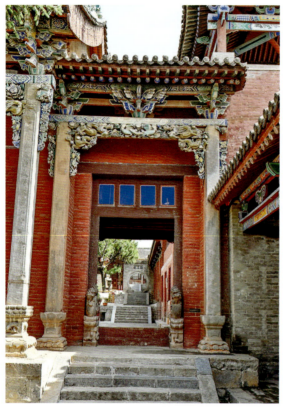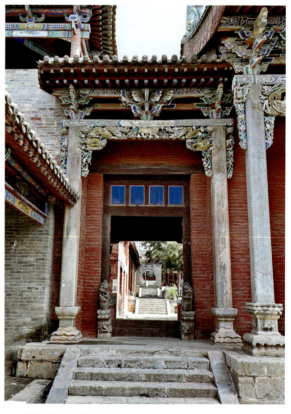

09　府城关帝庙东掖门正立面　　　　　　　　　　　10　府城关帝庙西掖门正立面

11　府城关帝庙东掖门抱鼓石　　12　府城关帝庙东掖门抱鼓石　　13　府城关帝庙西掖门抱鼓石　　14　府城关帝庙西掖门抱鼓石

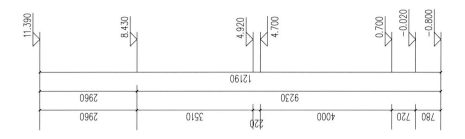

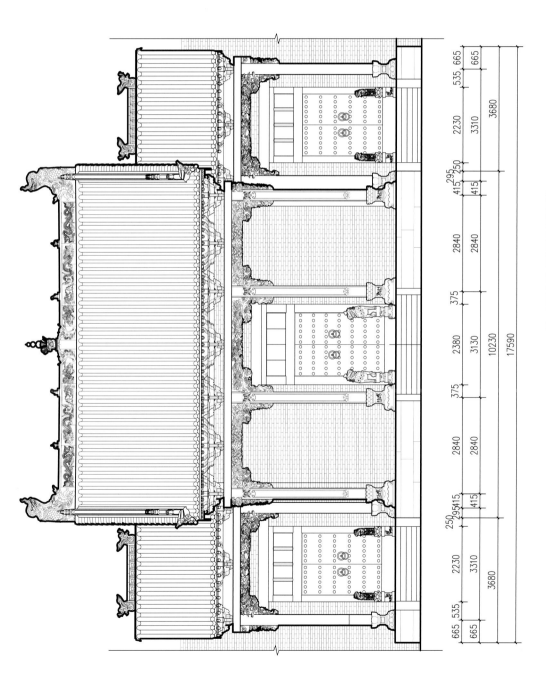

15 三道山门、掖门正立面图资料

泽

州

卷

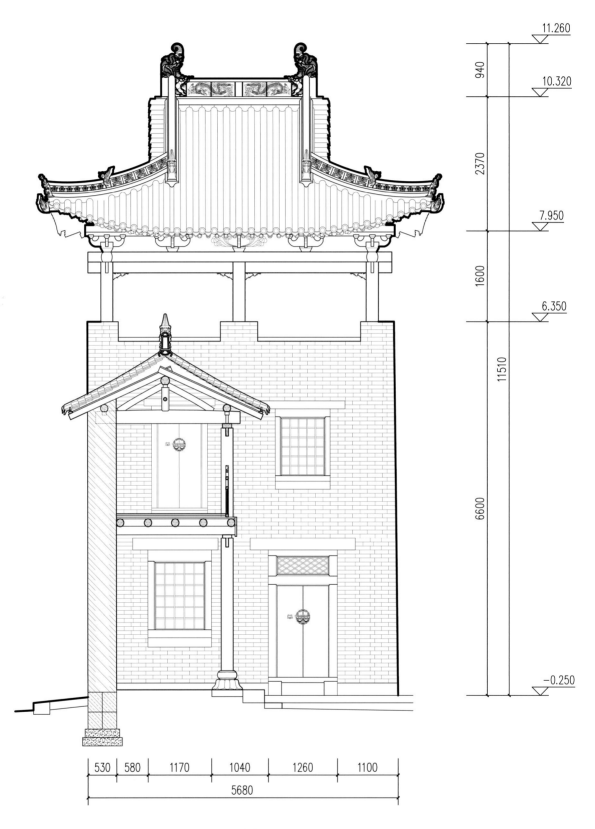

11.260

940

10.320

2370

7.950

1600

6.350

11510

6600

−0.250

530 580 1170 1040 1260 1100

5680

16 钟（鼓）楼、出厦正立平面图资料

北面有台阶把院子分成上、下两部分，上院中间为一正方形月台，砖砌台基，台基高1.3米，面积1258平方米。正北是关帝大殿，面阔三间，进深八椽，单檐悬山式顶前后出廊式建筑。殿内梁架采用七架梁对前后单步梁，通用四柱。前施五踩双下昂斗栱，后檐施三踩单昂斗栱，均为如意式。柱间施有镂空吉祥花卉图案。大殿门楣上悬挂"大义参天"金字大匾，殿内正中为一座木质雕花的神龛。龛上额镶着三块大匾"古迹永存""忠义千秋""亘古圣人"，龛内供着丈余高的关公金脸坐像，气宇轩昂。关平、周仓塑像分立两侧。山墙上绘有巨幅关公故事壁画，后墙两侧各开一门通向后院。

17　府城关帝庙关帝殿

18　府城关帝庙关帝殿殿内塑像

19　关帝殿正吻、正脊

20　关帝殿脊刹

21　关帝殿前檐西次间雀替

22　关帝殿前檐东次间雀替

23　关帝殿前檐明间雀替

24 关帝殿前檐柱头斗栱

25 关帝殿前檐明间补间斗栱

26 关帝殿后檐柱头斗栱

27 关帝殿后檐补间斗栱

28 关帝殿前檐西次间西侧檐柱

29 关帝殿前檐明间西侧檐柱

30 关帝殿前檐明间东侧檐柱

31 关帝殿前檐东次间东侧檐柱

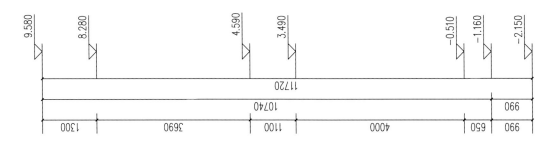

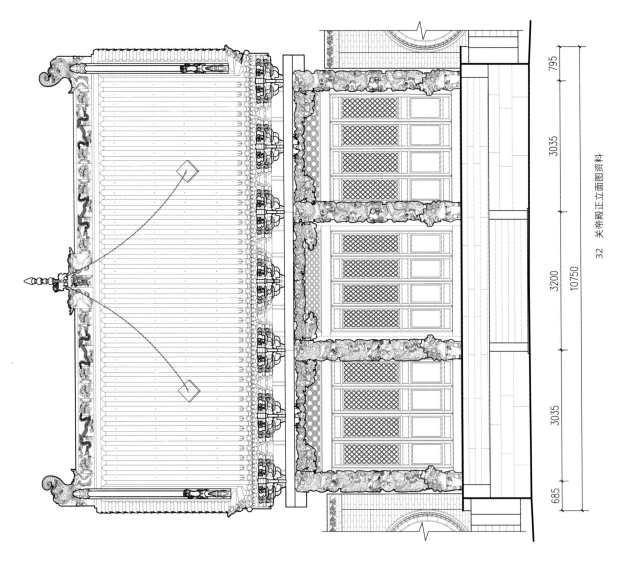

32 关帝殿正立面图资料

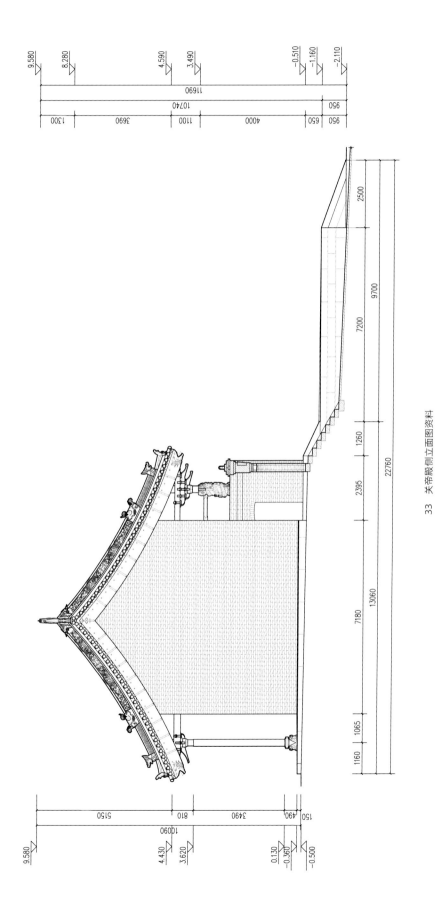

33 关帝殿侧立面图资料

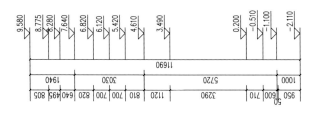

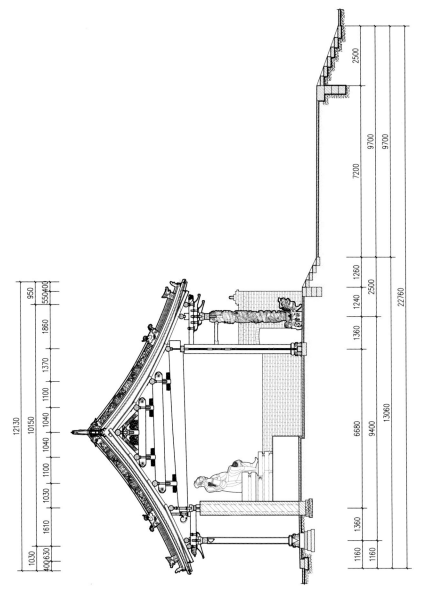

34 关帝殿横断面图资料

关帝大殿两旁各筑一月门通向后院，东门匾曰"龙蟠"，西侧匾曰"凤逸"，意为龙腾凤翔，吉祥满院。东侧厢房为大佛殿、包公殿，西侧为孔明殿、月老殿。

殿前月台下原有松树一株，枝叶繁茂，遮满全院，当时称作松棚院，后毁于战火。现在存一棵奇树，果实为刀形。因其果实像关帝的大刀，就有人演绎出故事，说关公显灵而生刀树。其实此树与械树果实相似，开花时间却不相同，其中奥秘难解。

过月门入后院，后院也分为上、下两院，砖砌台基高0.5米。台前东侧、正中、西侧分别设置石梯，登阶上得最后一院。院呈正方形，北面正中为三义殿，面阔三间，进深六椽，单檐悬山顶，前设廊式建筑。殿内梁架采用七架梁对前单步梁通用三柱方式结架。前柱头施五踩双下昂斗栱，平身科施斜栱。殿内墙壁绘有关羽生平及三国故事壁画，共40余平方米。殿内敬奉刘、关、张塑像。刘备身穿蟒袍居中，关公居左，张飞居右。庙内有碑刻，记载本庙最初是三义庙，后来改为关帝庙。是由祭祀三义改为祭祀关圣帝君的庙宇，故后殿依然按古制，供奉刘、关、张三义。

35 府城关帝庙三义殿侧视

36　三义殿东次间雀替

37　三义殿西次间雀替

38　三义殿明间雀替

39　三义殿明间牌匾

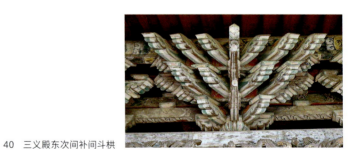

40　三义殿东次间补间斗栱

41　三义殿明间柱头科斗栱

42　三义殿西次间前檐西侧
　　檐柱雕刻近景

43　三义殿明间东侧檐柱
　　雕刻近景

44　三义殿明间东侧檐柱
　　雕刻近景

45　三义殿东次间前檐东侧
　　檐柱雕刻近景

46　三义殿明间东侧檐柱雕刻近景

47　三义殿明间西侧檐柱柱础石鼓雕刻

48　三义殿明间西侧檐柱雕刻近景

50　三义殿前檐明间下框雕刻

49　三义殿明间东侧檐柱柱础雕刻

51　三义殿明间东侧檐柱柱础雕刻局部

52　三义殿前檐金柱柱础

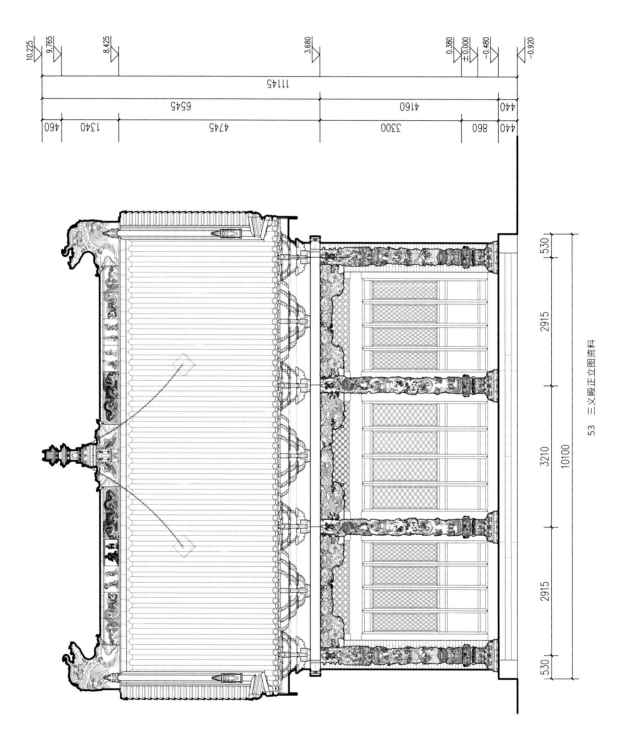

53 三义殿正立图资料

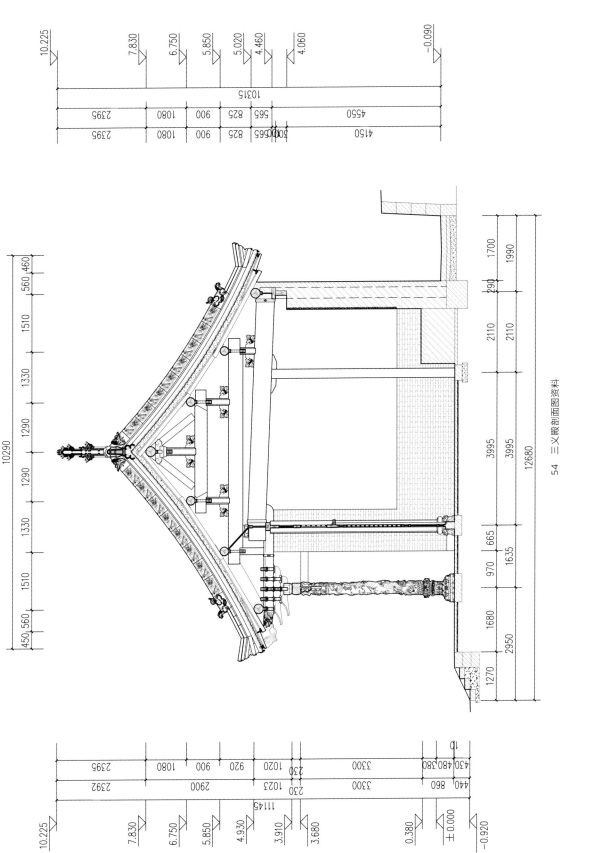

54 三义殿剖面图资料

　　东耳殿为老君殿，祭祀的是老君，他是道家哲人老子的化身，随方设教，度人无数。帮助玉帝管理人的一切思想，主管道家一切事物，现今从事矿山、机电、冶炼、交通者，皆来祭拜。西耳殿为鲁班殿，供奉的是春秋时期公输子，木工、石工匠人都尊他为祖师爷。两边厢房各有祀奉，东侧由北向南依次为龙王殿、财神殿、文昌殿、天师殿、灵官殿。西侧由北向南依次为风王殿、奶奶殿、八仙殿、药王殿。

55　鲁班殿正面

56　老君殿正立面

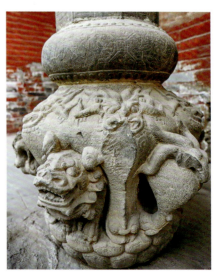

57　老君殿檐柱柱础

大河朝阳牌楼，修建于 2013 年，位于关帝庙外西南。牌楼高约 18 米，宽约 15 米，由两根巨大的大理石柱子擎起。石柱上雕有盘龙浮雕，源于关帝殿前的盘龙柱。牌楼顶由中间高两侧低的三个楼顶组成，属于两柱三间式牌楼。中间楼顶是由五层斗栱托起歇山顶，两侧是由三层斗栱托起的较小的歇山顶。正中间镶嵌有巨大木匾"大河朝阳"。北面匾曰"太行玄风"。匾下横梁上前后是一组二十八星宿石雕，取材于玉皇庙塑像。

58　大佛殿、包公殿

59　孔明殿、月老殿

60　文昌殿

61　八仙殿

62　财神殿

63　龙王殿正面

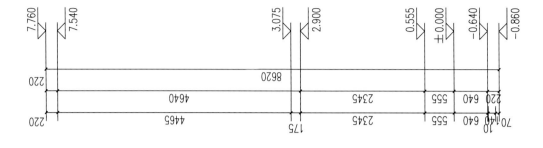

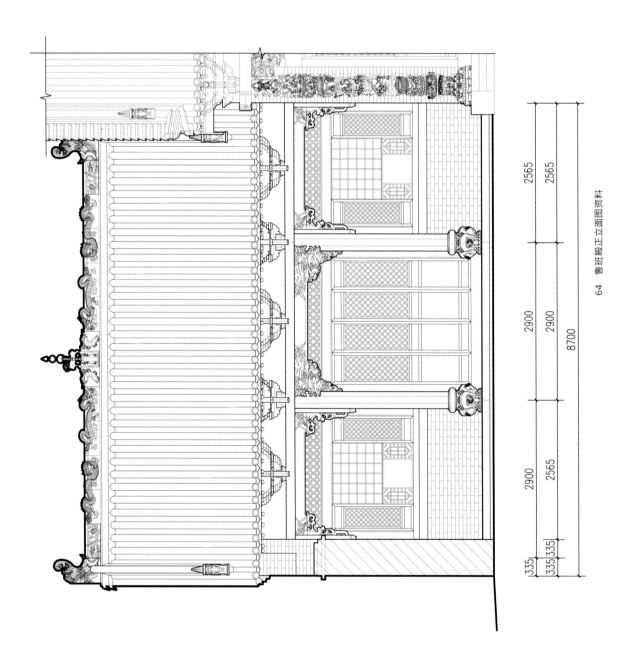

64　鲁班殿正面立面图资料

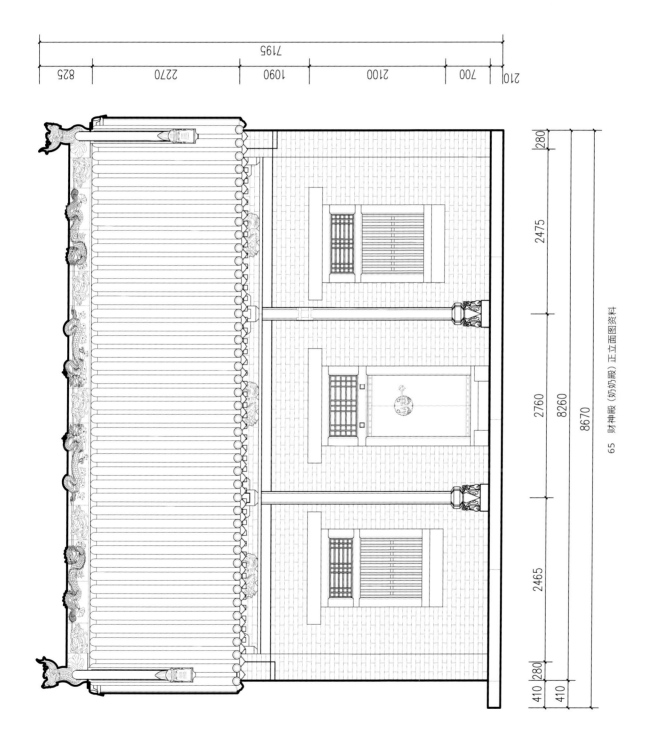

825　2270　1090　2100　700　210

7195

280　2475　2760　2465　280　410

8260

8670

410

65　财神殿（奶奶殿）正立面图资料

三、价值特色

关帝庙的价值特色，首先表现在文物上，庙内现存的石柱、柱础、石狮等石雕和额枋上的木雕都是雕刻精品，具有非常高的文物价值，其次就是它蕴含的民俗文化价值。

（一）文物价值

关帝殿前的盘龙石柱

石雕盘龙柱为关帝殿前檐柱，柱高丈余，合围三尺，共计四根。在石柱体上刻着十余条巨龙。龙体形态各异，或盘绕，或腾跃，上下翻飞，腾云驾雾。近观，龙头骄首昂视，龙眼生辉，龙爪尖锐锋利，龙身雄健强劲。其间穿插雕有八仙、风伯雨师、雷公电母等神仙，他们各司其职，各配法器，神态各异，栩栩如生。支撑盘龙柱的底座是四只凶猛威武的圆雕石狮，它们两两相对，与巨龙交相辉映，给人以雄壮、威严之感。

西边第二根龙柱底座的宝狮身上，镌刻着大篆印"景安"、行草印"乙卯仲秋"、楷书"廷美之印"等石刻字迹，为研究关帝庙的文物历史以及雕刻艺术提供了翔实可靠的历史依据。

据学者研究，盘龙柱是泽州县渠头村玉工世家景安斋所做。景安斋是泽州渠头村的玉工世家，续廷美是清代景安斋著名工匠。在泽州多地留有石雕作品。另外，庙中乾隆二十年（1755）的《重修关帝庙碑记》记载关帝殿重修于乾隆十九年（1754），"乙卯仲秋"是雍正十三年（1735），时间也与修庙时间基本吻合，亦与续廷美所生活的年代范围相吻合，所以这三方印鉴直接印证了盘龙柱是清代本土玉工的作品。

三义殿及人物柱

三义殿最有价值、最为精美的是前廊的四根人物石柱。石柱柱础为两层，下层为楼阁式雕刻，上层置盘龙石鼓。柱身雕刻均分为四个单元，采用镂空雕、浮雕、线雕、立雕相结合的表现手法，将我国上至周朝、下至唐代的300多个历史故事和神话传说，浓缩于四根石柱之上，人物造型虽只有几寸，但眉眼鼻口、衣饰花纹无不细致如真。所选故事生动，人物典型，有的反映古代文人学士的生活，有的描绘古人争战的场面。

从右至左第一根柱子主要内容是郭子仪祝寿图，这个故事也被称为"满床笏"。郭子仪一家劳苦功高，蒙受皇恩，满门富贵，福荫子孙，拜寿的场面热闹宏大，上方郭子仪和夫人端坐中央，下方七子八婿前来拜寿，旁边八音会吹吹打打，看热闹的人挤在一边。第二根是瓦岗英雄图，瓦岗众英雄聚义，结义后辅佐大唐，义勇当先，是桃园结义的延续和翻版。程咬金、徐懋功、魏征、秦琼站在城楼观战，城楼下两员大将一前一后正在大战，前者使枪，后者使鞭，身后一杆大旗上书"三军司令"，两匹战马腾空而起。演绎的是罗成回马枪的故事。另外还有巧胜尉迟恭秦琼两铜换三鞭、智收尉迟敬德画面。第三根是武王伐纣图，比较鲜明的是土行孙和哪吒，三太子脚踏风火轮，一手持枪一手紧握乾坤圈。第四根是张公艺九世同居的故事，柱子上高大的牌坊上书"九世同居"，下书"己丑科进士张氏"，两旁是"兄宽弟忍""永传后世"，表现了张氏的百忍家风。柱子还穿插了其他人物故事。四个主要故事的结局都是圆满喜庆的，事件之间和正殿崇祀的人物关系极为密切。四根柱子的故事正是三义精神的体现，分别表现义的不同层面。忠、勇、礼、仁统一起来就是一个"义"字，四根柱子紧紧扣住了三义殿的主题，可谓巧妙、含蓄、智慧。

实际上，四个故事的内涵也是关公精神的精髓所在。如有除恶扬善的名人轶事，也有九世同堂的传统故事，以及宫廷豪门的生活写照。如"满床笏"，讲的是唐代大将郭子仪祝寿的豪华热闹场面；也有劳动人民辛勤劳作的真实画面，等等。这些极其精微的立体艺术画卷，具有极高的鉴赏价值。绕柱观赏，还雕刻有错落有致的亭台楼阁、枝繁叶茂的花草，栩栩如生的虫鸟，以此点缀和衬托人物形象，更表现出不同人物性格之灵性。如果说关帝殿前的盘龙柱表现了石雕艺术的雄浑与粗犷，那么三义殿前的人物石柱则属细腻精致的艺术珍品。

（二）关帝庙的民俗价值

关于关公信仰，一般观点认为始于南北朝，到唐朝是形成期，宋元是发展期，明朝是盛行期，清朝是鼎盛期。

我国现存最早的关帝庙是阳泉的林里关王庙，创建于宋宣和四年（1122），当时宋徽宗先封关公为"武安王"，后又加封为"义勇武安王"。到了元代，元文宗加晋封号为"显灵义勇武安英济王"。明朝皇帝多次加封，神宗封"协天大帝""协天护国忠义帝""三界伏魔大帝神威远震关圣帝君"。

清代皇帝加封关羽次数最多，封号的字数也多。顺治帝封之为"忠义神武关圣大帝"；乾隆帝封之为"忠义神武灵佑关圣大帝"；嘉庆帝封之为"忠义神武灵佑仁勇关圣大帝"；道光帝封之为"忠义神武灵佑仁勇威显关圣大帝"；咸丰帝封之为"忠义神武灵佑仁勇威显护国保民关圣大帝"，后又加封"忠义神武灵佑仁勇显威护国保民精诚绥靖关圣大帝"；同治帝封之为"忠义神武灵佑仁勇显威护国保民精诚绥靖翊赞关圣大帝"；光绪帝封之为"忠义神武灵佑仁勇显威护国保民精诚绥靖翊赞宣德关圣大帝"。全国最大的关帝庙当属解州关帝庙。现为清代建筑，庙宇规模宏大，无论整体规模还是单体建筑，都算全国之最。

关帝信仰目前是全国最为普遍的民俗信仰，晋城范围内有多少座关帝庙，不可胜数。府城关帝庙每年举办关帝诞辰民俗活动，规模宏大，非常热闹。游行、祈福、祭拜，一项又一项活动虔诚有序，民众参与度很高，关帝也成为当地民众虔诚敬奉的福神，这项活动的民俗价值不可低估。

四、文献撷英

府城关帝庙内的古碑较多，但只有七方古碑内容与庙宇的修缮有关。最早的一方《重修关帝庙前院正殿并创建东西两庑碑记》，勒石于清乾隆十九年（1754），追叙了乡人续有礼带头积极募化，于乾隆元年（1736）修起厢房十八间，前殿也得到修缮。

《改建三义正殿九间并创建东西廊房二十二间碑记》勒石于乾隆二十年（1755），叙述了重修关帝殿以后，又得到兄长及各位朋友的鼎力支持，乾隆七年（1742），将正殿九间建起，补修了廊房六间。同年勒石的《重修关帝庙碑记》，追叙了乾隆十九年修建山门、暖宫、戏楼、东西厢房、东西小院，又金妆神像，绘画殿宇六十余间。乾隆二十一年（1756），又勒石《重修关圣帝君庙碑记》，对前面的事进行了综述。

勒石于嘉庆二十五年（1820）的《重为补葺碑记》，记载的是因年远日久、风雨剥蚀，殿宇有残缺之貌，众善士在司乃呈、刘安土、续安成带领下，积极筹款加以修缮。

勒石于民国十年（1921）的《重修关帝庙藉创高小学校碑文序》碑，由村人牛敬堂撰文，记载府城村众在秦世昌、牛敬堂的带领下，共同议定砍伐玉皇庙松树进行变卖，修缮关帝庙并招教师，创办高级小学的事。

2013年大修庙宇期间，出土残碑一方，碑文记载府城村东岗有三义庙，创自明崇祯十七年（1644）。此碑疑为明末清初之碑，解开了府城关帝庙的创修之谜，可谓重要发现。

晋城国保丛览

泽州崇寿寺 / ZEZHOU CHONGSHOU SI

一、遗产概况

泽州崇寿寺位于晋城市北 25 公里的泽州县巴公镇西郜村东北。西郜村古称塔里，又名浩庄。东连三家店村，南至东郜村，西临晋高一级路，北接北郜村。这里山清水秀，环境优美。西郜村历史悠久，文物古迹众多。第三次全国文物普查中登记有崇寿寺、会真庵、关帝庙、张氏祠堂、文庙、二仙庙等不可移动文物 16 处之多。

其中最为著名的当数村东高冈上的崇寿寺，寺初创于北魏，唐开元七年（719）重建，宋太平兴国三年（978）敕赐院额，大中祥符元年（1008）始名崇寿之寺，天圣年间（1023—1032）东郜村乡贡三礼殷日新同北郜村税户赵政重修殿宇，彩绘内壁。百年后殿宇荒废，至宣和己亥（1119）寺院得以复修，佛殿法堂行廊僧舍俱已完备，金天会八年（1130）本寺管构僧崇福与本村慷慨豪民张时遇自备家资千贯之余新修山门，至此崇寿寺规模初现，渐成一方胜览。但经金元战乱，风雨摧残，元室初立时，寺内建筑仅存一二。从至元二十一年（1284）至皇庆元年（1312），本寺讲经沙门通志、明利师徒、三家店施主赵玉等历经二十八年，修复释迦殿、法堂、东厨、僧堂、东西两庑，并与高平金峰崇果灵岩院、崇福院、正觉院、清化寺、游仙寺结为法眷，土地一度有二百余亩，盛极一时。明洪武年间（1368—1398），并附近景德、寿阳、真容、大景五寺入崇寿。天顺二年（1458）三家店善士捐资维修释迦殿。正德十四年（1519），创建冥府十王殿五楹，妆塑十王像，万历六年（1578）创塑大佛，万历三十年（1602）又加维修。及明末天下灾乱，寺院台榭倾圮、寺僧远窜，几近荒废。北郜村善士牛国玺、国兆、国贤弟兄与其戚原炳然、郜化霖谋划于清顺治甲申（1644）竣工于庚寅（1650），先将原有殿宇修复，又于佛殿两侧营建师利诸佛殿、关圣殿，顺治八年（1651）竣工，于罗汉殿两旁建钟鼓楼、天王殿，至康熙二十一年（1682）工程告竣，前后经营三十二年，计费五千余金，至此崇寿寺殿宇完备，始成今日之规模形制，崇寿吐雾也列入泽州八景之一。其后牛氏后人继先人之志，为妙相三十三并布金饰地，使诸佛像以及槫栌槲栌煊然以金碧丹垩，成泽州东北之大观，至康熙二十九年（1690）竣工。康熙三十七年（1698）牛氏再次捐资兴建碑楼置买田土，及至牛氏曾孙牛元永、元善辈再次对崇寿寺予以维修，雍正七年（1729）工程告竣。但至咸丰年间（1851—1861）寺宇再次倾圮，李充盈、许凝香等纠集合族慷慨解囊得钱七百余缗，于咸丰辛亥（1851）秋八月至十月对寺院重加维修。清末直至民国时期，寺院荒废，无僧住持。20 世纪 30 年代孙殿英部对寺院进行洗劫，盗刮佛像金身，毁坏巨钟。1942 年，日本学者道端良秀曾随日军驻在高都镇泊村，将泽州高平的十余处佛寺石窟作了一次比较深入的调查，调查报告随后发表于 1944 年的《大谷学报》上，题为《山西泽州及高平的石佛调查》，其中《郜村的摩崖佛》是有关西郜村北魏摩崖石刻和崇寿寺珍贵的早期勘察史料（原文翻译附后）。1956 年第一次全国文物普查，普查结果以《晋东南潞安、平顺、高平、晋城四县的古建筑》一文分两次刊登在 1958 年的《文物》杂志第三、四期。《崇寿寺》一文由朱希元执笔，记录了崇寿寺的位置、历史、布局及释迦殿的建筑结构、特征等，并附有两张释迦殿、斗栱照片。1958 年由省文物局拨专款予以维修，其时雷音殿已严重后倾，采用牛拉人拽予以还原。1962 年古建专家张驭寰又对晋东南古建筑进行了为期三个月的考察，撰写了专著《上党古建筑》，书中对崇寿寺释迦殿、北魏造像碑、唐代经幢皆有介绍并附有照片，是有关崇寿寺较早的专业记载。1965 年崇寿寺被列为县文物保护单位，1986 年列为山西省第二批文物保护单位，2015 年，由山西省古建筑保护有限公司施工，对释迦殿进行落架大修。2017 年对雷音殿、大士殿、关帝殿进行维修，2018 年对院内碑楼、钟鼓楼等建筑进行加固维修。2019 年 10 月 7 日被国务院公布为第八批全国重点文物保护单位。

01　崇寿寺航拍（由南向北）

二、建筑特点

　　崇寿寺坐落于山西省晋城市泽州县巴公镇西郜村东北高冈之上，坐北朝南，三进院落，南北长87.2 米，东西宽 36.7 米，占地面积 3200 平方米。现存建筑布局山门前为四柱三间牌坊，牌坊前后石狮守卫，正中四个金字"崇寿古刹"。其后沿中轴线踏上十九级台阶为山门，创建于金天会八年（1130），现存为清代建筑。面阔三间，进深六椽，中开板门，前檐廊下左右塑哼哈二将，中悬"崇寿寺"匾额。两侧各有耳殿三间。门后为前院，正北为天王殿，坐落于六级台阶之上，面阔三间，进深六椽，单檐悬山顶，前后各设格栅门窗，现为清代建筑。内塑弥勒佛、韦驮菩萨和四大天王像，为 20 世纪 90 年代作品。天王殿两侧有东西掖门，檐下三翘七踩斗栱三朵，门前各有清代早期石狮一对。左右为钟楼、鼓楼，均高 15 米，二层十字歇山顶楼阁式建筑，改建于 20 世纪 90 年代。从掖门入中院，院南左右各有唐代八角形石幢两座，通高 4 米，须弥座上雕宝装莲瓣及石狮，幢身刻陀罗尼经，宝盖为璎珞花纹，镂刻精细。正北为释迦殿，面阔三间，进深六椽，单檐歇山顶，重建于宋宣和元年（1119）。释迦殿东西为二层砖砌厢房，三间四椽。中院东西配殿为罗汉殿及地藏殿，罗汉殿为元代建筑，地藏殿为明代建筑，均面阔五间，进深六椽，单檐悬山顶。由释迦殿两侧入后院，后殿为雷音殿，单檐悬山顶，面阔五间，进深六椽。明间檐下存元至正二年（1342）匾额一块，现存乃明代建筑，清代重修，但留有多处元代风格。殿前左右各有碑楼一座，单檐歇山顶，内立康熙二十年（1681）、康熙二十一年（1682）重修崇寿寺碑。再南有东西二层三间厢房，各进深四椽，东厢房内存明代泥塑一尊。雷音殿旁东西各有

02　崇寿寺远景

小院一区，东为菩萨院，门上石匾曰"海潮庵"，北为三大士殿，面阔三间，进深四椽，单檐悬山顶，供奉三大士（观音、文殊、普贤）。南殿为石佛殿，用砖券成墙龛，龛内立北魏造像碑两幢。西偏院为关圣院，门上石匾曰"西极天"，正殿为关帝殿，供奉关羽、关平、周仓，南为马厅，原塑二马，均为清代增建。全寺建筑集宋、元、明、清于一体，存唐、宋、金以来碑刻十五方，规模宏大，形制完整，是研究晋城北魏以来佛寺历史沿革的重要实例。

03　山门脊刹

04　山门正立面

泽州崇寿寺

05 山门一排北面全景

06 山门屋顶垂脊、垂兽

07 山门后檐柱头斗栱立面

08 山门后檐补间斗栱立面

09 天王殿脊刹

10 天王殿正立面

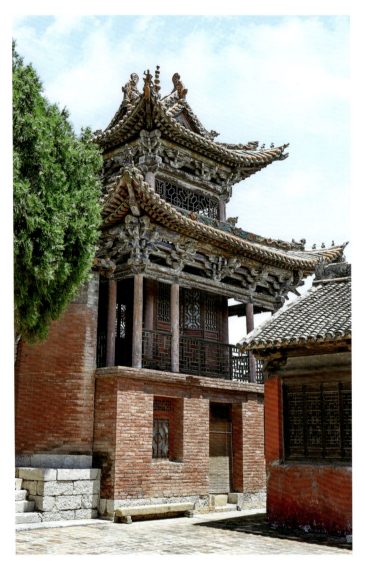

11　钟楼

12　钟楼顶部构造

13　钟楼斗栱（后尾构造）

14　鼓楼脊饰

15　鼓楼顶部藻井

16　鼓楼角梁构造

17　鼓楼正立面

18　鼓楼斗栱后尾构造

19　鼓楼斗栱后尾构造

20 天王殿东掖门正立面

21 天王殿室内木构件布局

22 天王殿东掖门前檐垂柱、木雕

23 天王殿东掖门石狮

24 天王殿西掖门石狮

三、价值特色

（一）释迦殿

初建于宋天圣年间（1023—1032），重建于宋宣和元年（1119）。大殿建于东西宽12.9米，南北长14.1米，高0.75米的台基之上，面阔、进深均为三间，单檐歇山顶，正脊黄绿釉琉璃脊饰、脊刹、吻兽，垂脊、戗脊为灰陶脊，饰龙纹，垂脊前端为琉璃龙头，殿顶举折平缓，翼角飞翘，舒展自然，出檐深远，宋代建筑特征明显。灰筒瓦覆屋顶，四周立柱十二根，除后檐明间为圆形木柱外，其余均为方形抹八棱石柱，柱上有宋宣和元年和元至元二十一年（1284）捐施、重修题记五条，柱子收分、侧角明显。柱础为素平式，与地面齐平，朴实无华。柱间阑额、普拍枋均不出头。大殿前后檐均在明间设板门，门簪两枚，两次间置直棂窗（20世纪民间初次维修时更换为六抹格栅门窗），前后檐明间的地栿、立颊、门额均为石作，是晋东南早期古建中唯一一处。后檐明间的门额正中有题记："西浩村东院十六翁名吉，发虔心将已分之财愿施崇寿寺石门框一座。赵吉妻郭氏；男澄新，妇张氏；次男发新，妇王氏；女子司郎妇，浩郎妇；孙女五姑；孙男郑喜、安喜、朵儿、偎哥。时岁次庚戌孟冬中旬有三日记。"在早期的崇寿寺介绍中，对此石门框题记均语焉不详。一种说法沿用1958年第一次全国文物普查报告"晋城县莒山乡司村众社民户施门一合，正隆二年岁次丁丑仲秋二十日谨记"，实际上这一题记为高平市河西镇西里门二仙庙门框题记。另一说法为"正隆庚戌年，即正隆五年（1160），并且考证五年为庚辰，

系将庚辰误作庚戌"，其实此种说法也是未看到原物，将两则题记混合所致。庚戌年应为金天会八年
（1130），这一年崇寿寺新修山门，善士赵吉捐资更换石门框，与前檐相对称。前门正上方悬挂"释迦殿"
匾额，为元代原物。檐下施柱头铺作一周，五铺作单杪单下昂单栱计心造，耍头蚂蚱头形，无补间铺作
之设，只作隐刻。前檐及两山里转双杪全偷心造，楷头压跳承栿；后檐双杪承栿。转角铺作外跳单杪
单下昂，角昂之上"别施由昂"；里转三跳角华栱全偷心承大角梁。梁架为四椽栿压后乳栿用三柱结构，
乳栿背上置复梁，四椽栿栿背之上前后蜀柱承负平梁头，平梁之上以合楷稳固侏儒柱，柱头设大斗上
置襻间、替木承脊槫，两侧斜安叉手。内柱柱头栌斗十字出栱承栿与襻间，丁栿一平一斜置放，栿背上
合楷、蜀柱（草架柱子）承系头栿。屋顶为筒板布瓦覆面，正脊、垂脊、戗脊均为陶质，鸱吻、脊星楼、
垂兽、套兽、傧伽皆为黄绿琉璃。

26　释迦殿脊饰

27　释迦殿屋顶局部（翼角）

28　释迦殿屋顶角神

释迦殿的主要特征表现在两个方面：

其一，沿袭前制做法：宋中期手法，如铺作外跳计心、里跳全偷心造。转角铺作外跳瓜子栱列耍头，里跳全偷心造承大角梁。

其二，《营造法式》做法："昂面中颤"、两棱䫻圆的琴面昂；"刻作两卷瓣"的华头子，都是《营造法式》规定的标准做法。尤当重视的是，转角铺作正侧身跳头鸳鸯交首栱的做法，完全遵照了《营造法式》"斗底两面相交，隐出栱头"之规定。

释迦殿的重要创新做法体现在三个方面：

其一，内柱柱头使用了瓜棱形栌斗，是目前已知宋构之首例（较早的实例见于宁波保国寺大殿，公元1013年）；

其二，内柱柱头华栱向内出抄承乳栿过柱缝承在四椽栿之下的栱头，向外制成楂头承于乳栿之下，这是在内柱柱头之上前后叠压分出两只楂头承栿做法之首例；

其三，前槽蜀柱下以合楂稳固柱脚、合楂外端延长至下平槫外，上置大斗承槫，功能独特，构造精巧，是合楂灵活应用的又一趣例。

释迦殿是一座创建于北宋宣和元年（1119）的遗存，前后檐柱保留有多条题记。其实该殿对当地建筑发展史的重要贡献有两点：一是"斗底两面相交，隐出栱头"。此前，或可说自唐代以来，我们只见"斗底两面相交"，未见"隐出栱头"者，此后也未见流行。所以，此例便成了《营造法式》此项规定的注解。二是内柱华栱一端出抄承在乳栿的楂头之下，另一端亦制成楂头承在乳栿之下。这只楂头标志着以多个楂头承底栿为主要特征的"楂头式构架"模式的定型。释迦殿整体为宋金遗构，是我国北方地区最接近《营造法式》的宋代建筑。

29　释迦殿斗栱

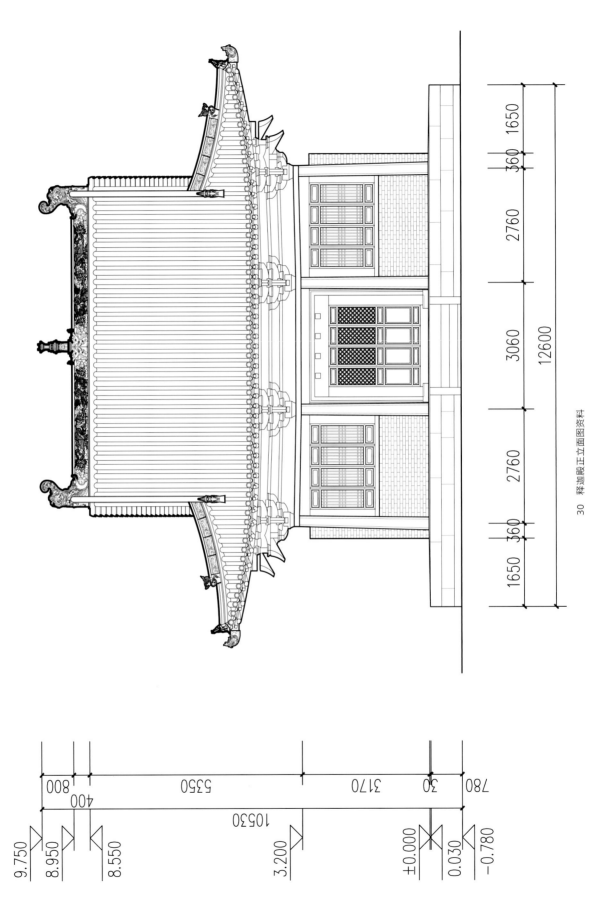

泽

州

卷

30 释迦殿正立面图资料

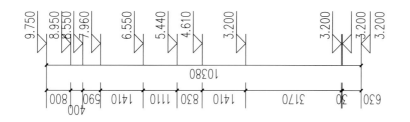

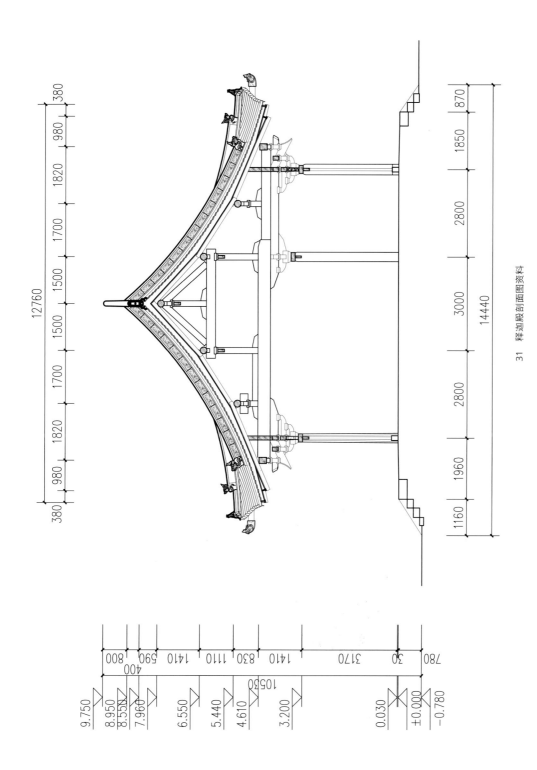

31 释迦殿剖面图资料

（二）罗汉殿与地藏殿

均建于高约 0.2 米的台基之上，面阔五间，进深六椽，单檐悬山顶。前檐用六根砂岩混八棱柱子，微有收分，明间设方形青石柱础，四角高浮雕如意纹。柱间施阑额不出头，上设普拍枋出头。檐下柱头斗栱五朵，单下昂四铺作，昂为琴面假昂，下刻双瓣假华头子。补间不设斗栱，仅以短柱支撑枋木，有早期直斗之意。明间开门，次间开窗，均为清代格栅式，尽间砌墙。后檐之间砌墙，无柱子斗栱。殿内六椽栿通檐，前压下昂，出檐刻作卷云耍头，上承替木、撩檐槫。后端直接砌于墙内。六椽栿之上再架四椽栿、平梁，梁间以蜀柱相支撑，蜀柱间设襻间稳固。平梁上施蜀柱、叉手直接托脊槫。顶覆琉璃筒板瓦，琉璃脊饰，均为 20 世纪 90 年代维修更换之物。《山西省历史地图集》中将两殿均定为元代建筑，实际上地藏殿建于明正德九年（1514），仿罗汉殿而建，两殿清顺治年间（1644—1661）都有过大修。

32　罗汉殿

（三）雷音殿

建于高 0.5 米的台基之上，中设三级踏垛，面阔五间，进深六椽，高 10.33 米，前廊式单檐悬山顶。前檐用六根青石抹八棱柱子，收分明显，方形青石柱础，四角高浮雕如意纹。柱间施阑额不出头，阑额两端高浮雕花卉，下施雀替，上设普拍枋出头。檐下柱头斗栱五朵，单下昂四铺作，昂为琴面假昂，下刻双瓣假华头子。补间各设斗栱一朵，单杪四铺作，昂形耍头。明间檐下悬挂"雷音殿"匾额，元至正二年（1342）建，明万历三十年（1602）重修。各间均设四扇六抹隔扇门。后檐之间砌墙，无柱子斗栱。殿内六椽栿通檐，前压下昂，出檐刻作卷云耍头，上承替木、撩檐槫。后端直接砌于墙内。六椽栿之上再架四椽栿、平梁，梁间以蜀柱相支撑，蜀柱间设襻间稳固。平梁上施蜀柱、叉手、丁华抹颏栱托脊槫，脊槫下花梁上有墨书"时大清顺治八年岁次辛卯闰二月十三日竖柱上梁重修正殿五间"题记。顶覆琉璃筒板瓦，琉璃脊饰，均为 2016 年维修更换之物。整体建筑为元建明修，清代重修之物。

33　雷音殿正立面

34　雷音殿前檐檐柱柱头斗栱

35　雷音殿前檐檐柱柱头雀替

36　雷音殿东耳殿正立面

37　南殿正立面

38　雷音殿东耳殿脊饰

39　雷音殿东耳殿前檐柱头斗栱立面

40　雷音殿东耳殿前檐柱头木雕

41　雷音殿西耳殿正立面

42　雷音殿西耳殿脊刹

43　雷音殿西耳殿前檐柱头斗栱

44　雷音殿西耳殿前檐柱头木雕

　　崇寿寺历史久远，形制规整，整体布局严谨，建筑规模宏大。释迦殿完好地保存着宋代建筑的特征与风貌，且有确切的题记，是古建研究的重要实物资料。寺内保存着数量众多、年代久远的北魏造像、唐代经幢、碑刻题记等文物，时代特征鲜明，文化内涵丰厚，对于研究寺院的历史发展脉络及佛教文化在该地域的传播具有较高的参考价值，与现存庙宇建筑具备相互印证的作用。

45　千佛造像碑（右）

46　千佛造像碑（左）

47　经幢（东）

48　古树

49　古树

50　经幢（西）

四、文献撷英

北魏造像碑

通高 2 米，宽 0.8 米，厚 0.3 米。碑下部雕刻一坐佛和二站立菩萨，坐佛头戴宝冠，面形瘦长，双耳垂肩。像上方刻画着四坡水式屋顶，瓦垄齐备，屋脊的两端有高壮的脊吻，间接反映泽州县北魏时期的建筑形象和结构特征。屋顶两侧浮雕二飞天，手持飘带，身着长裙，体态轻盈。碑上半部刻七十二小佛，侧面刻一佛二弟子像，背部不可见。佛、弟子像均为典型的秀骨清像，具有典型的北魏晚期特征。

唐代八角形石经幢

两座，各通高 4 米，东幢下施八角须弥座，饰宝装莲花，须弥座上再置莲座一层。幢身平面为八角形，八面均刻陀罗尼经，幢身之上有伞盖一层，宝盖为璎珞花纹，镂刻精细。第二层幢身八面各有浮雕菩萨像一尊，其上又施仰莲三层，宝装莲瓣一层。西幢与东幢稍有差异，是泽州县保存最为完整的唐代经幢。

北宋天圣十年壁碑

勒石于北宋天圣十年（1032）。碑为方形，高 32 厘米，宽 33 厘米。碑文记述崇寿寺修建妆绘佛殿经过。全文 250 字，楷体竖书，共 15 行，行 19 字。碑上方正中浮雕佛像一尊。保存完好。碑文如下：

东浩村乡贡三礼殷日新，男文伟、文谅、文昐，孙闰之、闰章、闰昌、王拾、韩留、韩七，重孙钟叔，房侄允恭；司氏婆婆、李氏、司氏，新妇暴氏、周氏、丁氏，孙妇赵氏、张氏，伏以心归胜地，意慕清凉，累世修持，今逢行果。先有天水丈人赵政六姻向善，九族从缘，兴崇与归依之处，彩绘就崇寿之间。先修殿宇东壁，后妆绘画成于梵宫仪容像。佛出世生前庆赞，没后无由结果，望期千龄，受行才经半世，况闻之者先代同炉，今生共会，并因祖寿婆婆之缘，显署二亲之故，特于佛殿东壁上彩画维摩之因，并两家亲属之相，刊石标名，永为记耳。

时大宋天圣十年四月三日庆毕。

崇殿绘壁主北浩村税户赵政妻浩氏、寺主僧道侣、功德主石德、小师法来。

画匠：李罕、刘显刊。

金天会八年《崇寿寺新修三门记》

勒石于金天会八年（1130）。碑圆首长方座，座高 36 厘米，宽 80 厘米，厚 32 厘米；碑通高 109 厘米，宽 67 厘米，厚 17 厘米。碑首正中篆书"崇寿寺新修三门记"八字。碑文记述崇寿寺新修山门经过。全文 450 字，楷体竖书。朱绂撰文，明洙篆额，张闾书丹。保存完好。碑文如下：

莒山乡浩村寺规模壮丽，雄势横飞，积以岁月之久，不知何代始兴缔构之功也。唐开元七载，重加修饰之功。宋祥符元年，初号崇寿之寺。寥寥数百载，惟佛殿、法堂、行廊、僧舍俱已完备，而三门尚阙。本寺管勾僧善福，心悟释教，性好结缘，常虑门墙之完备，每干信士以修完。时有慷慨豪民张时遇，念斯善事亘古难成，于是辄发丹恳，特许修营，备家资千贯之余为崇建三门之费，夙夜公勤，略无少怠。材木崇朝而山积，良工不日而云会。推斧运斤，如雷霆之震响；架梁举栋，若虹蝀以腾身。不逾旬日，功乃告成。栾栌笋峻，参差排日月之光，薨桷凌虚，炳焕夺云霞之丽。人皆瞻仰，靡不恭钦。又乃甃阶以永盘石之固，饰崇墉以为环堵之安。僧游清静，深造□门。当五千年拔俗之时，过一万劫出尘之际。奉佛者有所归依，持斋者知所趋向。心甘寂寞，安处于仁寿之域；志乐道遥，出入乎空门之内。或循礼而动，或蹈道而行，未有不由于□，则建立三门之功斯为大矣。观夫继前人之善缘，成今日之因果，宜其褒美功德于一时，昭著佳名于万古也。恐岁月遒迈，周记其由，因序厥功，刻之于石，以示后人。

时天会八年岁次庚戌季秋九月二十一日记。

浩村张时遇立石，弟时通、时道，男彦武、彦文，侄彦英、彦雄。

元皇庆元年《重修崇寿寺碑记》

勒石于元皇庆元年（1312）。《凤台县志》："后列帝师堂下都僧录智鉴圆明大师五十七字官衔。考元时崇尚释氏，帝师尤为尊贵。皇庆时兰纳识时为帝师，通三藏及诸国语，授光禄大夫、开府仪同三司，仍赐三台银印，兼领功德使司事。至顺二年，赐玉印，加号普觉圆重明广照宏辨三藏国师，寻以谋反伏诛。记云：'帝师堂下，不过帝师弟子，而官阶犹赫奕若此。则当年帝师之尊，至于藏奸匿盗，诸多不法，害莫可言。番僧世嗣，与元运相终始。'"《山西通志·金石记》著录。碑圆首长方座，座高43厘米，宽90厘米，厚38厘米；碑通高176厘米，宽70厘米，厚25厘米。碑首用减地平剔手法镌刻双龙图案，正中篆书"重修崇寿寺记"六字。碑文记述重修崇寿寺经过。全文787字，楷体竖书。苏殷撰文，常毅篆额，张翼书丹，保存完好。碑文如下：

本村白岩逸叟赵勉卿较证，滠泽文岩逸人苏殷撰，进士常毅篆，晚进张翼书。

夫天地之道恒久而不易，圣人变通以尽利，事物兴废而有时，有否有泰，有损有益，革故鼎新，此《易》之卦辞也。此□盛衰之理，兴废之由，事物之常也。

盖闻如来之教肇开西域，流传东土。法法相传，以灯续灯。普照十方，旁烛幽远。冥者显之，暗者彰之。西周而下，当炎汉齐梁之间，有支遁手携飞锡，时行则行，时止则止。自是，或在城市，或居山林，大建精舍。当是之时，国朝崇重，向风慕义，在在者有之。下迄于唐，亦复如是。而况本土崇寿寺故基，居本村之艮维，其外山水合抱，岗阜掩映，北接长平，南临晋邑，其殿亭廊庑甚哉壮丽，为一方之胜览。自唐开元七载重修，下及于宋太平兴国三年敕赐院额号崇寿之寺，于斯为盛。当立□之际，天马南下，日往月来，寒暑相推，风雨摧坏，丹青剥退，其檐楹腐朽，虽仅有存者十无一二。有住持沙门□座僧明利，本长平人也。天水郡赵荣之子，一日谒诘师叔讲主通志等，抚掌而叹之曰，可不踵前人之遗迹，抑亦立而视其毁与？其前殿先师都纲通能、师叔通福前岁预为之修饰，今已完备，外有法堂、东厨、僧堂，前院东西两庑尚阙修葺。于是鸠会本村功德主常福及维那众社等召匠计之，鸠工度材，虽无布金之长者，亦有豪杰之士哉。智者竭其策，壮者尽其力，奋锸奔走，斧斤起发，云合响应，经之营之，不日而成之，灿然可观。于是镌诸翠琰，传之无穷。上以赞皇图之有万，祝延圣寿，庶几有补于将来者。

大元皇庆元年（1312）孟冬十月吉日，

住持沙门明利立石。

门徒院主德厚、维那、德深，座主德宽、知库、德洪，添祇客戚，典座法乳。

本院尊宿，兴源府祥州僧、副演教大师，讲经沙门通志，门徒库头明珍。

罗泉崇因寺院主明坚。

岨头崇福院讲经沙门通道、明沾、明霖、明云、明震。

高平县金峰灵严院明容，讲主明宁、德贵、德寿、德遵、德荣、德安、德朗、德□。

祖师崇福，大师真圆、真赞。

崇果院权司明定，讲主明宛、德进、德遼、讲主德通，讲主德暹、德□、德元。

先师都纲，弘教清辩大师通能，前泽州僧正、清教雄辩大师讲经律论沙门通慧明、心明明妙、明影。

帝师堂下、宣授临洮府都僧绿智鉴、圆明大师兼土番二十四州等处释教都总统，所议事师德制，主持高平崇果院、报恩寺赐经密乘沙门殷吉祥劝缘。

崇寿寺妆塑地藏十王碑记

勒石于明正德十四年（1519）。碑圆首长方座，座高43厘米，宽72厘米，厚42厘米；碑通高116厘米，宽65厘米，厚20厘米。碑首用减地平剔手法镌刻双龙图案，正中楷书"崇寿寺妆塑十王碑记"九字。碑文记述崇寿寺修造地藏殿妆塑十王经过。全文707字，楷体竖书。孔富撰文，心美书丹。保存完好。碑文如下：

赐进士出身中书科中书舍人汝宁孔富撰文

且崇寿寺古刹也，兴于汉室，盛于隋梁，起建于唐，重修于宋，复新于大元皇庆之元年，迨至我朝，历岁百余。若夫前后殿宇与夫廊庑禅房，无倾无颓，匪毁匪败，俱备俱完，可瞻可仰。但所乏者冥府十王殿廷而已。僧义果慨然有修造之志，于是商榷于檀越，筹度于士夫，募得钱与粮。其鸠工庀材，经始于正德九年春，讫工于是年之秋。落然告成，壮丽雄伟宏广高轩，间计五楹，列佛殿之佐，居画廊之间。内肖十王之像，而列狱卒之仪，锉烧舂磨，刑宪昭然，皆金碧交辉，威容炬赫。使人睹者，靡不洗心涤虑，悚尔起敬。殿宇虽成，神容虽备，而不镌诸石以纪其绩，则人孰知斯殿之修，抑孰知斯人之功，宁不没其实而晦其事耶。义果托于心泽，心泽素与本邑陈时用厚，因商汝南，烦请予文以记之。予闻之曰：噫嘻！晋至汝南，其程辽隔，至非一蹴，有请于斯，奚可已而不言乎？盖晬佛氏以柔立教，以善化人，焉有十王者耶？殊不知以善化人，则人玩视而不肯从，轻之而不肯信。有十王者，肖其形为辅之翼之，以报以应，如影如响，善者获福，恶者受刑，使恶者惧而善者劝，此亦劝善惩恶之意，诚犹吾儒以德礼、以政刑道民之谓也。事虽殊而理则一，情虽异而势则同，不可以不纪，故刻之于石，以永其传。俾后之人观者而曰，此殿之修若是，此人之功若是，而檀越之施财若是，而士夫之筹度若是，劝善若是，惩恶若是。不与草木同腐，不与瓦砾同泪；佛氏之道愈远而愈光，劝化之理弥久而弥芳；百世之下而不磨，千载之后如有见。是记之作也，是石之坚也，其功无穷也，其绩不泯也，于是乎记。

大明正德十四年十一月孟冬吉日立石。

本寺僧心美书丹。

潞县石匠王朴镌，木匠赵雄，瓦匠张才。

住持僧法玥，门徒了玺、法孙。

募缘僧义果，徒心堎。

长老僧法林、了存、了岊、义成、义扩、义潮、心简、心郎。

宗人府朝列大夫仪宾孟宽。

助缘功德主赵美、李操、赵杰。

宣宁王府仪宾蔡玺。

见堂父亲司爻、母袁氏（义果），会真庵尼僧妙庆。

高平县丹青常森、常谦、常儒、常□、常佑、常佩。

崇寿寺创塑大佛碑记

勒石于明万历六年（1578）。碑圆首长方座，座高47厘米，宽74厘米，厚39厘米；碑通高137厘米，宽60厘米，厚17厘米。碑首用减地平剔手法镌刻双龙图案，正中楷书"正佛碑记"四字。碑文记述崇寿寺创塑大佛经过。全文634字，楷体竖书。保存完好。碑文如下：

盖闻佛教者，巍巍路远，荡荡雄文，开全□演说三乘，俱入毗卢华藏之所也。掌非非想空无边重天之处，观大千世界脉土之也金身，西域法传东土之教也。竺像腾于周末，明人望分三教，了得底通悟一心，皆得明心见性。微佛独最为尊，随于汉室，盛于隋梁，起解于唐，重修宋，复新大元皇庆，迨我朝历岁百余千载者也。以前起初未塑，有僧清松意欲同功德主李孟商、张铣、赵科创塑当阳一尊，金工备完，况与施财成就也。后同菊泂氏之道也。佛闻言之，其功无穷。法王释子盖载之主也，暨领檀越万代芳名镌石者也。

本村施主：寿官李孟余（后略）。

大明万历六年冬十月吉日立石。

重修崇寿寺碑记

勒石于清康熙二十年（1681）。碑螭首龟座，龟趺座高55厘米，宽105厘米；碑通高227厘米，宽78厘米。碑首用高浮雕镌双龙，中篆书"重修崇寿寺碑"六字。碑文记述崇寿寺重修经过。全文807字。王国辅撰文，李六成篆额，牛美书丹。保存完好。碑文如下：

天之爱人甚矣，作之君以治之，作之师以教之。而顽梗不驯之氏去顺效逆，为君师者设司寇以理之，分而为士师。故周礼士师之属有乡士、遂士、县士、方士、诉士之属，理谕势禁，以冀民之迁善去恶。吁！至矣。然善者不尽迁，而恶者不尽去也。天于是显击之以雷霆，而隐投之以殃祸，究之为恶之民。有为雷霆之所不胜击、殃祸之所不胜投、而天之权于是而穷。天若曰，吾以春生之意惠天下，而天下不尽感其恩；吾以秋肃之意震天下，而天下不尽惧其威。势不得不神其术以治之。若出乎恩与威之外而实寓乎恩与威之中，莫若有以制其心而已。且夫强悍小民不可胜数，甚者以人物为不足惜，以刑罚为不足畏，即刀锯鼎镬在前而奋不知惩。一旦闻田夫村妇因果之说，心遂信之。及入庙而瞻礼佛相，莫不忱忱然，肃肃然，俯首曲膝，而迁善去恶之念油然而生矣。夫佛氏慈悲，非有睢盱号奋、赫赫岩岩之貌也。其环侍须菩提，供应优波离，又非执戈扬戟类，若魔罗恶又者也。而不怒而民威，足以消凶暴、化奸雄者，何哉？盖有以制其心也。是以佛之力由汉及今传天下，实足补君师造化之所不及。而论者不察，以楚王英之贾祸，王钦若之怠事为鉴。于乎！人实不良，亦何与于佛哉！

辛酉春，余来守泽，政事暇，得阅泽地名山水，颇拟苏公判杭、欧阳刺滁故事，而泽地八景未编游览。里之绅士有以重修崇寿寺告者，披阅前志，及八景中之崇寿吐雾者也。泽地醇庞，士秀民朴，其迁善去恶之风安知非佛以动其心耶？余既喜鹫宇之复盛，而多牛原郤氏之功云。

奉直大大知山西泽州事王国辅撰。

赐进士出身内阁掌典籍事敕撰文中书中州李六成篆。

赐进士出身中书科中书舍人郡人牛美书。

首事：牛国玺，男任，孙锡禹、锡九、锡纪、锡范，曾孙元祯、元善、元祐，

牛国兆，男倠、倹，孙锡祜、锡龄、锡命，

牛国贤，男倜，孙锡极、锡畴、锡爵，曾孙元直、元屡，元度，

原炳然，男述思、绍思，孙履中、执中，

郤化霖，男沛、源，孙秉彝。

大清康熙二十年岁在辛酉夏五月之吉。

重修崇寿寺碑记

勒石于清康熙二十一年（1682）。碑螭首龟趺座，座高 55 厘米，宽 105 厘米；碑通高 227 厘米，宽 78 厘米。碑首高 105 厘米，用高浮雕镌双龙，正中篆书"重修崇寿寺碑"六字。碑文记述崇寿寺重修经过。全文 741 字，楷体竖书。田六善撰文，张奕曾篆额，张烈书丹。保存完好。碑文如下：

壬戌春，余以司农给假歌归，去户庭阒，然所谓门可罗雀近之矣。日晏起，随意挼书帖以娱心目。稍倦烦，即着伽黎巾幅，携二三知己游濩泽山水间。每憩莺岭萧寺，结方外友如慧远、参寥辈，弹棋赋诗，意甚适然。时或静坐谈禅，以参儒理。若金刚之醇溟、楞严之博辨，皆天地间最奇之文。他如明白浅易，亦不失圣贤化导愚蒙语。昔庄子谓孔子言，西方圣人意在夫佛，与而后世，是非低昂半出贤者何与？盖居庙廊之上则重忧勤，处草泽之中则思恬淡。持此立论，佛应首肯。是以乐天、东坡、山谷诸贤当徜徉林泉，日赋诗作记，为佛左袒，良有以也。

泽郡门下士牛斯玉以重修崇寿寺索余文。余以为佛宇非淫祀也，由汉迄今数千载不绝。然庙貌兴废，实关风土盛衰，故乐善之士每喜修葺，止为一身一家计也。披阅州志，崇寿寺起自后魏，历年久远，及明启祯间，台榭倾圮，寺僧远窜，履境者有苍鼠古瓦之叹。阶下断碑残碣，仅存至正年号。州邑北部村善士牛国玺、国兆、国贤恧焉伤之，谋于顺治甲申，工肇于庚寅，不告于乡，不募缘于远近，独抒银钱，嘱其戚原炳然、郤化霖、史景隆、史文炳仿任氏乌保术以襄其事，率其子倠倜、任、倹、倹以董其成，而炳然等复分布诸善男子有心计者以权子母，其后中两佛殿、东北师利诸佛殿、西北关圣殿则国玺等之所营建者也。东罗汉殿、两傍方丈、鼓钟楼、天王殿则倜等、炳然等之所创修者也。自庚寅及今三十余年，工告竣，计费五千余金。其巍然耸峭、鸟革翚飞者，宫殿成也。直槛横栏、蚁垤翩联者，禅院立也。神像森列，金碧丹垩者，跪拜仰瞻也。暮鼓晨钟、梵音远指者，诸僧毕集也。噫！百年茂草之墟，一旦成鹿苑布金之地，即古所称檀越施舍之盛当不过是，而风土之厚，乐善之士于此可观矣，故志之。

赐进士出身资政大夫户部左侍郎析城田六善撰。

赐进士出身候补内阁诰敕撰文中书舍人郡人张奕曾篆。

赐进士出身候补主政前内阁诰敕撰文中书舍人郡人张烈书。

首事：牛国玺、牛国兆、牛国贤、原炳然、郤化霖（后略）。

大清康熙二十一年十月朔日立。

装绘崇寿寺碑记

勒石于清康熙二十九年（1690）。碑圆首长方座，座高 59 厘米，宽 106 厘米，厚 42 厘米；碑通高 223 厘米，宽 72 厘米，厚 20 厘米。碑首用减地平剔手法镌刻双龙图案，正中篆书"装绘崇寿寺碑"六字。碑文记述崇寿寺重修装绘经过。全文 651 字，楷体竖书。陈廷敬撰文，田逢吉篆额，张道渥书丹。保存完好。碑文如下：

余稚年闻吾郡八景，其一为崇寿吐雾者，心甚异之。询其事，或以为雨花云，或曰白毫光也，其说不一，大抵地气钟秀近是，窃私心向往。为诸生时，以应试赴州，闻其寺届城五十里许，行遂不果。及戊戌登仕籍，而松风泉石之思不暇讨矣。间退食少闲，因思太史公遍历名山大川而文益闳肆。余数十年来所阅者仅燕京诸名刹，每以桑梓之奇观未见为歉，安论其它。今岁庚午夏，客自晋乡来，话及州治四境山水之乐，余忽忆昔年欲往游崇寿寺而未获者。客曰："岁久碑残，仅有金天会、元至正年号，自明庚辰、辛巳毁坏几尽。部村有牛氏昆仲者乐善事，前后经营四十余年工始竣，其详载在前碣。蔚生与其表弟原涵白、侄式九、叙九承其先人镇宇、良弼志，以为妙相三十三而布金饰地，在佛已然，若庙貌不华岂非阙典。于是联戚友史着明、史着章、张敦彝、李奇佩以及诸檀越等布施银若干，诸凡神像以及樽栌欂桷，缋以金碧丹垩，为州东北大观焉，公其志之乎？"余曰："唯唯，此余数十年所欲见而未遂者，今闻子言，如或见之矣。从来庙宇之废兴系风俗之盛衰。盖人贫则忧、忧则享祀废。人富则乐，乐则善心生。昔季扎观风，而列国之治乱洞若蓍龟，况乎入其邑而宫室美，田野辟，以至梵宇庄严，钟□灿列，其振兴之势不又昭然易见者哉。然非笃志继述原始成终者，何能几此，故为志之。

赐进士出身资政大夫经筵讲官吏部尚书都察院左都御史事陈廷敬撰。

赐进士出身通奉大夫原任巡抚浙江等处地方提督军务兵部左侍郎兼都察院右副都御史加一级田逢吉篆。

赐进士出身中宪大夫钦差整饬天津兵备道兼理马政驿转海防山东副使前内翰林弘文院编修张道渥书。

首事（略）。

大清康熙二十九年七月望五日立。

重修崇寿碑记

勒石于清雍正七年（1729）。碑圆首长方座，座高 53 厘米，宽 104 厘米，厚 40 厘米；碑通高 244 厘米，宽 71 厘米，厚 20 厘米。碑首用减地平剔手法镌刻二龙戏珠图案。碑文记述崇寿寺重修经过。全文 741 字，楷体竖书。李学敏撰文并书丹。保存完好。碑文如下：

岁强圉协洽，余读书部村里。里中漠泽八景崇寿吐雾在焉。书舍违此半里许，间于读书之暇，同友人远瞻焉。见夫我佛居尊，具光明显盛之概；菩提就正，著俊伟特达之奇，森罗左右，鼎功深行满。开觉而渡迷者有之，威灵赫濯，祛祟而伏魔者有之。他如幽冥教主、给孤长者，以及接引、护法、罗汉、金刚等，凡为释家所崇奉者，无乎不具。至于形势□正、□□整饬，栋宇之峻起，檐阿之华采，虽跂翼矢棘、鸟革翚飞，犹恐摹拟莫似而法门贝阙。左钟右鼓，为警晨昏而耸观瞻者，则又见其穹隆而峻极焉。经阁、法台、禅室、精舍堪资讲说而累根行者，则又见其洁清而寂静焉。其喷云吐雾、缥缈缤纷、散漫虚空、幻□□□，或亦山川灵胜、乾坤秀淑钟于此而时为发越者耶。浩浩乎，洋洋乎，洵漠泽中一巨观也。及阅碑版所载，始知寻坠绪于茫然，挽□业于将泯，俾千年胜迹得以重逢，百代名区从而复现，皆梦乾先世发志于其前，踵事于其后者也。噫嘻，异矣，迨岁久风雨渐至浸蚀，其所以承先志而广神庥者，得无陨越是惧乎？爰是梦乾昆仲同其姻友子敬、载锡等捐赀鸠工，则又为之□绵补茸焉，则又为之涂丹腹焉。缺者修，旧者新，追溯往昔，振其后来，使前人功果垂于久极于远绵绵而不替也。厥功托始于戊申季卯月，告竣于秋月。请余为记，余因之有感矣。天下事莫为之前，虽美弗彰；莫为之后，虽盛弗传。今日固可谓美彰于前而盛传于后者矣。视夫□□湍滞畏避□缩□交诿之念，无当事之身者，讵可同日语哉？余是以详其颠末，乐其事之远大悠久，不辞谫劣而为之记云。

邑庠生李学敏撰并书。

首事：牛元永、牛元善、牛元灿、牛元士、牛元志、牛元聪、牛元□、牛元融。

雍正七年岁次己酉闰七月既望。

住持僧：普润。

重修崇寿寺碑记

勒石于清咸丰二年（1852）。碑圆首长方座，座高59厘米，宽104厘米，厚38厘米；碑通高223厘米，宽73厘米，厚20厘米。碑首用减地平剔手法镌刻龙凤图案，正中篆书"重修崇寿寺碑"六字。碑文记述崇寿寺重修经过。楷体竖书，共691字。张作霖撰文，张立楷书丹。保存完好。碑文如下：

寺曰崇寿，乃大和祥符元年宋真宗之所敕赐也。寺创于后魏，复新于开元七年，历隋、唐、五代、辽、宋、金、元、明，代有修者。虽残碣断字，石幢仅存，而宋、金、元、明记，历历有考。迨我朝咸丰辛亥岁，越千五百年古构矣。而咏景述曰：崇寿吐雾，何也？或以为雨花云，或曰白毫光。夫即得一说，仅烟霞之澄鲜，仅见于斯寺，而于他不复闻，是必有故。余雅爱山水，每逢岩壁古刹，必托足焉。上高山，入深林，穷回溪，幽泉怪石，无远不到。到则披草而坐，携壶而饮。饮即玩碧湍、领翠峰，凡异态奇肖、苍翠诡状，绮绾绣错，无不引我壶中而后已。况寺近吾庐，尤为朝夕与俱，出入所必睹者耶。窃见夫寺之导脉，萃然起于莽苍之中，驰奔云矗，亘数十百里，尾蟠荆麓，首注浩溪，眺斯境也，诸峰环列，势若星拱，于是知氤氲之霭霭，不见于他而仅见于斯，实天之钟秀于斯寺也已。迤来寺宇倾折，寺僧远窜，鹿苑步金之地，几为荒烟蔓草之场。庚戌夏，月评许君、充盈李君、彤庭李君、芝山李君、凝香赵君，暨族叔紫云、族兄珊洲、族弟瀚洲、族侄子杰、传语合余兄庭简，消暑真泽宫禅牖，偶言及此寺，而众声合辞言曰：此寺不修且坏。余兄庭简遂首为解囊，而诸公亦和为捐资。复与村中诸檀越募化共得千百余缗钱。辛亥秋八月营始，十月告成。凡栋楹梁桷板槛之腐黑崩折者，盖瓦及砖之残缺者，墙垣壁牖之圮坏不完者，晨钟暮鼓无僧宣者，悉为之治。工既讫，属记于余，余山林人也，不容以不文辞，仅将斯寺之钟灵与消暑之缘合一一备述，以示后观，是为记。

国子监太学生张作霖撰。

邑庠生张立楷书。

首事：从九张紫云，庠生许月评，布经历张珊洲，介宾李高翔、李充盈，监生张庭简，介宾张子杰，耆宾张传语，从九李彤廷、赵凝香、张瀚州。

督工：张传语、张紫云、监生张作霖、监生李芝山。

监工：耆宾裴曜庵、许光裕、李充厚、赵凝香、张瀚洲，从九张撷芳、李仰贤、张新元，庠生张立楷。

大清咸丰二年岁次壬子巧月朔日吉立。

辑录

郜村是从泽州城向北，沿着回潞安的公路行驶22.5公里，从三家店向西拐的地方。石佛在东郜村、西郜村都有，大约在离西郜村1公里的丘陵上，有一处露出来的被雕刻的岩壁，就是记载的石佛岭摩崖佛。

这个石佛岭上的佛龛总共有四龛，在一个高3.5米、宽8米的大岩石上并列雕刻着四个佛龛。值得高兴的是因为石头是坚硬的石灰岩，所以基本上保持着原来的样子。佛龛虽小，且仅有四个，但是看到折角处大量的将兵雕像，对于自己煞费苦心来到这里，还是有些期待的。

从右端开始数第一个佛龛里是一尊佛，看上去是一种古佛的风格。第二个佛龛上好像留有铭文，但是看不清楚。站在陪同人的车上，仔细地观察研究了一下，但由于磨损得厉害还是看不出什么，文字的形状不明，只能稍微找到一个"平"字。在《山西通志》里的《金石记》第九章，万幸有一篇《石佛岭摩崖记》的文章，能找到一些记载："石佛岭摩崖记：永平中，今在凤台县郜村。《凤台县志》：郜村有石佛岭，雕佛像数十。摩崖为记，字多剥落，其文有日月丽天江河带地，魏帝永平乡饮淳风等八十余字，永平宣武帝九年所改元也。"这些记载和所看到的大致一致，由此可以看出此处是宣武帝永平年间造的。现在只能看到"平"一个字，由此可推断是永平的"平"字。所以这个佛龛应该是北魏时期的作品。

现在这个佛像看上去和云冈、龙门等地一些代表性的北魏佛的样子在好多处都有相似的地方。衣服、衣褶和相貌，看上去都和日本法隆寺的三尊佛里北魏风格的特点一样。轻薄的衣服紧紧包裹着肌肤，露在外面的肌肤也很有线条感。右手弯屈到胸前，手腕因为残缺样子不是很清晰，左手放在膝盖上，没有拿降魔印。罕见的是右手手腕上有一个环状的饰品，这一点有点像菩萨的像。脸破损了所以不太清晰。衣服是通肩状，完全没有。台座是须弥坛形，龛是圆形船形。如上所述，这个佛像是融合了印度的甘达拉风格，是六朝时期的雕像，和云冈里的石像相似。坐像高60厘米，悬挂形式的六朝佛，完全是甘达拉风格的佛像，在这次调查中，我觉得这个佛像是唯一的，于佛像其他各种各样方面来讲，这一点是可以作为一项很有利的研究资料。

第二、三个佛龛，仅仅雕刻在第一个佛龛的左边不远处，龛的大小比起第一个稍微大点，第二个是80.4厘米左右，第三个比第二个稍小点。纵观这些佛像基本上都是坐像，高度和这个相当。第二个佛龛是以方座上面坐着的本尊为中心，左右是戴着宝冠的两个菩萨，侍像和本尊之间，放着一个稍微低点的罗汉雕像。这就是所谓的五尊佛。这一点和青莲寺的唐佛龛是同一种形式。

本尊盘腿坐在方形的台座上，两手放在前面大概要重叠，衣服偏搭在右肩上，裙摆长长地垂下来，盖住了台座的下面。然而这个不是六朝式的衣褶，因为是圆形的圆线，所以应该是唐末时期的。头发不是螺旋状的发髻，上面的结发是覆发形。第二个佛龛的脸部破损了，但面部轮廓还是完好的。在台座的下面，有两个狮子蹲踞在台座两侧，从台座的两侧伸出枝条，称作莲花台，侍佛菩萨站在莲花台上。而且雕刻了一个宽大的尖栱，二人在上面相对作飞天状，甚是巧妙。

综上所述，第二、三个佛龛还是有很多共同点的，第二个佛龛破损程度较严重，第三个全体还是挺清晰的。第二个佛龛时代较久远，比第三个雕刻得更精细。在第二个和第三个佛龛间有铭文，上面写着"天祐十九年二月"。唐末哀帝时的年号天祐十九年是从过去五代的后梁迁移到后唐这个时期，根据这个可以得知这个佛龛是在五代时期雕刻的。这里尚且能看到较多的文字，还可以看到"功德宝王"这样的字，其他的就不是很明确了，通志和县志里面也都没有记载。

第四个佛龛是模仿第三个做的，正中央四角浅浅地雕刻了佛龛，个头稍微有点小，高74厘米，横64厘米，这是坐像的三尊佛，破坏比较严重，全身的相貌已然看不清。仅有栱和罩，也没有天人。左边有铭文，能看到"大宋端拱二年"字样，比起第三个佛龛年代是稍微靠后的北宋时期雕刻。

以上四个佛龛就是石佛岭的摩崖佛，仅仅四个佛龛就交集了北魏、唐、宋三代，这样一块小岩石上被雕刻成这样实属罕见。不管是云冈、龙门还是天龙山，混合了二代、三代的佛像一般都是大规模的，像这样小小的岩石上雕刻混合的情况是个特例。由此可见，这个石佛岭的年代久远，一直被社会关心着，而且有很多信仰者前来膜拜。

据陪同的村民介绍，这个佛像还用来进行求雨，得到了很多村民的信仰，以前崇寿寺就是建在附近的，后来这里寺庙被毁了，被迁移到村落里了。

事实上，在县志里有记载，崇寿寺是个非常古老的寺庙，北魏时建造的，里面有石佛岭佛龛的相关记载"寺庙向西二里地方有石佛岭，雕刻着北魏、唐朝天祐、宋端拱的石刻"。不知何时被转移了，但转移的缘由尚不明确。

（辑录自〔日〕道端良秀《山西泽州及高平的石佛调查》）

参考文献

【专著】

[1] 樊秋宝：《经典阳阿》，山西晋城泽州文史资料第七辑，2009 年。

[2] 吴永生：《寻芳》，中国文联出版社，2016 年。

[3] 王怀中、王枢：《阳阿奏奇舞——古镇大阳史话》，山东画报出版社，2015 年。

[4] 樊秋宝：《泽州碑刻大全》，中华书局，2013 年。

[5] 贺大龙：《晋东南早期建筑专题研究》，文物出版社，2015 年。

[6] 张驭寰：《上党古建筑》，天津大学出版社，2009 年。

[7] 喻梦哲：《晋东南五代、宋、金建筑与〈营造法式〉》，中国建筑工业出版社，2017 年。

[8] 李正根：《泽州岱庙》，晋城市内部资料准印证（2018）字第 21 号，2018 年。

[9] 张广善：《古建览胜》，中华书局，2010 年。

[10] 凤台县志整理委员会编纂：《凤台县志》（点校简注本），三晋出版社，2012 年。

[11] （清）朱樟：《泽州府志》，山西古籍出版社，2001 年。

[12] 孙继宗、陈文等纂修：《大明英宗睿皇帝实录》，国家图书馆藏本。

[13] 车文明：《中国神庙剧场》，文化艺术出版社，2005 年。

[14] 连达：《寻访山西古庙》，清华大学出版社，2017 年。

[15] 薛林平：《周村古镇》，中国建筑工业出版社，2014 年。

[16] 《周村镇志》编纂委员会：《周村镇志（全 2 册）》，三晋出版社，2015 年。

[17] 刘金锋、郝艳芳：《经典晋城》，山西人民出版社，2011 年。

[18] 张建军：《天上的太行》，山西省新闻出版局内部图书准印证（2014）字第 088 号，2014 年。

[19] 王金平、徐强、韩卫成：《山西民居》，中国建筑工业出版社，2015 年。

[20] 《泽州县志》编纂委员会：《泽州县志（1985—2009）》，中华书局，2015 年。

[21] 张广善：《晋城古代建筑》，文物出版社出版，2011 年。

[22] 晋城市旅游文物局：《晋城景区导游词》，晋城市文化新闻出版管理局内部图书准印证（2008）字第 3 号，2007 年。

[23] 张君梅：《上党佛化史论稿》，台湾新文丰出版股份有限公司，2016 年。

[24] 山西省古建筑保护研究所：《山西省泽州大阳汤帝庙修缮工程设计方案》，2006 年。

[25] 山西圆方古迹保护修复有限公司：《山西省泽州县尹西玉皇东岳庙保护修缮工程设计方案》，2013 年。

【论文】

[1] 崔金泽：《晋东南地区新见的"下卷昂"实例：坪上汤帝庙西朵殿》，《中国文化遗产》2018 年第 2 期，第 93—102 页。

[2] 徐怡涛：《宋金时期下卷昂的形制演变与时空流布研究》，《文物》2017 年第 2 期，第 89—96 页。